누구나 영작문

정용권 지음

신아사

머리말

외국어로서의 **영어**에 대한 관심은 시간이 지남에 따라 점점 더 높아지고 있다. 그 결과 이제는 단순한 문법지식을 습득하는 차원을 넘어 유창하게 말을 하고 정확하게 글로 의사를 전달하는 방향으로 영어공부의 초점이 옮겨가고 있는 실정이다. 그러나 글을 통한 의사전달은 서로 얼굴을 마주하지 않고 이루어지므로 쉽지가 않을 뿐 아니라 더욱 정확성이 요구된다.

이 책은 필자가 아주 어렸을 때 처음으로 영어를 접하면서 한국어와 영어에 대해 가졌던 궁금증을 시간이 지나면서 하나하나 해결해 온 경험과 대학에서의 영어작문 강의경험을 기초로, 영어문장에 대한 기초가 부족해 영어작문공부를 망설이는 많은 독자들에게 기초를 충분히 다지는 동안 응용능력이 자연스럽게 배양되도록 하는데 목적이 있다.

이를 위한 이 책의 구성은 다음과 같다.

매 장마다 첫머리에 그 장의 중요한 학습목표를 개설하고 이어 **<핵심연구>**에서 그 단원의 주요 학습 내용을 익히게 하고 **<기본연습>**에서 이와 관련된 가장 기본적 지식을 확인하게 하였으며 이어 **<응용연습>**에서 이 기본지식을 한 단계 높여 실제로 영어문장에 적용할 수 있는 능력을 점검하게 하였다. 그리고 **<기본영작>**에서는 매 장의 중요학습내용을 실제로 적용하게 하고 **<심화영작>**에서는 전반적인 영어 작문능력배양을 위해 한국어 문장을 각기 다른 영어표현으로 시작하여 작문을 하게 하였다.

무엇보다도, 필자는 영작에 필요한 기본적 지식을 충분히 습득하게 하기 위해 영어예문에 대한 상세한 해설을 덧붙여 영어문장을 쓰는데 자신감이 생기도록 구성하였다. 이제 영작을 잘하고 못하고는 이 책으로 공부하는 독자가 얼마만큼 애정과 인내심을 가지고 공부하느냐에 달려있다. 따라서 필자는 많은 독자가 이 책을 통해 영작과 관련된 충분한 지식을 습득하길 기대한다.

끝으로 이 책의 영문부분을 꼼꼼하게 살펴보고 교정해 주신 원어민과 항상 많은 관심과 격려를 아끼지 않으신 주위의 여러분들과 이 책이 나오기까지 수고를 아끼지 않으신 신아사 출판사 관계자분들께 감사의 뜻을 전한다.

정 용 권

누구나 영작문

목차

누구나 영작문

영작문을 위한 기본문법

1. 문장의 구조

문장이 되기 위해서는 보통 주어 뒤에 동사가 와야 한다. 주어가 되기 위해서는 일반적으로 명사적인 요소가 되어야 한다. 동사는 그 동사의 특성에 따라 홀로 나오거나 뒤에 보어나 목적어가 와야 한다. 동사의 특성에 따라 목적어가 두 개 나오거나 하나의 목적어와 보어가 나온다. 부사는 보통 문장 첫머리, 문장 가운데, 문장 끝에 오며 부사의 종류에 따라 이 세 위치 중 올 수 있는 위치와 올 수 없는 위치가 결정된다. 문장 가운데 위치는 동사가 be동사, 일반동사, 조동사 중 어느 것이냐에 따라 달라지기도 하고 조동사가 몇 개 나오느냐에 따라 달라지기도 한다.

부사 부사 부사
↓ ↓ ↓
______ **[주어 + 동사]** ______________
S V

\+ 보어(C)
\+ 목적어(O)
\+ 간접목적어(I.O.) + 직접목적어(D.O.)
\+ 목적어(O) + 보어(C)

2. 문장의 기본 5형식

영어의 모든 문장은 보통 다음과 같은 기본문형을 기초로 만들어진다.

1형식 주어(S) + 동사(V)
(명사구) (동사구)

문장이 되기 위해서는 일반적으로 주어(S)와 동사(V)가 나와야 한다. 여기서 명사구의 자격을 가진 표현만이 주어로 올 수 있다. 명사이지만 명사구가 아니면 주어가 될 수 없다. 또한 동사이지만 동사구가 아니면 문장의 동사가 될 수 없다.

a. [An angel] smiled. (문장)
b. [Angel] smiled. (문장이 아니다)
c. An angel [married]. (문장이 아니다)
d. An angel [married me]. (문장)

An angel은 명사구이므로 주어가 될 수 있지만 Angel은 명사이지만 명사구가 아니므로 주어가 될 수 없다. smile은 동사구이므로 문장의 동사로 쓰일 수 있지만 married는 동사이지만 동사구가 아니므로 문장의 동사가 될 수 없다.

2형식 주어(S) + 동사(V) + 보어(C)
(형용사구)
(명사구)
[명사구] [동 사 구]

이 형식의 문장은 뒤에 보어를 반드시 필요로 하는 동사(be동사, look, feel, smell, sound, taste, become 등)에 의해 만들어진다. 보어는 보통 형용사구나 명사구가 되지만 동사에 따라서는 형용사구만 보어로 취하고 명사구는 취할 수 없는 경우도 있다.

a. I am. (문장이 아니다)
b. I am [strong]. (문장)
c. I am [strongly]. (문장이 아니다)
d. I am [student]. (문장이 아니다)
e. I am [a student]. (문장)

be동사(am)는 뒤에 형용사구나 명사구인 보어를 요구하는 동사로 보어가 나오지 않거나 보어가 될 수 없는 요소가 오면 문장이 될 수 없다. 부사구(strongly)나 명사구가 아닌 명사(student)는 보어가 될 수 없다.

3형식 주어(S) + 동사(V) + 목적어(O)
(명사구)
[명사구] [동 사 구]

이 형식의 문장은 뒤에 목적어가 나오기를 요구하는 동사(love, marry, discuss, reach, attend 등)로 만들 수 있다. 이 문장은 주어 자리에 명사구가 오고 목적어를 가질 수 있는 동사가 와야 하며 목적어로 명사구가 와야 한다. 이 조건 중 어느 하나라도 위반하면 문장이 될 수 없다.

a. A student loves a professor. (문장)
b. [Student] loves a professor. (문장이 아니다)
c. A student [smiles] a professor. (문장이 아니다)
d. A student loves [professor]. (문장이 아니다)

주어자리에 명사구가 아닌 명사(Student)가 오거나 동사 자리에 목적어를 취하지 않는 동사(smile)가 오거나 동사의 목적어로 명사구가 아닌 명사(professor)가 와도 문장이 될 수 없다.

4형식 주어(S) + 동사(V) + 간접목적어(I.O.) + 직접목적어(D.O.)
(명사구) (명사구)
[명사구] [동 사 구]

이 형식의 문장은 간접목적어와 직접목적어를 모두 취할 수 있는 동사(give, teach, buy, offer, ask, cost, show, send, bring, pay 등)를 사용하여 만들 수 있다. 주어와 간접목적어 및 직접목적어 자리에 명사구가 와야 하며 이것을 어기면 문장이 될 수 없다.

a. A boy gave a girl a present. (문장)
b. [Boy] gave a girl a present. (문장이 아니다)
c. A boy [carried] a girl a present. (문장이 아니다)
d. A boy gave [girl] a present. (문장이 아니다)
e. A boy gave a girl [present]. (문장이 아니다)

주어자리에 명사구가 아닌 명사(Boy)가 오거나 동사 자리에 간접목적어와 직접목적어를 취할 수 없는 동사(carry)가 오거나 간접목적어나 직접목적어 자리에 명사구가 아닌 요소(girl, present)가 와도 문장이 될 수 없다.

5형식 주어(S) + 동사(V) + 목적어(O) + 보어(C)

(명사구) (명사구)

[명사구] [동 사 구]

이 형식의 문장은 목적어와 목적보어를 취할 수 있는 동사(make, paint, push, pull, get, find, call, name, elect, choose 등)로 만들 수 있다. 주어와 목적어 자리에는 명사구가 와야 하며 목적보어 자리에는 형용사구나 명사구가 와야 한다.

a. The young man made his wife very happy. (문장)
b. The young man made his wife a singer. (문장)
c. [Young man] made his wife very happy. (문장이 아니다)
d. The young man [became] his wife very happy. (문장이 아니다)
e. The young man made [wife] very happy. (문장이 아니다)
f. The young man made his wife [happily]. (문장이 아니다)
g. The young man made his wife [singer]. (문장이 아니다)

주어자리에 명사구가 아닌 요소(Young man)가 오거나 목적어와 목적보어를 취할 수 없는 동사(become)가 오거나 목적어로 명사구가 아닌 명사(wife)가 오거나 목적보어로 형용사구나 명사구가 아닌 요소(happily, singer)가 와도 문장이 될 수 없다.

누구나 영작문

제1장 한국어와 영어

한국어와 영어는 어순이 매우 다르므로 영어를 처음 배우는 한국인 학습자는 무엇보다 어순의 차이를 명확히 이해해야 한다. 많은 한국인 학습자가 영작을 할 때 경험하는 어려움은 한국어 문장이 나타내는 때를 영어로 옮길 때 어떤 시제로 표현해야 하는 지 구분하기가 쉽지 않은 점이다. 한국어와 달리 영어는 형용사를 여러 개 열거할 때도 오는 순서가 완전히 자유롭지 않다. 또한 한국어의 부사와 달리 영어의 부사는 문장 내에서 오는 위치에 많은 제약이 따른다. 한국어와 영어는 명사와 전치사가 결합하는 방식이 다르다. 영어는 명사 앞에 전치사가 와서 전치사 구를 만들지만 한국어는 영어의 전치사에 해당하는 요소가 명사 뒤에 온다.

I. 핵심연구

1. 어순의 차이

영어는 한국어와 어순이 많이 다르며 일반적으로 문장은 주어와 동사로 이루어진다. 동사가 묘사하려는 대상이 주어이고 이 주어에 관해 묘사하는 말을 동사라 한다. 한국어의 주어는 '-은, -는, -이, -가'와 같은 말로 끝난다.

학생[은]	공부한다.	나[는]	공부한다.	선생[이]	가르친다.	그[가]	가르친다.
(주어)	(동사)	(주어)	(동사)	(주어)	(동사)	(주어)	(동사)

(1) 주어와 동사로 된 문장

한국어와 영어는 주어와 동사로만 되어 있는 문장에서는 어순이 같다.

한국어	[나는]	[걷는다].	[나는]	[노래한다].	[나는]	[가르친다].
	(주어)	(동사)	(주어)	(동사)	(주어)	(동사)
영어	I	walk.	I	sing.	I	teach.
	(주어)	(동사)	(주어)	(동사)	(주어)	(동사)

(2) 주어 동사 보어로 된 문장

보어란 보통 주어나 목적어의 의미를 보충하여 완전한 문장이 되게 하는 기능을 하는 명사나 형용사를 가리킨다. 다음 한국어 문장에서 주어인 '나'에 관해 설명하는 보어인 '선생'을 빼면 문장이 되지 않는다. 마찬가지로 상응하는 영어문장에서 주어인 'I'에 관해 설명하는 보어인 'a teacher'를 빼면 문장이 되지 않는다.

한국어	[나는]	[선생]	[이다].	
	(주어)	(보어)	(동사)	
영어	[I]	[a teacher]	[am].	⇒ 영어 문장이 아니다.
	(주어)	(보어)	(동사)	
영어	[I]	[am]	[a teacher].	⇒ 보어가 동사 뒤에 와서 영어문장
	(주어)	(동사)	(보어)	

A. 보어로 명사가 온 문장

한국어	[나는] (주어)	[소년] (보어)	[이다]. (동사)		[나는] (주어)	[한국인] (보어)	[이다]. (동사)	
영어	I (주어)	a boy (보어)	am. (동사)	[비문]	I (주어)	a Korean (보어)	am. (동사)	[비문]
	I (주어)	am (동사)	a boy. (보어)	[정문]	I (주어)	am (동사)	a Korean. (보어)	[정문]

B. 보어로 형용사가 온 문장

한국어	[나는]	[젊다].	⇒		[나는] (주어)	[젊은] (보어)	[이다]. (동사)
영어	I (주어)	young (보어)	am. (동사)	[비문]			
	I (주어)	am (동사)	young. (보어)	[정문]			

한국어	[나는]	[키가 크다].	⇒		[나는] (주어)	[키가 큰] (보어)	[이다]. 동사
영어	I (주어)	tall (보어)	am. (동사)	[비문]			
	I (주어)	am (동사)	tall. (보어)	[정문]			

(3) 주어 동사 목적어로 된 문장

목적어란 한국어로 '-을, -를'이 붙어있는 명사를 가리킨다.

한국어	[나는] (주어)	[한국어를] (목적어)	[안다]. (동사)		[나는] (주어)	[정희를] (목적어)	[사랑한다]. (동사)	
영어	I (주어)	Korean (목적어)	know. (동사)	[비문]	I (주어)	Jung-He (목적어)	love. **(동사)**	[비문]
	I (주어)	know (동사)	Korean. (목적어)	[정문]	I (주어)	love (동사)	Jung-He. (목적어)	[정문]

(4) 주어 동사 간접목적어 직접목적어로 된 문장

누구에게 무엇을 준다고 말할 때 '-에게'가 붙은 말을 간접목적어라 하고 '-을'이 붙은 말을 직접목적어라 한다.

한국어	[나는]	[친구에게]	[선물을]	[준다].	
	(주어)	(간접목적어)	(직접목적어)	(동사)	
영어	I	my friend	a present	give.	[비문]
	(주어)	(간접목적어)	(직접목적어)	(동사)	
	I	give	my friend	a present.	[정문]
	(주어)	(동사)	(간접목적어)	(직접목적어)	
	I	give	a present	to my friend.	[정문]
	(주어)	(동사)	(직접목적어)	(간접목적어)	

한국어	[나는]	[정희에게]	[영어를]	[가르친다].	
	(주어)	(간접목적어)	(직접목적어)	(동사)	
영어	I	Jung-He	English	teach.	[비문]
	(주어)	(간접목적어)	(직접목적어)	(동사)	
	I	teach	Jung-He	English.	[정문]
	(주어)	(동사)	(간접목적어)	(직접목적어)	
	I	teach	English	to Jung-He.	[정문]
	(주어)	(동사)	(직접목적어)	(간접목적어)	

(5) 주어 동사 목적어 보어로 된 문장

주어 뒤에 오는 보어는 주어에 관해 설명하는 부분으로 이것을 빼면 문장이 되지 않는다. 마찬가지로 목적어 뒤에 오는 보어는 목적어에 관해 설명하는 부분으로 이것을 빼면 문장이 되지 않는다.

A. 보어로 명사가 오는 문장

한국어	[나는]	[아들을]	[교수로]	[만들었다].	
	(주어)	(목적어)	(보어)	(동사)	

(보어인 '교수로'를 빼면 '나는 아들을 만들었다'가 되어 완전한 문장이 되지 않는다)

영어	I	my son	a professor	made.	[비문]
	(주어)	(목적어)	(보어)	(동사)	
	I	made	my son	a professor.	[정문]
	(주어)	(동사)	(목적어)	(보어)	

한국어	[나는]	[그 외국인을]	[잔이라고]	[부른다].	
	(주어)	(목적어)	(보어)	(동사)	
영어	I	the foreigner	John	call.	[비문]
	(주어)	(목적어)	(보어)	(동사)	
	I	call	the foreigner	John.	[정문]
	(주어)	(동사)	(목적어)	(보어)	

B. 보어로 형용사가 오는 문장

한국어 [나는 문을 밀어 연다] ⇒ [나는] [문을] [열리게] [민다].
(주어) (목적어) (보어) (동사)

영어	I	the door	open	push.	[비문]
	(주어)	(목적어)	(보어)	(동사)	
	I	push	the door	open.	[정문]
	(주어)	(동사)	(목적어)	(보어)	

한국어 [나는 여자친구를 화나게 했다].⇒ [나는] [여자친구를] [화난] [되게 했다].
(수어) (복석어) (보어) (농사)

영어	I	my girl friend	angry	made.	[비문]
	(주어)	(목적어)	(보어)	(동사)	
	I	made	my girl friend	angry.	[정문]
	(주어)	(동사)	(목적어)	(보어)	

2. 동사의 때를 나타내는 방법의 차이

한국어 표현 그 자체만으로는 이것이 영어의 때 중 어디에 해당하는지 구분하기가 어려울 때가 있다.

▒ 한국어		▒ 영어
	(1) 나는 공부한다.	
[해석1]	나는 공부하는 사람이나(학생이나):	I study. (단순현재시제)
[해석2]	나는 공부하고 있는 중이다:	I am studying. (현재진행시제)
	(2) 나는 두 시간 동안 공부하고 있는 중이다.	I have been studying for two hours. (현재완료진행시제)
	(3) 나는 네가 왔을 때 두 시간 동안 공부하고 있었다.	I had been studying for two hours when you came. (과거완료진행시제)
	(4) 나는 공부했다.	
[해석1]	나는 (과거에) 공부했다:	I studied. (단순과거시제)
[해석2]	나는 (방금) 공부했다:	I have studied. (현재완료시제)
[해석3]	나는 (과거부터 지금까지) 공부하고 있는 중이다:	I have been studying. (현재완료진행시제)
	(5) 나는 공부한 적이 있다.	I have studied. (현재완료시제)
	(6) 나는 공부할 것이다.	
[해석1]	나는 (장차) 공부할 것이다(미래에 대한 예언):	I will study. (단순미래시제)
[해석2]	나는 공부하겠다(말을 하면서 미래에 대해 결정):	I will study. (단순미래시제)
[해석3]	나는 공부하려고 한다(미래에 대한 예정):	I am studying. (예정된 미래를 나타내는 현재진행시제)
[해석4]	나는 공부할 예정이다(미래에 대한 예정):	I am to study. (단순현재 시제 – 'be 동사의 현재형 뒤에 to-부정사'를 두어 표현)
	(7) 나는 내일 이맘때 공부하고 있을 것이다.	This time tomorrow, I will be studying. (미래진행시제)
	(8) 나는 내년 이맘때면 5년 동안 공부하고 있는 셈이 될 것이다.	This time next year, I shall have been studying for five years. (미래완료진행시제)

3. 형용사를 여러 개 열거할 때의 순서의 차이

한국어와 달리 영어는 형용사를 여러 개 나열할 때 순서가 완전히 자유롭지 않다. 일반적으로 주관적 추상적인 개념을 나타내는 형용사가 객관적 구체적 개념을 나타내는 형용사보다 왼쪽으로 온다. 이를테면, 명사구 a silly fat man은 명사 man의 가장 앞에 한정사(a)가 오고 형용사가 올 자리에 여러 개의 형용사가 올 때 판단이나 태도를 나타내는 형용사(silly)가 다른 형용사(fat)보다 앞에 온다.

▒ 한국어					▒ 영어				
한 (한정사)	어리석은 (형용사)	뚱뚱한 (형용사)	남자 (명사)	(O)	a (한정사)	silly (형용사)	fat (형용사)	man (명사)	(O)
한 (한정사)	뚱뚱한 (형용사)	어리석은 (형용사)	남자 (명사)	(O)	a (한정사)	fat (형용사)	silly (형용사)	man (명사)	(X)
어리석은 (형용사)	뚱뚱한 (형용사)	한 (한정사)	남자 (명사)	(O)	silly (형용사)	fat (형용사)	a (한정사)	man (명사)	(X)
뚱뚱한 (형용사)	어리석은 (형용사)	한 (한정사)	남자 (명사)	(O)	fat (형용사)	silly (형용사)	a (한정사)	man (명사)	(X)

4. 부사의 위치 차이

한국어 부사와 달리 영어 부사는 문장 내에서 올 수 있는 위치에 매우 제약이 따르는 것이 특징이다.

▒ 한국어						▒ 영어				
(1)										
가.	나는 (주어)	열심히 (부사)	공부한다. (동사)	(O)		a.	I (주어)	hard (부사)	study. (동사)	(X)
나.	나는 (주어)	공부한다 (동사)	열심히. (부사)	(X)		b.	I (주어)	study (동사)	hard. (부사)	(O)
다.	열심히 (부사)	나는 (주어)	공부한다. (동사)	(O)		c.	hard (부사)	I (주어)	study. (동사)	(X)

(2)

가.	그는 (주어)	차를 (목적어)	빨리 (부사)	몬다. (동사)	(O)	a.	He (주어)	his car (목적어)	fast (부사)	drives. (동사)	(X)
나.	그는 (주어)	빨리 (부사)	차를 (목적어)	몬다. (동사)	(O)	b.	He (주어)	fast (부사)	his car (목적어)	drives. (동사)	(X)
다.	그는 (주어)	몬다 (동사)	차를 (목적어)	빨리. (부사)	(X)	c.	He (주어)	drives (동사)	his car (목적어)	fast. (부사)	(O)

5. 전치사구의 구조상의 차이

한국어와 영어는 명사와 전치사가 결합하는 방식이 다르다. 영어에서는 전치사가 명사 앞에 놓여 전치사구를 형성한다. 그러나 한국어에서는 영어의 전치사에 해당하는 것이 명사구 뒤에 오므로 후치사라고 부른다.

▮ 한국어				▮ 영어		
(1)	서울 (명사구)	에서 (후치사)	(O)	from (전치사)	Seoul (명사구) [전 치 사 구]	(O)
	에서 (후치사)	서울 (명사구)	(X)	Seoul (명사구)	from (전치사) [전치사구가 아니다]	(X)
(2)	책상 (명사구)	위에 (후치사)	(O)	on (전치사)	the table (명사구) [전 치 사 구]	(O)
	위에 (후치사)	책상 (명사구)	(X)	the table (명사구)	on (전치사) [전치사구가 아니다]	(X)

II. 기본연습

1. 다음 중 주어와 동사로 된 문장을 고르시오.

a. 나는 학생이다. b. 너는 젊다.
c. 그녀는 키가 크다. d. 새는 노래한다.

2. 다음 중 주어 동사 보어로 된 문장을 고르시오.

a. 나는 한국인이다. b. 너는 웃는다.
c. 나는 너를 좋아한다. d. 너는 걷는다.

3. 다음 중 주어 동사 목적어로 된 문장을 고르시오.

a. 나는 공부한다. b. 너는 예쁘다.
c. 너는 외국인이다. d. 너는 영어를 안다.

4. 다음 중 주어 동사 목적어 보어로 된 문장을 고르시오.

a. 나는 건강하다. b. 너는 열심히 공부한다.
c. 나는 친구에게 선물을 준다. d. 우리는 그를 탐이라고 부른다.

5. 다음 한국어 문장을 영어로 바르게 옮긴 것을 고르시오.

"그 소년은 그 소녀를 한 시간 동안 기다리고 있다."

a. The boy waits for the girl for an hour.
b. The boy waited for the girl for an hour.
c. The boy is waiting for the girl for an hour.
d. The boy has been waiting for the girl for an hour.

6. 다음 한국어 문장을 영어로 바르게 옮긴 것을 고르시오.

"너는 어리석은 저 뚱뚱한 남자를 알고 있니?"

a. Do you know silly that fat man?
b. Do you know fat silly that man?
c. Do you know that silly fat man?
d. Do you know a that silly fat man?

7. 다음 한국어 문장을 영어로 바르게 옮긴 것을 고르시오.

"그는 차를 빨리 몬다."

a. Fast he drives his car.
b. He fast drives his car.
c. He drives fast his car.
d. He drives his car fast.

8. 다음 한국어 문장을 영어로 바르게 옮긴 것을 고르시오.

"너의 연필은 그 의자 아래에 있다."

a. Your pencil the chair under is.
b. Your pencil under the chair is.
c. Your pencil is under the chair.
d. Your pencil is the chair under.

9. 다음 한국어 문장을 영어로 가장 바르게 옮긴 것을 고르시오.

"나는 공부하는 사람이다."

a. I study.
b. I will study.
c. I have studied.
d. I am studying.

10. 다음 중 주어 동사 간접목적어 직접목적어로 된 문장을 고르시오.

a. 너는 식사한다.
b. 너는 미국인이다.
c. 나는 영어를 좋아한다.
d. 너는 나에게 영어를 가르친다.

III. 응용연습

※ 다음 괄호 안에 들어갈 적합한 표현을 고르시오.

1. The actor drives his car [ ]. 그 배우는 그의 차를 조심스럽게 운전한다.

   a. careful b. carefully c. care d. very careful

2. The woman put the milk [ ]. 그 여자는 그 우유를 그 냉장고에 넣었다.

   a. refrigerator b. a refrigerator
   c. the refrigerator in d. in the refrigerator

3. [ ] likes to play with friends. 그 소년은 친구와 놀기를 좋아한다.

   a. Boy b. Boys c. The boy d. The boys

4. The man made his girlfriend [ ]. 그 남자는 그의 여자친구를 화나게 했다.

   a. angry b. angrily c. doctor d. happily

5. The foreigner teaches [ ] English. 그 외국인은 나의 아들에게 영어를 가르친다.

   a. student b. he c. hard d. my son

6. The politician made his country [ ]. 그 정치가는 그의 나라를 강국으로 만들었다.

   a. strong nation b. a strong nation c. strongly d. strength

7. The child slept [ ] for a few hours. 그 아이는 그 침대에서 몇 시간동안 잠을 잤다.

a. the bed b. in the bed c. a bed d. the bed in

8. A girl saw [ ] on the way to school. 한 소녀가 학교 가는 도중에 한 외국인을 보았다.

a. foreigner b. he c. his d. a foreigner

9. The young man [ ], and he will get a good job. 그 젊은 남자는 공부하는 사람이며 좋은 일자리를 얻을 것이다.

a. study b. teach c. studies d. teaching

10. The actress looks [ ], and she is very attractive. 그 여배우는 아름다워 보이며 매우 매력적이다.

a. beauty b. beautiful c. prettily d. prettiness

IV. 기본영작

다음을 영작하시오.

1. 나는 학생이다.

____

2. 그녀는 키가 크다.

____

3. 그녀는 눈이 파랗다.

____

4. 나는 한국어를 안다.

____

5. 그녀는 영어를 한다.

____

6. 그녀는 나를 즐겁게 한다.

____

7. 그녀는 나를 오빠라고 부른다.

____

8. 나는 그녀를 메리라고 부른다.

____

9. 그녀는 나에게 영어를 가르친다.

____

10. 나는 그녀에게 한국어를 가르친다.

____

V. 심화영작

다음을 주어진 표현으로 시작하여 영작하시오.

1. 그는 열심히 공부한다.

   a. He ______________________________.

   b. His study ______________________________.

   c. A group of diligent students ______________________________.

2. 그는 자동차를 빨리 몬다.

   a. He ______________________________.

   b. A group of fast drivers ______________________________.

   c. His car ______________________________.

3. 그는 그 문을 밀어 열었다.

   a. He ______________________________.

   b. The door ______________________________.

   c. The way ______________________________.

4. 그 소년은 공부하는 사람이다.

a. The boy ______________________________.

b. Studying ______________________________.

c. What ______________________________.

5. 내가 그에게 선물을 하나 주겠다.

a. I ______________________________.

b. He ______________________________.

c. A present ______________________________.

6. 그는 지금 공부하고 있는 중이다.

a. He ______________________________.

b. Study ______________________________.

c. The work ______________________________.

7. 그는 두 시간 동안 공부하고 있다.

a. He ______________________________.

b. Two hours ______________________________.

c. His study ______________________________.

8. 그는 연필을 책상위에 내려놓았다.

a. He ______________________________.

b. The pencil ______________________________.

c. It ______________________________.

9. 그는 한 어리석은 뚱뚱한 남자를 만났다.

a. He ______________________________.

b. It ______________________________.

c. A silly fat man ______________________________.

10. 내일 이맘때 그는 독서를 하고 있을 것이다.

a. He ______________________________.

b. I ______________________________.

c. This time ______________________________.

제2장 구

영어 문장은 보통 주어인 명사구와 동사구로 되어 있다. 동사구는 동사에 따라 하나의 동사로 구성되거나 동사 뒤에 보어인 형용사구나 명사구가 나와 이루어지기도 한다. 동사에 따라서는 뒤에 목적어인 명사구가 나와 동사구를 이루기도 하고 간접목적어인 명사구와 직접목적어인 명사구가 모두 나와 동사구를 이루기도 한다. 어떤 동사는 뒤에 목적어인 명사구와 목적보어인 형용사구나 명사구를 두어 동사구가 된다. 영작을 할 때 문장을 구성하고 있는 개개의 구와 구 내부구조에 대한 명확한 지식이 있어야 비문법적인 문장을 만드는 일을 피할 수 있다.

I. 핵심연구

1. 구의 종류

구란 하나 이상의 단어로 된 집단으로 명사처럼 기능을 하는 명사구, 동사처럼 기능을 하는 동사구, 형용사처럼 기능을 하는 형용사구, 부사처럼 기능을 하는 부사구, 전치사와 명사구로 만들어진 전치사구가 있다.

(1) 명사구

명사구란 대개 명사 앞에 관사(a, an, the) 소유격(my, your, his, her, its, their, our, Tom's...) 지시사(this, that, these, those) 양화사(some, any, no, much, many, a lot of, lots of, all, every, ...)와 같은 한정사가 붙이 있거나 때로는 붙지 않은 형태를 가리킨다.

A. 관사와 명사

➲ 관사와 셀 수 있는 명사

a. 부정관사 + 셀 수 있는 명사의 단수형: a boy 한 소년
b. 정관사 + 셀 수 있는 명사의 단수형: the boy 그 소년
c. 정관사 + 셀 수 있는 명사의 복수형: the boys 그 소년들

➲ 관사와 셀 수 없는 명사

a. 부정관사 + 셀 수 없는 명사: a music (명사구가 아니다. 문장에서 쓰이지 않는다.)
b. 정관사와 셀 수 없는 명사: the music 그 음악

B. 소유격과 명사

a. 소유격 + 셀 수 있는 명사의 단수형: my boy 나의 소년
b. 소유격 + 셀 수 있는 명사의 복수형: my boys 나의 소년들
c. 소유격 + 셀 수 없는 명사: my music 나의 음악

C. 지시사와 명사

a. 지시사 + 셀 수 있는 명사의 단수형: this boy 이 소년

b. 지시사 + 셀 수 있는 명사의 복수형: these boys 이 소년들

c. 지시사 + 셀 수 없는 명사: this music 이 음악

D. 양화사와 명사

a. 양화사 + 셀 수 있는 명사의 단수형: any boy 어떤 소년이건 소년

b. 양화사 + 셀 수 있는 명사의 복수형: any boys 어떤 소년들이건 소년들

c. 양화사 + 셀 수 없는 명사: any music 어떤 음악이건 음악

E. 무관사와 명사

a. 무관사 + 셀 수 있는 명사의 복수형: boys ('소년.' 특정한 소년이 아닌 일반적인 의미의 소년. 분류상의 개념으로서의 소년)

b. 무관사 + 셀 수 없는 명사: music ('음악.' 일반적인 의미의 음악, 분류상의 개념으로서의 음악)

(2) 동사구

동사구란 동사만으로 구성되거나 동사와 그 보어, 목적어, 부사 등으로 구성된다.

a. Mary [walked]. (동사만으로 되어 있는 동사구) 메리는 걸었다.

She [(walked) (fast)]. (동사와 부사로 된 동사구) 그녀는 빨리 걸었다.

b. She [(became) (pretty)]. (동사와 보어(형용사구)로 구성된 동사구) 그녀는 예쁘게 자랐다.

She [(became) (a teacher)]. (동사와 보어(명사구)로 구성된 동사구) 그녀는 선생이 되었다.

c. She [(walked) (her pet dog)]. (동사와 목적어로 구성된 동사구) 그녀는 그녀의 애완견을 걸렸다.

She [(gave) (her boyfriend) (a gift)]. (동사, 간접목적어, 직접목적어로 구성된 동사구) 그녀는 그녀의 남자친구에게 선물을 하나 주었다.

d. She [(made) (her boyfriend) (gentle)]. (동사, 목적어, 보어(형용사구)로 구성된 동사구) 그녀는 자기 남자친구를 상냥하게 만들었다.

She [(made) (her boyfriend) (a politician)]. (동사, 목적어, 보어(명사구)로 구성된 동사구) 그녀는 자기 남자친구를 정치가로 만들었다.

e. She [(drove) (her car) (slowly)]. (동사, 목적어, 부사로 구성된 동사구) 그녀는 자동차를 천천히 운전했다.

(3) 형용사구

형용사구란 형용사만으로 되어 있거나 앞이나 뒤에 그것을 수식하는 수식구가 붙은 것이다.

a. Jenny is [beautiful]. (형용사만으로 되어있는 형용사구) 제니는 아름답다.

b. She is [(very) (beautiful)]. (부사와 형용사로 되어있는 형용사구) 그녀는 매우 아름답다.

c. She is [(very) (beautiful) (to look at)]. (부사, 형용사, to-부정사로 구성된 형용사구) 그녀는 보기에 매우 아름답다.

(4) 부사구

부사구란 보통 부사만으로 되어 있거나 부사 앞에 부사가 붙은 것을 말한다.

a. Tom walks [fast]. (부사만으로 구성) 탐은 빨리 걷는다.
He drives [carefully]. 그는 조심스럽게 운전한다.

b. He walks [(very) (fast)]. (부사와 부사로 구성) 그는 매우 빨리 걷는다.
He drives [(extremely) (slowly)]. 그는 극히 천천히 운전한다.

(5) 전치사구

전치사구란 보통 전치사와 명사구로 구성된다. 전치사 뒤의 명사구를 전치사의 목적어라 한다. 대개 명사구의 자격을 가진 요소만 전치사의 목적어가 될 수 있다.

a. The baby put his finger [(in) (his mouth)]. (전치사 in과 목적어인 명사구 his mouth로 구성) 그 갓난아이는 자기 손을 입에 넣었다.

b. He was crying [(for) (milk)]. (전치사 for와 목적어인 명사구 milk로 구성) 그는 젖을 달라고 울고 있었다.

c. He was creeping [(between) (Tom and her)]. (전치사 between과 목적어인 명사구 Tom and her로 구성) 그는 탐과 그녀 사이에서 기고 있었다.

2. 구의 문장 내 위치

(1) 주어 위치

주어 위치에는 일반적으로 명사구가 온다.

a. [A boy] loves a girl. (부정관사 + 단수명사 = 명사구. '한 소년'을 의미) 한 소년이 한 소녀를 사랑한다.

b. [The boy] meets the girl. (정관사 + 단수명사 = 명사구. '그 소년'을 의미) 그 소년은 그 소녀를 만난다.

c. [The boys] love the girls. (정관사 + 복수명사 = 명사구. '그 소년들'을 의미) 그 소년들은 그 소녀들을 사랑한다.

d. [The music] is what the boy likes. (정관사 + 셀 수 없는 명사 = 명사구. '그 음악'을 의미) 그 음악은 그 소년이 좋아하는 것이다.

e. [My boy] is over there. (소유격 + 단수명사 = 명사구. '나의 소년'을 의미) 나의 소년이 저기 있다.

f. [Our boys] are over there. (소유격 + 복수명사 = 명사구. '우리의 소년들'을 의미) 우리 남자애들이 저기 있다.

g. [This boy] loves a girl. (지시사 + 단수명사 = 명사구. '이 소년'을 의미) 이 소년은 한 소녀를 사랑한다.

h. [These boys] have their girlfriends. (지시사 + 복수명사 = 명사구. '이 소년들'을 의미) 이 소년들은 자기 여자 친구가 있다.

i. [This music] is very popular. (지시사 + 셀 수 없는 명사 = 명사구. '이 음악'을 의미) 이 음악은 매우 인기가 있다.

j. [Any boy] may come to the party. (양화사 + 단수명사 = 명사구. '어떤 소년이건 소년'을 의미) 어떤 소년이나 그 파티에 와도 좋다.

k. [Any boys] may come to the party. (양화사 + 복수명사 = 명사구. '어떤 소년들이건 소년들'을 의미) 어떤 소년들이건 그 파티에 와도 좋다.

l. [Any music] will do. (양화사 + 셀 수 없는 명사 = 명사구. '어떤 음악이건 음악'을 의미) 어떤 음악이건 상관없다.

m. [Boys] are apt to fall in love with girls. (한정사가 붙지 않은 셀 수 있는 명사의 복수형 = 명사구. 일반적인 의미의 '소년'을 의미) 소년은 소녀에게 사랑에 빠지기 쉽다.

n. [Music] is popular among them. (한정사가 붙지 않은 셀 수 없는 명사 = 명사구. 일반적인 의미의 '음악'을 의미) 음악은 그들 사이에 인기가 있다.

(2) 보어 위치

A. 주어와 관련된 보어 위치

주어에 관해 설명하는 보어위치에는 보통 형용사구나 명사구가 온다.

a. Tom is [very tall]. (형용사구) 탐은 매우 키가 크다.

b. He is [a student]. (명사구) 그는 학생이다.

c. His explanation is [that he didn't have enough time to study English]. (that-절도 명사구의 일종) 그의 변명은 영어 공부할 시간이 충분하지 않았다는 것이다.

d. His question is [whether you are a teacher or not]. (의문사(whether)가 이끄는 간접 의문문도 명사구의 일종) 그의 질문은 네가 선생인가 아닌가 하는 것이다.

B. 목적어와 관련된 보어 위치

목적어에 관해 설명하는 보어 위치에도 형용사구나 명사구가 온다.

a. Teresa made her daughter [happy]. (형용사구) 테레사는 자기 딸을 기쁘게 했다.

b. She made her [a pianist]. (명사구) 그녀는 그녀를 피아노 연주가로 만들었다.

c. *She made that her daughter should be a famous pianist [clear]. (형용사구(clear)가 목적어(that-절)에 관해 설명하는 보어이지만 목적어가 너무 길어 형용사구를 목적보어로 해석하기 어렵게 하여 비문)

c′. She made it [clear] that her daughter should be a famous pianist. (형용사구(clear)가 목적보어. it은 가목적어이고 that-절이 진목적어) 그녀는 자기 딸이 유명한 피아노 연주가가 되어야 한다는 것을 분명히 했다.

(3) 목적어 위치

A. 동사의 목적어 위치

동사의 목적어 자리에 명사구가 온다.

a. Sun-Ah loves [teachers]. 선아는 선생을 좋아한다. (명사구)

b. She enjoys [dancing]. 그녀는 춤을 즐긴다. (동명사도 명사구)

c. She wants [to speak] English very well. (to-부정사가 동사의 목적어) 그녀는 영어를 매우 잘하고 싶다.

d. She believes [that she will get good marks in the exam]. (명사절도 명사구의 일종) 그녀는 그 시험에서 좋은 점수를 받을 것이라 생각한다.

e. She doesn't know [who the stranger is]. (간접의문문도 명사구의 일종) 그녀는 그 낯선 사람이 누구인지 모른다.

B. 전치사의 목적어 위치

전치사의 목적어 자리에 명사구가 온다.

a. The student put his book down [(between) (the chairs)]. (명사구 the chairs가 전치사 between의 목적어) 그 학생은 자신의 책을 그 의자 사이에 내려놓았다.

b. He put it down [(between) (them)]. (대명사(them)도 명사구로 전치사의 목적어) 그는 그것을 그것들 사이에 내려놓았다.

c. He read [(about) (amusing others)]. (동명사(amusing)도 명사구로 전치사의 목적어. 대명사 others는 동명사의 목적어) 그는 남을 즐겁게 하는 것에 관해 읽었다.

(4) 부사 위치

부사가 와야 하는 자리에 부사구가 온다.

a. The girl walked [fast]. 그 소녀는 빨리 걸었다. (동작동사(walk) 뒤는 동작이 일어나는 모양을 나타내는 양태부사(fast)가 온다)

b. She became a singer [later]. 그녀는 나중에 가수가 되었다. (동사의 보어(a singer) 뒤는 부사가 올 수 있는 자리. 이 부사는 동사 became 앞에 올 수도 있다)

c. She loved a boy [very much]. (동사의 목적어(a boy) 뒤는 부사구가 올 수 있는 자리) 그녀는 한 소년을 매우 사랑했다.

d. She bought him a present [yesterday]. (동사의 간접목적어(him)와 직접 목적어(a present) 뒤는 부사가 올 수 있는 자리)그녀는 그에게 어제 선물을 하나 주었다.

e. She made him happy [sometimes]. (동사의 목적어(him)와 목적보어(happy) 뒤는 부사가 올 수 있는 자리)그녀는 그를 때때로 즐겁게 했다.

(5) 동격 위치

주어, 동사의 목적어, 전치사의 목적어와 동격으로 명사구가 온다. 이 동격인 명사구는 이들의 격과 동일한 격으로 온다.

A. 주어와 동격인 명사구

a. We, [my friends and I], left for our summer resort. (주어(We)와 동격관계에 있는 명사구(my friends and I)는 모두 주격) 우리들 즉 나의 친구들과 나는 우리의 피서지로 향해 떠났다.

a'.*We, [my friends and me], left for our summer resort. (주어와 동격관계에 있는 명사구가 주격(I)이 아닌 목적격(me)으로 와서 비문)

b. The two people, [Mary and he], loved each other. (주어(The two people)와 동격관계에 있는 명사구(Mary and he)는 모두 주격) 그 두 사람 즉 메리와 그는 서로 사랑했다.

b'.*The two people, [Mary and his], loved each other. (주어와 동격관계에 있는 명사구가 주격(he)이 아닌 소유격(his)으로 와서 비문)

B. 동사의 목적어와 동격인 명사구

a. I met the two students, [Teresa and him], after class. (동사(met)의 목적어(the two students)와 동격관계에 있는 명사구(Teresa and him)는 모두 목적격) 나는 방과 후 그 두 학생 즉 테레사와 그를 만났다.

a'.*I met the two students, [Teresa and he], after class. (동사의 목적어와 동격관계에 있는 명사구가 목적격(him)이 아닌 주격(he)으로 와서 비문)

b. I met the two students, [Mary and him], after class. (동사의 목적어와 동격관계에 있는 명사구가 목적격(Mary and him)으로 와서 정문) 나는 그 두 학생 즉 메리와 그를 방과 후 만났다.

b'.*I met the two students, [Mary and his], after class. (동사의 목적어와 동격관계에 있는 명사구가 목적격(him)이 아닌 소유격(his)으로 와서 비문)

C. 전치사의 목적어와 동격인 명사구

a. My mother gave presents to us, [my brother and me]. (전치사(to)의 목적어(us)와 동격관계에 있는 명사구는 목적격) 나의 어머니는 우리 즉 내 동생과 나에게 선물을 주셨다.

a'.*She gave presents to us, [my brother and I]. (전치사의 목적어와 동격관계에 있는 명사구가 목적격(me)이 아닌 주격(I)으로 와서 비문)

b. She put the presents between us, [my brother and me]. (전치사(between)의 목적어(us)와 동격관계에 있는 명사구는 목적격) 그녀는 그 선물들을 우리 즉 내 동생과 나 사이에 놓으셨다.

b'.*She put the presents between us, [my brother and my]. (전치사의 목적어와 동격관계에 있는 명사구가 목적격(me)이 아닌 소유격(my)으로 와서 비문)

3. 구와 구가 아닌 것

A. 명사구

a. [The boy] runs. (명사구) 그 소년은 달린다.

* [Boy] runs. (명사구가 아니다)

[Boys] run. 소년은 달린다.

b. [He] became [a scientist]. (명사구) 그는 과학자가 되었다.

He became [scientist]. (명사구가 아니다)

c. [A boy] loved [a girl]. (명사구) 한 소년이 한 소녀를 사랑했다.

[Boy] loved [girl]. (명사구가 아니다)

[He] loved [music]. (명사구) 그는 음악을 사랑했다.

He loved [a music]. (명사구가 아니다)

[Boys] love [girls]. (명사구. 일반적인 의미의 소년과 소녀) 남자애는 여자애를 좋아한다.

d. [The boys] gave [the girls] [presents]. (명사구) 그 소년들은 그 소녀들에게 선물을 주었다.

[Boy] gave [girl] [present]. (명사구가 아니다)

e. [They] made [the girls] [their wives]. (명사구) 그들은 그 소녀들을 자신의 아내로 만들었다.

They made [girl] [wife]. (명사구가 아니다.)

B. 동사구

a. The traveler [walked]. (뒤에 어떤 요소가 의무적으로 나오기를 요구하지 않는 동사(walk)는 혼자만으로도 동사구) 그 여행자는 걸었다.

He [(walked) (very slowly)]. 홀로 동사구가 될 수 있는 동사는 뒤에 부사구(very slowly)가 올 수 있지만 오지 않아도 정문) 그는 매우 천천히 걸었다.

He [(walked) (very slowly) (on a trail)]. (동사 walk 뒤의 부사구와 전치사구는 올 수 있지만 오지 않아도 정문) 그는 오솔길에서 매우 천천히 걸었다.

*He [(walked) (the trail)]. (동사 walk는 '걷다'는 의미로 목적어인 명사구 (the trail)가 나오기를 요구하지 않는 동사이므로 비문)

b. He [(got) (tired)]. (동사 get은 형용사구인 보어를 두어 '~하게 되다'는 의미를 전한다) 그는 지쳤다.

*He [(got) (tiredly)]. (동사 get이 '~하게 되다'는 의미를 전할 때 뒤에 보어로 형용사구가 필요한데 부사구(tiredly)가 와서 비문)

He [(got) (tired) (on his way) (home)]. (동사 get 뒤의 형용사구 tired는 정문이 되는데 반드시 필요한 요소. 뒤의 전치사구와 부사구는 반드시 필요한 요소는 아니다.) 그는 집으로 돌아오는 도중에 지쳤다.

* He [(got) (tiredly) (on his way) (home)]. (동사 get 뒤에 필수요소인 형용사구(tired)가 아닌 부사구(tiredly)가 와서 비문)

* He [(got) (tired) (on way) (home)]. (전치사구 내의 전치사(on)의 목적어자리에 명사구(the way나 his way)가 아닌 명사(way)가 와서 비문)

c. He [(met) (a woman)]. (동사와 그 목적어인 명사구로 되어 있는 동사구) 그는 한 여성을 만났다.

*He [(met) (woman)]. (동사의 목적어 자리에 명사구가 아닌 명사가 와서 비문)

He [(met) (her) (on the trail)]. 그는 그녀를 그 오솔길에서 만났다. (동사, 명사구, 전치사구로 된 동사구)

*He [(met) (her) (on trail)]. (전치사구 내의 전치사의 목적어로 명사구(the trail)가 아닌 명사(trail)가 와서 비문)

*He [(put) (in the refrigerator)]. (동사 put은 뒤에 목적어인 명사구와 그 목적어가 놓이는 장소를 나타내는 전치사구나 부사구가 와야 정문. 목적어인 명사구를 동사 뒤에 밝혀주지 않아 비문)

d. He [(gave) (her) (a cell phone)]. (동사 뒤에 간접목적어와 직접목적어인 명사구가 나와 있는 동사구) 그는 그녀에게 휴대폰을 주었다.

*He [(gave) (her) (cell phone)]. (동사의 직접목적어로 명사구가 아닌 요소(couple ring)가 나와 비문)

He [(gave) (her) (the cell phone) (yesterday)]. (동사 뒤에 간접목적어, 직접목적어인 명사구와 부사구로 되어 있는 동사구) 그는 어제 그녀에게 그 휴대폰을 주었다.

*He [(gave) (woman) (the cell phone) (yesterday)]. (동사의 간접목적어 자리에 명사구가 아닌 명사(woman)가 와서 비문)

e. He [(made) (her) (happy)]. (동사 뒤에 목적어인 명사구와 목적보어인 형용사구가 나와 있는 동사구) 그는 그녀를 기쁘게 했다.

* He [(made) (her) (happily)]. (동사 make는 목적어인 명사구와 목적보어인 형용사구를 두어 '~을 ~되게 하다'는 의미를 전한다. 목적보어인 형용사구(happy)가 아닌 부사구(happily)가 와서 비문)

He [(made) (her) (a good housewife)]. (동사 뒤에 목적어와 목적보어로 명사구가 나와 있는 동사구) 그는 그녀를 좋은 아내로 만들었다.

* He [(made) (woman) (a good housewife)]. (동사의 목적어로 명사구가 아닌 명사(woman)가 와서 비문)

* He [(made) (the woman) (good housewife) (later)]. (동사의 목적보어로 명사구가 아닌 요소(good housewife)가 와서 비문)

C. 형용사구

a. Miss Kim is [beautiful]. (형용사만으로 된 형용사구) 김양은 아름답다.

She is [very beautiful]. (부사와 형용사로 된 형용사구) 그녀는 매우 아름답다.

* She is [very beautifully]. (보어인 형용사구를 요구하는 동사(is) 뒤에 형용사구가 아닌 부사구 (very beautifully)가 와서 비문)

b. Her boyfriend made her [beautiful]. (형용사구(beautiful)가 동사 made의 목적보어) 그녀 남자친구는 그녀를 아름답게 만들었다.

He made her [very beautiful]. (형용사구(very beautiful)가 동사 made의 목적보어) 그는 그녀를 매우 아름답게 만들었다.

* He made her [very beautifully]. (목적보어로 형용사구(very beautiful)가 아닌 부사구(very beautifully)가 와서 비문)

D. 부사구

a. The beginning driver drove his car [carefully]. (부사만으로 된 부사구) 그 초보운전자는 자동차를 조심스럽게 운전했다.

b. He drove his car [very carefully]. (부사와 부사로 된 부사구) 그는 자동차를 매우 조심스럽게 운전했다.

* He drove his car [very careful]. (동작동사(drive)의 행위가 어떤 모양으로 행해지는지를 나타내는 양태부사(very carefully)가 와야 할 자리에 형용사구(very careful)가 와서 비문)

E. 전치사구

a. Your book is [(on) (the desk)]. (전치사(on)와 명사구(the desk)로 구성) 네 책은 그 책상 위에 있다.

b. It is [(between) (your pencil and cellphone)]. (명사구(your pencil and cellphone)가 전치사(between)의 목적어) 그것은 네 연필과 휴대전화 사이에 있다.

c. It is [(between) (them)]. (전치사의 목적어는 목적격(them)으로 온다) 그것은 그것들 사이에 있다.

*It is [(between) (they)]. (전치사의 목적어가 주격(they)으로 와서 비문)

*It is [(between) (their)]. (전치사의 목적어가 소유격(their)으로 와서 비문)

d. *You read [(about) (to amuse others)]. (to-부정사(to amuse)는 전치사의 목적어가 될 수 없다)

II. 기본연습

1. 다음 중 구를 고르시오.

a. boy
b. on the
c. love she
d. very beautiful

2. 다음 중 명사구가 아닌 것을 고르시오.

a. any boy
b. a music
c. her boyfriend
d. no music

3. 다음 중 동사구가 아닌 것을 고르시오.

a. walk
b. like him
c. put a book
d. give my daughter a doll

4. 다음 중 부사구가 아닌 것을 고르시오.

a. slowly
b. fast
c. very careful
d. extremely hard

5. 다음 중 형용사구가 아닌 것을 고르시오.

a. good
b. strongly
c. very strong
d. very good

6. 다음 중 전치사구가 아닌 것을 고르시오.

a. on foot
b. the desk on
c. in your mouth
d. between you and me

7. 다음 중 주어가 될 수 없는 것을 고르시오.

a. boy
b. a boy
c. boys
d. these boys

8. 다음 중 보어가 될 수 없는 것을 고르시오.

a. very young
b. attractive
c. a young girl
d. walk fast

9. 다음 중 목적어가 될 수 없는 것을 고르시오.

a. he
b. Tom
c. that she is honest
d. the teacher and his students

10. 다음 중 동격인 명사구가 잘못된 것을 고르시오.

a. We, my friend and me, went for a walk.
b. He sat between us, the foreigner and me.
c. She taught English to us, my brother and me.
d. I met the two foreigners, Teresa and him yesterday.

III. 응용연습

※다음 괄호 안에 들어갈 적합한 표현을 고르시오.

1. It grew [ ] as the night came close. 밤이 가까워지면서 날이 어두워졌다.
   a. dark b. darkly c. darken d. darkness

2. She made her boyfriend [ ] yesterday. 그녀는 어제 그녀 남자친구를 화나게 했다.
   a. happily b. happiness c. angry d. angriness

3. I met all the people, [ ], in the conference. 나는 그 회의에서 그 사람들 모두 즉, 정희 미희 그리고 그를 만났다.
   a. Jung-He, Mi-He and him b. Teresa, Jenny and he
   c. Jung-Soo, Ji-Soo and his d. Min-Joo, Jung-Soo and they

4. I saw [ ] walking along the lake in the sun. 나는 두 쌍의 사람들이 햇빛 속에서 그 호수를 따라 걷고 있는 것을 보았다.
   a. they b. two couple c. two couples d. their

5. He [ ] the door open, and went into the shop. 그는 그 문을 밀어 열고 그 가게로 들어갔다.
   a. pushed b. put c. pressed d. became

6. He drove [ ] because he was a beginner driver. 그는 초보운전자여서 조심스럽게 운전했다.
   a. care b. careful c. carefully d. careless

7. I don't know the relationship between them, [ ]. 나는 그들 즉, 마이클과 그녀의 관계를 알지 못한다.

a. Chul-Soo and he b. Michael and her

c. she and Michael d. his and Michael

8. [ ] was studying English composition in the room. 이 어린 소년은 방에서 영어작문을 공부하고 있었다.

a. Young boy b. This young boy

c. Young boys d. These young boys

9. The man put his car [ ] when he came back home. 그 남자는 귀가하자 그의 자동차를 그 차고에 넣었다.

a. garage b. a garage c. in garage d. in the garage

10. All of the children, [ ], went hiking with their lunchboxes. 그 아이들 즉 탐 메리 그리고 그는 모두 점심도시락을 가지고 하이킹을 갔다.

a. Tom, she and he b. Tom, her and him

c. Tom, Mary and him d. him, her and Mary

IV. 기본영작

다음을 영작하시오.

1. 그 소녀는 예쁘다.

____

2. 소년은 소녀를 좋아한다.

____

3. 그 소년은 소녀를 좋아한다.

____

4. 그 소녀는 음악을 좋아한다.

____

5. 한 소년이 이 소녀를 좋아한다.

____

6. 그 소녀는 그 음악을 좋아한다.

---

7. 한 소년이 한 소녀를 좋아한다.

---

8. 그 소녀는 어떤 음악이건 좋아한다.

---

9. 그 소년은 친구의 소녀를 좋아한다.

---

10. 이 소년들은 저 소녀들을 좋아한다.

V. 심화영작

다음을 주어진 표현으로 시작하여 영작하시오.

1. 어떤 학생들은 영리하다.

a. Some students ________________________________.

b. Some of ________________________________.

c. There ________________________________.

2. 그 학생은 아는 게 거의 없다.

a. Very little ________________________________.

b. The student ________________________________.

c. Very little knowledge ________________________________.

3. 학생은 지식을 중시해야 한다.

a. Students ________________________________.

b. Every student ________________________________.

c. Knowledge ________________________________.

4. 이 학생들은 지식을 중시한다.

a. These students ______________________________.

b. These ______________________________.

c. Knowledge ______________________________.

5. 그 학생은 조심스럽게 숙제를 한다.

a. The student ______________________________.

b. It ______________________________.

c. The way ______________________________.

6. 그 학생은 그의 선생과 나 사이에 앉았다.

a. Between ______________________________.

b. The student ______________________________.

c. It ______________________________.

7. 어떤 학생이건 그 교실에 들어올 수 있다.

a. Any students ______________________________.

b. The classroom ______________________________.

c. Entrance ______________________________.

8. 이 학생들은 유명한 정치가가 되고 싶어 한다.

a. These students ______________________________.

b. It ______________________________.

c. Famous politicians ______________________________.

9. 이 학생들은 자신들이 아는 게 별로 없다고 생각한다.

a. These students ______________________________.

b. The recognition ______________________________.

c. It ______________________________.

10. 그 학생은 수업이 끝난 후 우리들 즉 탐과 나를 만났다.

a. The student ______________________________.

b. We ______________________________.

c. It ______________________________.

제3장 절

절이란 일반적으로 주어 뒤에 동사가 오는 것을 말한다. 문장에서 주어, 동사의 보어, 동사의 목적어, 전치사의 목적어 위치처럼 일반적으로 명사구가 오는 자리에 오는 절을 명사절이라 한다. 명사나 대명사 뒤에서 그 명사나 대명사를 수식하는 관계대명사나 관계부사가 이끄는 관계절을 형용사절이라 한다. 문장에서 동사나 형용사 또는 부사를 수식하는 절을 부사절이라 한다. 때, 이유, 조건, 동시동작, 양보 등을 나타내는 절은 보통 부사절이다. 절의 종류와 특성에 따라 문장에서 올 수 있는 위치에 제약이 따를 뿐만 아니라 절의 내부구조에도 제약이 따른다.

I. 핵심연구

1. 절

절이란 보통 주어 뒤에 동사가 오는 것을 말한다. 동사 뒤에 다른 요소가 나오든 그렇지 않든 관계없이 주어 뒤에 동사가 나오면 모두 절이다.

(1) 명사절

일반적으로 문장에서 명사구가 오는 자리에 오는 절을 가리킨다. 보통 명사절이 오는 문장의 명사구가 오는 자리는 (i) 주어자리 (ii) 주격 보어자리 (iii) 동사의 목적어자리 (iv) 전치사의 목적어자리이다.

A. that-절

a. [That you are honest] is a well-known fact. (동사 is의 주어자리) = It is a well-known fact that you are honest. 네가 정직하다는 것은 잘 알려진 사실이다.

b. My belief is [that you are honest]. (주격보어자리. 동사 is의 보어) 나의 믿음은 네가 정직하다는 것이다.

c. I believe [that you are honest]. (동사 believe의 목적어) 나는 네가 정직하다고 믿는다.

c'. *I made [that you were honest] clear. (동사(made)의 목적보어(clear)가 올 때는 목적어로 that-절을 쓰지 않는다)

d. *I believe in [that you are honest]. (보통 that-절은 전치사(in)의 목적어 자리에 오지 않는다)

B. when-절

a. [When we have to leave the city] is the question. (동사 is의 주어자리) 우리가 그 도시를 언제 떠나는 지가 문제이다.

b. The question is [when we have to leave the city]. (동사 is의 보어자리) 그 문제는 우리가 그 도시를 언제 떠나느냐는 것이다.

c. She knows [when we have to leave the city]. (동사 knows의 목적어자리) 그녀는 우리

가 그 도시를 언제 떠나야 하는지 알고 있다.

d. I am not interested in [when we have to leave the city]. (전치사 in의 목적어자리) 나는 우리가 언제 그 도시를 떠나야 하느냐에 관심이 없다.

C. where-절

a. [Where they live] is not important. (동사 is의 주어자리) 그들이 어디 사는지는 중요하지 않다.

b. This is [where they live]. (동사 is의 보어자리) 여기가 그들이 사는 곳이다.

c. You know [where they live]. (동사 know의 목적어자리) 너는 그들이 어디 사는지 알고 있다.

d. I am not interested in [where they live]. (전치사 in의 목적어자리) 나는 그들이 어디 사는지 관심이 없다.

D. how-절

a. [How you get there] depends on you. (동사 depends의 주어자리) 네가 어떻게 거기 도착하는가는 네게 달려있다.

b. That is [how you get there]. (동사 is의 보어자리) 그것이 네가 거기 도착하는 방법이다.

c. You know [how you get there]. (동사 know의 목적어자리) 너는 네가 거기 어떻게 도착하는지 알고 있다.

d. I am not interested in [how you get there]. (전치사 in의 목적어자리) 나는 네가 어떻게 거기 도착하는지 관심이 없다.

E. why-절

a. [Why the actor married the poor girl] is a mystery. (동사 is의 주어자리) 그 배우가 왜 그 가난한 소녀와 결혼했는지는 수수께끼이다.

b. That is [why the actor married the poor girl]. (동사 is의 보어자리) 그것이 그 배우가 그 가난한 소녀와 결혼한 이유다.

c. You know [why the actor married the poor girl]. (동사 know의 목적어자리) 너는 왜 그 배우가 그 가난한 소녀와 결혼했는지 알고 있다.

d. I am not interested in [why the actor married the poor girl]. (전치사 in의 목적어자리) 나는 왜 그 배우가 그 가난한 소녀와 결혼했는지에 관심이 없다.

F. whether-절

a. [Whether you sing well or not] is not important. (동사 is의 주어자리) (= It is not important whether you sing well or not.) 네가 노래를 잘하느냐 아니냐는 중요하지 않다.

b. The question is [whether you sing well or not]. (동사 is의 보어자리) 그 문제는 네가 노래를 잘하느냐 아니냐이다.

c. You know [whether you sing well or not]. (동사 know의 목적어자리) 너는 네가 노래를 잘하는지 아닌지 알고 있다.

d. I am not interested in [whether you sing well or not]. (전치사 in의 목적어자리) 나는 네가 노래를 잘하느냐 아니냐에 관심이 없다.

G. what-절

a. [What I want] is more money. (동사 is의 주어자리) 내가 원하는 것은 더 많은 돈이다.

b. More money is [what I want]. (동사 is의 보어자리) 더 많은 돈이 내가 원하는 것이다.

c. She wants [what I want]. (동사 wants의 목적어자리) 그녀는 내가 원하는 것을 원한다.

d. She is interested in [what I want]. (전치사 in의 목적어자리) 그녀는 내가 무엇을 원하는지에 관심이 있다.

(2) 형용사절

A. 관계대명사절

❑ who-절

a. This is the student [who speaks English fluently]. (관계대명사 who가 이끄는 절이 명사 student를 수식) 이 사람이 영어를 유창하게 하는 그 학생이다.

b. This is the student [whose father is a scientist]. (관계대명사 who의 소유격 whose가 이끄는 절이 명사 student를 수식) 얘가 아버지가 과학자인 그 학생이다.

c. This is the student [whom you are teaching mathematics]. (관계대명사 who의 목적격 whom이 이끄는 절이 명사 student를 수식) 얘가 네가 수학을 가르치고 있는 그 학생이다.

❑ which-절

a. That is a pencil [which is very sharp]. (관계대명사 which가 이끄는 절이 명사 pencil을 수식) 저것은 매우 뾰족한 연필이다.

b. That is a pencil [whose point is very sharp]. (관계대명사 which의 소유격 whose가 이끄는 절이 명사 pencil을 수식) 저것은 끝이 매우 뾰족한 연필이다.

c. That is a pencil [which I sometimes use]. (관계대명사 which의 목적격 which가 이끄는 절이 명사 pencil을 수식) 저것은 내가 가끔 사용하는 연필이다.

B. 관계부사절

❒ when-절

a. Now is the time [when we have to do something]. (관계부사 when이 이끄는 절이 명사 time을 수식) 지금이 우리가 뭔가 해야 할 때다.

b. He met his wife on a day [when it was raining hard]. (관계부사 when이 이끄는 절이 명사 day를 수식) 그는 비가 심하게 내리던 어느 날 자기 아내를 만났다.

❒ where-절

a. This is the restaurant [where I often meet my girlfriend]. (관계부사 where가 이끄는 절이 명사 restaurant를 수식) 여기가 내가 종종 내 여자 친구를 만나는 그 레스토랑이다.

b. That is the mountain [where my girlfriend and I climb]. (관계부사 where가 이끄는 절이 명사 mountain을 수식) 저것은 내 여자 친구와 내가 오르는 산이다.

❒ why-절

a. This is the reason [why I exercise regularly]. (관계부사 why가 이끄는 절이 명사 reason을 수식) 이것이 내가 규칙적으로 운동하는 이유이다.

b. I don't know the reason [why you don't take regular exercise]. (관계부사 why가 이끄는 절이 명사 reason을 수식) 나는 네가 규칙적인 운동을 하지 않는 이유를 모르겠다.

(3) 부사절

A. 때를 나타내는 절

❑ when-절

a. [When I get home], I will call you back. (집에 도착하는 것이 전화하는 것보다 먼저 일어나는 행위) 내가 집에 도착하면 너에게 되 전화할게.

b. I will call you back [when I get home]. (when-절이 주절 뒤에 올 수 있다)

❑ before-절

a. [Before you go out], you have to finish your homework. (외출하는 것이 숙제를 마치는 것 보다 후에 일어날 행위) 외출하기 전에 너의 숙제를 끝마쳐야 한다.

b. You have to finish your homework [before you go out]. (before-절이 주절 뒤에 올 수 있다)

❑ after-절

a. [After you read the book], you have to return it to the library. (책을 읽는 것이 반납하는 것 보다 먼저 일어나는 행위) 그 책을 읽은 후 그 도서관에 그것을 반납해야 한다.

b. You have to return the book to the library [after you read it]. (after-절이 주절 뒤에 올 수 있다)

❑ while-절

a. [While I am away], you should not answer my cellphone. (내가 외출해 있는 것과 전화를 받아서는 안 되는 것이 동시에 일어나는 행위) 내가 외출해 있는 동안 네가 나의 휴대폰을 받아서는 안 된다.

b. You should not answer my cellphone [while I am away]. (while-절이 주절 뒤에 올 수 있다)

B. 이유를 나타내는 절

❑ because-절

a. [Because you are under eighteen], you cannot drink liquor. (이유를 강하게 직접적으로 제시) 너는 미성년이기 때문에 주류를 마실 수 없다.

b. You cannot drink liquor [because you are under eighteen]. (because-절이 주절 뒤에 올 수 있다)

❑ since-절

a. [Since you are a boy], you cannot enter the women's room. (상대방이 이미 알고 있는 이유를 제시) 너는 남자애이므로 여자화장실에 들어갈 수 없다.

b. You cannot enter the women's room, [since you are a boy]. (since-절이 주절 뒤에 올 수 있다)

❑ for-절

We cannot stay here any longer, [for it is already morning]. (주절 뒤에서 주절의 진술에 대해 이유를 가볍게 제시) 우리는 더 이상 여기 머무를 수 없다. 이미 아침이기 때문이다.

C. 조건을 나타내는 절

❑ if-절

a. [If you want to be a diplomat], you should be fluent in more than two foreign languages. (if-절이 주절 앞에 올 때는 쉼표를 둔다) 외교관이 되고 싶다면 너는 둘 이상의 외국어

를 유창하게 해야 한다.

b. You should be fluent in more than two foreign languages [if you want to be a diplomat]. (if-절이 주절 뒤에 올 수 있다)

❑ unless-절

a. [Unless you drive more carefully], you may have a car accident someday. (부정의 조건(if ... not ...)을 나타낸다) 더 조심스럽게 운전하지 않으면 너는 언젠가 자동차사고를 당할지 모른다.

b. You may have a car accident someday [unless you drive more carefully]. (unless-절이 주절 뒤에 올 수 있다)

D. 동시동작을 나타내는 절

❑ as-절

a. [As the young boy cried], he followed his mother. (우는 것과 어머니의 뒤를 따르는 것이 동시에 일어나는 행위) 그 어린소년은 울면서 자기 어머니를 뒤따랐다.

b. The young boy followed his mother [as he cried]. (as-절이 주절 뒤에 올 수 있다)

E. 양보를 나타내는 절

❑ though-절

a. [Though he was Korean], he spoke English very fluently. (although-절보다 구어적이다) 그는 한국인이었지만 영어를 매우 유창하게 했다.

b. He spoke English very fluently [though he was Korean]. (though-절이 주절 뒤에 올 수 있다)

❑ although-절

a. [Although it was raining heavily], we continued our car trip. (though-절보다 문어적이다) 비가 심하게 내리고 있었지만 우리는 자동차여행을 계속했다.

b. We continued our car trip [although it was raining heavily]. (although-절이 주절 뒤에 올 수 있다)

2. 절과 절이 아닌 것

a. [That you are honest] is a well-known fact. (동사 is의 주어인 명사절) 네가 정직하다는 것은 잘 알려진 사실이다.

a'. * [You are honest] is a well-known fact. (동사의 주어자리에 있지만 접속사(that)이 없어 명사절이 아니므로 주어가 될 수 없다)

b. * I believe in [that you are honest]. (보통 that-절은 전치사(in)의 목적어가 될 수 없다)

b'. You are to be praised in [that you are honest]. (이미 언어 관습상 굳어진 표현에서는 that-절이 전치사(in)의 목적어가 되기도 한다. 예문의 in that~은 '~라는 점에서'의 의미) 너는 정직하다는 점에서 칭찬받을 만하다.

c. * I made [that you were honest] clear. (동사(made)의 목적보어(clear)가 올 때는 목적어로 that-절을 쓰지 않는다)

c'. I made [it] clear [that you were honest]. (동사의 목적보어가 올 때는 목적어인 that-절을 가목적어 it으로 두고 이 절을 문장의 뒤에 둔다) 나는 네가 정직하다는 것을 분명히 했다.

d. You know [where they live]. (간접의문이 주절에 내포될 때는 평서문의 어순 ('의문사 + 주어 + 동사')으로 온다) 너는 그들이 어디 사는지 알고 있다.

d'. *You know [where do they live]. (간접의문이 의문의 어순으로 와서 비문)

e. I am not interested in [how you get there]. (간접의문이 전치사 뒤에 내포될 때 평서문의 어순으로 온다) 나는 네가 거기에 어떻게 도착하는지 관심이 없다.

e'. *I am not interested in [how do you get there]. (의문의 어순으로 와서 비문)

f. She is interested in [what I want]. (what-절은 전치사(in)의 목적어가 될 수 있다) 그녀는 내가 무엇을 원하는지 관심이 있다.

g. The question is [whether you sing well or not]. (의문사절이 주어나 보어일 때는 보통 if-절이 아닌 whether-절을 쓴다) 그 문제는 네가 노래를 잘 하느냐 아니냐이다.

g'. *The question is [if you sing well or not]. (의문사절이 동사(is)의 보어이므로 if-절을 쓰지 않는다)

h. That is a pencil [whose point is very sharp]. (관계대명사 which의 소유격은 whose이다) 저것은 끝이 매우 뾰족한 연필이다.

h'. *That is a pencil [which point is very sharp]. (관계대명사 which의 소유격 whose 대신

which를 써서 비문)

i. [When I get home], I will call you back. (때나 조건의 부사절에서는 미래의 의미를 현재시제(get)로 나타낸다) 내가 집에 도착하면 다시 전화할게.

i'. *[When I will get home], I will call you back. (미래의 의미를 미래시제(will get)로 표현하여 비문)

j. [Unless you study hard], you will fail in the examination. (unless-절은 조건의 부사절이므로 이 절 내의 시제는 현재시제) 열심히 공부하지 않으면 너는 그 시험에 합격하지 못할 것이다.

j'. *[Unless you will study hard], you will fail in the examination. (현재시제(study)가 아닌 미래시제 (will study)를 써서 비문)

II. 기본연습

1. 다음 중 절이 아닌 것을 고르시오.

a. how to get there　b. where they live
c. when I have to eat　d. that you are honest

2. 다음 중 문장의 주어로 쓰인 절을 고르시오.

a. You know what their jobs are.
b. You know whether you sing well or not.
c. That you study hard is a well-known fact.
d. After you finish your homework, you may go out.

3. 다음 중 문장의 보어로 쓰인 절을 고르시오.

a. She wants what I want.
b. This is where they live.
c. I will call you when I get home.
d. This is the village where I was born.

4. 다음 중 동사의 목적어로 쓰인 절을 고르시오.

a. A new car is what he wants.
b. I don't know why the child got up so early.
c. That is the girl whose mother is a famous actress.
d. Teachers are interested in what their students want.

5. 다음 중 전치사의 목적어로 쓰인 절을 고르시오.

a. I think that you are diligent.
b. She is interested in what you have.

c. Since you are under eighteen, you should not drink liquor.
d. The young child was crying while he was following his mother.

6. 다음 중 밑줄 친 부분이 명사절이 아닌 것을 고르시오.

a. You know where they live.
b. What I want is a good job.
c. When we have to marry is the question.
d. This is the boy who is good at writing in English.

7. 다음 중 밑줄 친 부분이 부사절이 아닌 것을 고르시오.

a. He made it clear that she was innocent.
b. Before you marry her, you should get a job first.
c. You cannot enter the bathroom, for somebody is there.
d. Although it was Christmas Eve, he continued writing his manuscript.

8. 다음 중 밑줄 친 부분이 형용사절이 아닌 것을 고르시오.

a. When I get home, I will call you back.
b. This is the boy whose mother died last year.
c. Now is the time when we decide on something.
d. This is the restaurant where my girlfriend and I eat.

9. 다음 중 밑줄 친 절의 내부구조가 잘못된 것을 고르시오.

a. You know where do they live.
b. I made it clear that she was innocent.
c. That is a pencil which I sometimes use.
d. Now is the time when we have to do something.

10. 다음 중 밑줄 친 절이 문장 내에 잘못 놓인 것을 고르시오.

a. I made that she was guilty clear.
b. I am not interested in how you do it.
c. When we have to leave the village is the question.
d. This is the fountain pen that I received from my girlfriend.

III. 응용연습

※다음 괄호 안에 들어갈 적합한 표현을 고르시오.

1. [ ], she has to finish her homework. 그녀는 외출하기 전에 그녀의 숙제를 끝마쳐야 한다.

a. Before she go out
b. Before she goes out
c. Before she will go out
d. She goes out before

2. [ ] the beggar wants is much more food. 그 거지가 원하는 것은 훨씬 더 많은 음식이다.

a. What
b. How
c. After
d. Which

3. She doesn't know [ ] he majors in philosophy. 그녀는 그가 왜 철학을 공부하는지 알지 못한다.

a. what
b. why
c. which
d. who

4. That is the boy [ ] father is a famous scientist. 저 아이가 아버지가 유명한 과학자인 그 소년이다.

a. when b. that c. his d. whose

5. It is not important [ ] you are a student or not. 네가 학생인지 아닌지는 중요하지 않다.

a. how b. as c. whether d. while

6. The young boy walked [ ] he read a comic book. 그 소년은 만화책을 읽으며 걸었다.

a. why b. as c. how d. whose

7. It is a well-known fact [ ] she studies very hard. 그녀가 매우 열심히 공부하는 것은 잘 알려진 사실이다.

a. that b. how c. who d. whom

8. You will fail in the examination [ ] you study hard. 너는 열심히 공부하지 않으면 그 시험에 실패할 것이다.

a. if b. because c. since d. unless

9. He met his wife on a mountain [ ] they were hiking. 그는 자기 아내를 한 산에서 하이킹을 하다 만났다.

a. which b. how c. where d. who

10. [ ] it was snowing heavily, the cars were running fast. 눈이 많이 내리고 있었지만 그 자동차들은 빨리 달리고 있었다.

a. Although b. That c. What d. Why

IV. 기본영작

다음을 영작하시오.

1. 그 주자는 매우 빠르다.

2. 그는 비싼 운동복을 입고 있다.

3. 나는 그가 매우 빠르다고 믿는다.

4. 지금이 그가 남을 위해 일할 때다.

5. 그가 원하는 것은 더 많은 돈이다.

6. 그가 어디 사는가는 중요하지 않다.

7. 여기가 그가 식사하는 레스토랑이다.

8. 나는 그가 얼마나 빠른가에 관심이 있다.

9. 그가 매우 빠르다는 것은 잘 알려진 사실이다.

10. 그 코치는 그 주자가 가장 빠르다는 것을 분명히 했다.

V. 심화영작

다음을 주어진 표현으로 시작하여 영작하시오.

1. 그 무용수는 우유를 마시면서 출근한다.

   a. The dancer ______________________________.

   b. While ______________________________.

   c. Both ______________________________.

2. 그녀는 집에 도착하자마자 샤워를 한다.

   a. Upon ______________________________.

   b. She ______________________________.

   c. Immediately after ______________________________.

3. 그녀는 춤을 좋아해서 무용수가 되었다.

   a. She ______________________________.

   b. Dancing ______________________________.

   c. Her job ______________________________.

4. 그녀는 가수가 노래하는 동안 춤을 춘다.

a. She ______________________________.

b. Her job ______________________________.

c. What ______________________________.

5. 그녀는 분명히 멋진 무용수가 될 것이다.

a. She ______________________________.

b. I ______________________________.

c. My belief ______________________________.

6. 저것이 그녀가 춤을 출 때 신는 부츠이다.

a. She ______________________________.

b. Those ______________________________.

c. Those boots ______________________________.

7. 그녀는 집에서 쉬는 동안 영어공부를 한다.

a. She ______________________________.

b. English ______________________________.

c. Studying English ______________________________.

8. 그녀는 키가 크고 예쁘지만 남자친구가 없다.

a. She ______________________________.

b. Both ______________________________.

c. Despite ______________________________.

9. 그녀가 노래를 잘 부른다는 사실은 알려져 있지 않다.

a. It ______________________________.

b. She ______________________________.

c. An unknown fact ______________________________.

10. 문제는 그녀가 노래를 얼마나 잘 부르는가 하는 것이다.

a. It ______________________________.

b. What ______________________________.

c. The important thing ______________________________.

제4장 문장

문장이란 일반적으로 주어와 술부를 가진 하나의 완전한 사고의 단위를 말한다. 문장은 하나의 주절로 되어 있는 단문, 둘 이상의 주절로 되어 있는 중문, 하나의 주절과 하나 이상의 종속절로 되어 있는 복문, 둘 이상의 주절과 하나 이상의 종속절로 되어 있는 중복문이 있다. 문장의 내부구조는 보통 주어와 동사가 나오고 부사가 문장 첫머리 위치, 문장 가운데 위치, 문장 끝 위치에 나오는 구조이다. 문장 가운데 위치는 보통 be동사 뒤, 일반동사 앞, 조동사 뒤를 말하지만 조동사가 여러 개 있는 경우 첫 번째 조동사 뒤가 되기도 하고 여러 개의 조동사를 모두 제치고 본동사 바로 앞이 되는 경우도 있다. 문법적인 문장이 되려면 문장을 구성하고 있는 개개의 구가 올바른 순서로 배열되어야 한다.

I. 핵심연구

1. 문장

문장이란 주어와 술부를 포함하고 있는 하나의 완전한 사고의 단위를 말한다.

2. 문장의 종류

(1) 단문

단문이란 하나의 주절로 되어있는 문장을 말한다.

a. We (주어) walked. (동사) (하나의 주절로 구성) 우리는 걸었다.

b. They (주어) drove. (동사) (하나의 주절로 구성) 그들은 차를 몰았다.

(2) 중문

중문이란 둘 이상의 주절로 되어있는 문장을 말한다.

a. [We walked] and [they drove].

[We walked]	and	[they drove].
(주어) (동사)	(등위접속사)	(주어) (동사)
[주 절]		[주 절]

우리는 걸었고 그들은 차를 몰았다.

b. [We ate a watermelon] and [they ate some melons].

[We ate a watermelon]	and	[they ate some melons].
(주어) (동사) (목적어)	(등위접속사)	(주어) (동사) (목적어)
[주 절]		[주 절]

우리는 수박을 하나 먹었고 그들은 참외를 몇 개 먹었다.

(3) 복문

복문이란 하나의 주절과 하나 이상의 종속절로 되어 있는 문장을 말한다.

a. [When it rained], [the flowers fell].
(종속접속사) (주어) (동사) (주어) (동사)
[종 속 절] [주 절]
비가 오자 그 꽃들은 떨어졌다.

b. [Before it rained], [the flowers remained full].
(종속접속사) (주어) (동사) (주어) (동사) (보어)
[종 속 절] [주 절]
비가 오기 전에 그 꽃들은 온전한 상태로 남아 있었다.

(4) 중복문

중복문이란 둘 이상의 주절과 하나 이상의 종속절로 되어 있는 문장을 말한다.

a. [When it rained], [the wind blew] and [the flowers fell].
(종속접속사) (주어) (동사) (주어) (동사) (등위접속사) (주어) (동사)
[종 속 절] [주 절] [주 절]
비가 내리자 바람이 불고 그 꽃들이 떨어졌다.

b. [Before it rained], [it was sunny] and [the flowers remained full]
(종속접속사) (주어) (동사) (주어) (동사) (보어) (등위접속사) (주어) (동사) (보어)
[종 속 절] [주 절] [주 절]
비가 내리기 전에는 날이 화창했으며 그 꽃들이 온전한 상태였다.

3. 문장의 내부 구조

(1) 일반적인 구조

일반적으로 문장은 '주어 + 동사'의 앞과 뒤나 이들의 가운데 부사가 올 수 있는 구조로 되어 있다.

[부사] (주어)	[부사]	(동사)	[부사]
①	②		③
문장 첫머리	문장 가운데		문장 끝

(i) 간단한 문장은 주어 뒤에 동사가 나온다. 주어의 앞과 뒤나 이들의 가운데는 부사가 올 수 있다.
(ii) 동사 뒤에 반드시 와야 하거나 올 수 있는 요소는 동사의 특성에 따라 결정된다.
(iii) 부사의 종류와 동사의 종류에 따라 부사의 위치는 위 세 위치 중 어느 위치가 된다. 위 ① ② ③은 부사의 일반적인 세 주요위치를 나타낸다.

(2) 세부적인 구조

A. 주어 + 동사

이 구조의 문장은 앞에 주어만 오면 뒤에 어떤 요소도 반드시 나올 필요가 없는 의미를 가진 동사에 의해 만들어진다.

a. [The foreigner] [walked]
(주어) (동사)
(동사 walk는 걷는 행위를 누가 하는지를 나타내는 주어가 앞에 오기를 요구한다. 그러나 뒤에 어떤 요소가 반드시 나타나기를 요구하지 않는다)

그 외국인은 걸었다.

b. [He] [sang]
(주어) (동사)
(동사 sing은 노래하는 행위자가 앞에 오기를 요구한다. 그러나 뒤에 어떤 요소가 반드시 오기를 요구하지 않는다)

그는 노래했다.

B. 주어 + 동사 + 보어

이 구조의 문장은 앞에 주어가 오고 뒤에 보어가 오기를 요구하는 의미를 가진 동사에 의해 만들어진다.

a. [He] [was] [tall].
(주어) (동사) (보어)
(be동사는 앞에 주어가 오고 뒤에 형용사구나 명사구가 보어로 오기를 요구한다. 형용사구 tall이 동사 was의 보어)

그는 키가 컸다.

a. [He] [became] [an Englsih teacher].
(주어) (동사) (보어)
(동사 become은 앞에 주어가 오고 뒤에 형용사구나 명사구가 보어로 오기를 요구한다. 명사구 an English teacher가 동사 became의 보어)

그는 영어선생이 되었다.

C. 주어 + 동사 + 목적어

이 구조의 문장은 앞에 주어가 오고 뒤에 목적어가 오기를 요구하는 의미를 가진 동사에 의해 만들어진다.

a. [He] [loved] [Korea].
(주어) (동사) (목적어)
(동사 love는 앞에 주어가 오고 뒤에 목적어로 명사구가 오기를 요구한다. 명사구 Korea가 동사 loved의 목적어)

그는 한국을 사랑했다.

b. [He] [married] [a Korean woman].
(주어) (동사) (목적어)
(동사 marry는 앞에 주어가 오고 뒤에 목적어로 명사구가 오기를 요구한다)

그는 한 한국여성과 결혼했다.

D. 주어 + 동사 + 간접목적어 + 직접목적어

이 구조의 문장은 앞에 주어가 오고 뒤에 간접목적어와 직접목적어가 오기를 요구하는 의미를 가진 동사에 의해 만들어진다.

a. [He] [gave] [his wife] [a pearl necklace].
(주어) (동사) (간접목적어) (직접목적어)
(동사 give가 누구에게 무엇을 준다는 의미를 전할 때 앞에 주어가 오고 뒤에 간접목적어와 직접목적어가 오기를 요구한다)

그는 자기 아내에게 진주목걸이를 주었다.

a. [He] [bought] [her] [a pretty hat].
(주어) (동사) (간접목적어) (직접목적어)

(동사 buy가 누구에게 무엇을 사준다는 의미를 전할 때 앞에 주어가 오고 뒤에 간접목적어와 직접목적어가 오기를 요구한다)

그는 그녀에게 예쁜 모자를 하나 사주었다.

E. 주어 + 동사 + 목적어 + 보어

이 구조의 문장은 앞에 주어가 오고 뒤에 목적어와 보어가 오기를 요구하는 동사에 의해 만들어진다.

a. [He] [made] [her] [happy].
(주어) (동사) (목적어) (보어)

(동사 make가 누구를 어떻게 되게 한다는 의미를 전할 때 앞에 주어가 오고 뒤에 목적어와 보어가 오기를 요구한다)

그는 그녀를 기쁘게 했다.

b. [He] [made] [her] [a happy woman].
(주어) (동사) (목적어) (보어)

(동사 make가 누구를 무엇으로 만든다는 의미를 전할 때 앞에 주어가 오고 뒤에 목저어와 보어가 오기를 요구한다)

그는 그녀를 행복한 여성으로 만들었다.

4. 문장과 문장이 아닌 것의 차이

(1) 정문과 비문

정문이 되기 위해서는 문장을 구성하고 있는 개개의 구가 영어가 요구하는 구조로 배열되어야 할 뿐 아니라 개개의 구 내부구조 역시 올바른 구조로 배열되어야 한다. 이를 위반하면 비문이 된다.

(2) 문장이 되지 못하게 하는 요인들

A. 구의 내부구조를 위반할 때

❑ 명사구 위반

문장에서 명사구가 와야 하는 (i) 동사의 주어자리 (ii) 동사의 주격보어자리

(iii) 동사의 목적어자리 (iv) 동사의 목적보어자리 (v) 전치사의 목적어자리에 명사구가 아닌 요소가 오면 비문이 된다. 주격보어와 목적보어자리에는 동사에 따라 형용사구가 올 수도 있다.

a. *[Boy] walked. (주어로 명사구가 아닌 명사가 와서 비문. A boy, The boy, My boy, This boy, No boy, Boys는 명사구)

b. *He was [famous tennis player]. (동사 was의 보어로 명사구가 아닌 요소가 와서 비문. a famous tennis player는 명사구)

❑ 동사구 위반

동사가 홀로 완전한 동사구가 되려면 뒤에 어떤 요소도 의무적으로 나올 필요가 없는 의미를 가진 동사여야 한다. 많은 동사가 자신이 가진 의미를 완전하게 전하기 위해 뒤에 어떤 요소가 반드시 나오기를 요구한다. 따라서 이 요구조건을 만족시키면 동사구가 되고 이를 위반하면 동사구가 되지 못한다.

a. *Jung-He [slept the bed]. (동사 sleep은 뒤에 목적어를 요구하지 않는다. slept in/on the bed는 동사구)

b. *She [became]. (동사 become은 뒤에 보어를 요구한다. 보어가 나오지 않아 동사구가 아니다)

c. *She [became stewardess]. (become의 보어로 명사구(a stewardess)가 아닌 명사(stewardess)가 와서 동사구가 아니다)

❑ 형용사구 위반

문장에서 형용사구가 와야 할 자리에 형용사구가 아닌 요소가 오면 비문이 된다. 보통 (i) 주격보어자리 (ii) 목적보어자리에 온다.

a. * John was [strongly]. (be동사 뒤에 보어인 형용사구(strong)가 아닌 부사구(strongly)가 와서 비문)

b. * He became [very strongly]. (동사 become 뒤에 보어인 형용사구(very strong)가 아닌 부사구(very strongly)가 와서 비문)

❑ 부사구 위반

부사구는 문장에서 종류에 따라 부사가 오는 세 주요 위치 중 어딘가에 온다. 동사의 동작이 어떤 모양으로 일어나는지를 보여주는 양태부사는 대개 목적어를 필요로 하지 않는 동작동사의 바로 뒤에 오거나 목적어를 필요로 하는 동작동사의 목적어 뒤에 온다.

a. *The drunken driver was [very carelessly]. (상태 동사인 be동사 뒤는 보어인 형용사구(very careless)가 오는 자리로 부사구(very carelessly)가 와서 비문)

b. *He got his wife [angrily]. (동사 get의 목적보어자리는 형용사구(angry)가 오는 자리로 부사구(angrily)가 와서 비문)

❑ 전치사구 위반

전치사구란 전치사 뒤에 명사구가 나와 있는 것을 가리킨다. 보통 전치사 뒤에 명사구가 오지 않거나 인칭대명사가 올 때 목적격으로 오지 않으면 비문이 된다.

a. *The actress walked [along stream]. (전치사(along) 뒤에 목적어로 명사구(a/the stream)가 아닌 명사(stream)가 와서 비문)

b. *[Between you and I], she divorced her second husband. (전치사(between)의 목적어로 명사구가 목적격(me)이 아닌 주격(I)으로 와서 비문)

B. 격을 위반할 때

동사의 주어자리에 오는 명사구는 주격으로 온다. 그리고 이 명사구와 동격인 명사구 역시 주격으로 온다. 동사나 전치사의 목적어자리에 오는 명사구는 목적격으로 온다. 그리고 이 명사구와 동격인 명사구 역시 목적격으로 온다. 명사와 명사간의 소유를 나타낼 때는 소유격을 쓴다. 이를 위반하면 비문이 된다.

a. * [Tom and me] went fishing last week. (동사의 주어자리에 주격(I)이 아닌 목적격(me)이 와서 비문)

* [We, Tom and me] went fishing last week. (동사의 주어(We)와 동격관계에 있는 명사구가 주격(I)이 아닌 목적격(me)으로 와서 비문)

b. * I met [me girlfriend] on the way to the lake. (girlfriend가 나(I)에게 속해 있으므로 소유격(my)을 사용하여 my girlfriend가 된다)

* Tom and I read [each other books] by the lake. (책이 서로 서로 상대방에게 속해 있으므로 each other's books가 된다)

* We found our fishing tackle near [the table's legs]. (무생물(table)의 소유격은 보통 ('s) 소유격이 아닌 of-소유격(the legs of the table)으로 나타낸다. '명사 + 명사'(the table legs)로 나타낼 수도 있다)

c. * I met [Min-Su and they] there. (동사의 목적어자리에 인칭대명사가 올 때는 주격(they)이

아닌 목적격(them)으로 온다)

* I met [those people, Tae-He, So-He, and she]. (동사의 목적어(those people)와 동격관계에 있는 인칭대명사는 주격(she)이 아닌 목적격(her)으로 온다)

* I gave some apples [to they]. (전치사(to) 뒤는 전치사의 목적어 자리로 인칭대명사가 주격(they)이 아닌 목적격(them)으로 온다)

* I gave some apples to [those people, Tae-He, So-He, and she]. (전치사 (to)의 목적어인 those people과 동격관계에 있는 명사구는 목적격으로 온다. 인칭대명사의 주격(she)은 목적격(her)이 된다)

C. 대명사의 지시 관계를 위반할 때

이미 나온 명사구가 반복될 때 이것을 대명사로 나타낸다. 이 때 적절한 대명사를 사용하지 않으면 비문이 된다.

a. * I met a nurse in the morning, and [a nurse] was in a hurry to her work. (앞서 나온 명사구(a nurse)를 다시 언급할 때 대명사(she)를 사용)

b. * I have two peaches; one is small and green, and [another] is large and pinky. (두 대상 중 하나를 대명사 one으로 받으면 나머지 다른 하나는 the other로 받는다)

c. * Some study foreign languages hard, while [the others] don't. (막연한 복수의 대상을 뜻하는 '어떤 사람들'을 대명사 some으로 받을 때 '다른 사람들'은 others로 받는다)

d. * There were a few books on the desk, and [this] was my daughter's. (앞서 나온 명사구가 복수(a few books)이므로 이것을 대명사의 단수형(this)이 아닌 복수형(these)으로 받아 this was는 these were가 된다)

e. * [That] was easy to find our destination. (to-부정사(to find)가 진주어이므로 동사(was)의 주어자리에 가주어인 대명사 it이 필요하다)

f. * I made [this] clear that we couldn't change our decision. (that-절이 동사(made)의 진목적어로 목적어자리에 가목적어인 대명사 it이 필요하다)

g. * Every boy should use the men's room, wherever [it] goes. (Every boy는 단수로 취급하므로 이것을 가리키는 대명사는 he)

h. * The police are following the criminal, and [it] will certainly catch him sooner or later. (명사구 the police는 복수로 취급하므로 이것을 가리키는 대명사는 복수형 they)

i. * Mathematics may be difficult to study, but [they] were her favorite subject at the university. (명사구 mathematics는 학문이름으로 단수이므로 대명사 it으로 받는다. 따라서 they were는 it was)

D. 부사의 위치를 위반할 때

일반적으로 문장에서 부사가 오는 세 주요 위치인 (i) 문장 첫머리 위치 (ii) 문장 가운데 위치 (iii) 문장 끝 위치 중 부사의 종류에 따라 주로 오는 위치와 이차적으로 갈 수 있는 위치 및 갈 수 없는 위치가 있다.

a. * My friend and I [always] are very busy. (막연한 빈도를 나타내는 부사 always는 문장 가운데 위치인 be동사 are 뒤에 온다)

b. * We go [usually] to school on foot. (막연한 빈도를 나타내는 부사 usually는 문장 가운데 위치인 일반 동사 go 앞에 온다)

c. * We do [very carefully] our inline skating. (동사의 행위가 일어나는 모양을 나타내는 양태부사(very carefully)는 주로 문장 끝에 온다. 동사(do)의 목적어인 our inline skating 뒤에 온다)

d. * We are [enough] old to be responsible for our deeds. (부사 enough는 자신이 수식할 형용사나 부사 뒤에 온다. 형용사 old 뒤에 온다)

e. * We [yesterday] went to a nice restaurant to have lunch. (시간부사(yesterday)는 주로 문장 끝에 오며 문장 첫머리에 올 수도 있다)

f. * We [never] have met any strangers at the meeting. (부정부사(never)는 보통 문장 가운데 위치(조동사 have 뒤)에 온다)

g. * [Never] we have tried imported beer in the restaurant. (부정부사(never)를 강조하기 위해 문장 첫머리로 이동하면 '주어 + 조동사'(we have)가 '조동사 + 주어'(have we)로 어순이 도치된다)

h. * We put the milk [at once] in the refrigerator. (동사 put은 무엇을 어디에 둔다는 의미를 전할 때 목적어 뒤에 장소부사(in the refrigerator)가 반드시 나오기를 요구한다. 그리고 이 필수부사는 다른 부사보다 앞에 오므로 in the refrigerator가 at once 앞에 온다)

II. 기본연습

1. 다음 중 단문을 고르시오.

a. The boy finished his homework.
b. I knew that they were entertainers.
c. The girls danced and the boys sang.
d. He sang while his girlfriend played the piano.

2. 다음 중 중문을 고르시오.

a. I saw the dog chasing after a hen.
b. I found that the dog was chasing a hen.
c. The hen ran away when the dog chased after it.
d. The dog chased after a hen and the hen escaped.

3. 다음 중 중복문을 고르시오.

a. I don't know who you are.
b. I saw them and they also saw me.
c. I didn't know who he was until he came close.
d. Before the wind blew, it was sunny and the lake was calm.

4. 다음 중 문장이 아닌 것을 고르시오.

a. The boy walked fast.
b. He loved a pretty girl.
c. He put book on the desk.
d. He was a famous tennis player.

5. 다음 중 복문이 아닌 것을 고르시오.

a. She was so glad that she cried.
b. She cried because she was so glad.
c. He was eating while he was talking.
d. He was so hungry and he ate the bananas.

6. 다음 중 주어와 동사로 되어 있는 문장을 고르시오.

a. He wanted something new.
b. He was a famous politician.
c. He walked around his house.
d. The politician became famous.

7. 다음 중 주어 동사 보어로 되어 있는 문장을 고르시오.

a. He had a wife and children.
b. He made them basketball players.
c. He taught some children basketball.
d. The basketball player was very tall.

8. 다음 중 주어 동사 목적어로 되어 있는 문장을 고르시오.

a. We were students.
b. We made each other happy.
c. We met a few foreigners there.
d. My friend and I walked on the beach.

9. 다음 중 주어 동사 목적어 보어로 되어 있는 문장을 고르시오.

a. She was a mere child.
b. The door opened slowly.
c. She closed the door then.
d. The girl pulled the door open.

10. 다음 중 주어 동사 간접목적어 직접목적어로 된 문장을 고르시오.

a. She still remains single.
b. She makes them comfortable.
c. She gives her patients some medicine.
d. Mary is a nurse in a university hospital.

III. 응용연습

※ 다음 괄호 안에 들어갈 적합한 표현을 고르시오.

1. He [ ] any strangers at the meeting. 그는 그 회의에서 어떤 낯선 사람들도 결코 만난 적이 없다.

a. met never
b. has never met
c. has met never
d. did meet never

2. He met a nice girl and dated [ ] very often. 그는 한 멋진 소녀를 만나 자주 데이트를 했다.

a. she
b. her
c. girl
d. hers

3. He [ ] and went out to play with his friends. 그는 악보집을 그 책상에 놓고 그의 친구들과 놀기 위해 나갔다.

a. put music book
b. put music book on desk
c. put a music book
d. put a music book on the desk

4. The boy was eating lunch [ ] in the restaurant. 그 소년은 모자를 쓴 채 그 레스토랑에서 점심을 먹고 있었다.

a. with cap b. with cap on c. with a cap on d. a cap on

5. He was talking about [ ] music before lots of people. 그는 많은 사람들 앞에서 작곡하는 것에 관해 이야기하고 있었다.

a. write b. to write c. writing d. wrote

6. The girl made her friends [ ] whenever she met them. 그 소녀는 만날 때마다 자기 친구들을 매우 기쁘게 했다.

a. very happy b. very happily
c. very happiness d. real happiness

7. The child enjoyed playing the piano, and later became [ ]. 그 아이는 피아노를 즐겨 쳤으며 후에 유명한 피아노 연주가가 되었다.

a. famous pianist b. a famous pianist
c. a pianist famous d. famous a pianist

8. She drives her car [ ], and has never had any car accidents. 그녀는 자동차를 조심스럽게 운전해서 어떤 자동차사고도 당한 적이 없다.

a. care b. careful c. carefully d. cared

9. He had two music books; one was yellow, and [ ] was red. 그는 두 권의 악보집을 가지고 있었다. 하나는 노란색이고 나머지 다른 하나는 빨간색이었다.

a. another b. other c. the other d. others

10. He often meets the woman, but the relationship [ ] is not very close.

그는 종종 그 여자를 만나지만 그들의 관계가 매우 가깝지는 않다.

a. he and she
b. between they
c. between them
d. between theirs

IV. 기본영작

다음을 영작하시오.

1. 한 외국인이 내게 다가 왔다.

____

2. 그는 나에게 다가와 말을 걸었다.

____

3. 나는 그에게 길을 가르쳐 주었다.

____

4. 그는 고개를 끄덕이고 길을 계속 갔다.

____

5. 그는 내게 영어를 사용할 기회를 주었다.

____

6. 그는 내가 이곳 지리를 잘 아는지 물었다.

____

7. 그는 다음에 함께 등산을 가자고 제안했다.

____

8. 내가 길을 가르쳐 주자 그는 고맙다고 하고 떠났다.

____

9. 그는 나를 보자 멈추고 전철역으로 가는 길을 물었다.

____

10. 그는 자기를 탐이라고 하고 나를 만나서 반갑다고 했다.

____

V. 심화영작

다음을 주어진 표현으로 시작하여 영작하시오.

1. 내 친구가 예쁜 아가씨를 한 사람 소개해 주었다.

a. My friend ______________________________.

b. A pretty girl ______________________________.

c. I ______________________________.

2. 내 친구는 우리들 즉 그녀와 나를 잘 알고 있었다.

a. My friend ______________________________.

b. We ______________________________.

c. Both ______________________________.

3. 그녀와 나는 커피를 마시고 공원에서 산책을 했다.

a. She and I ______________________________.

b. I ______________________________.

c. After ______________________________.

4. 호수에는 커다란 물고기가 이리저리 헤엄치고 있었다.

a. I ______________________________.

b. There ______________________________.

c. Big fish ______________________________.

5. 호수 주위에는 커다란 나무들이 줄을 지어 서 있었다.

a. Tall trees ______________________________.

b. I ______________________________.

c. There ______________________________.

6. 우리는 호숫가를 거닐고 벤치에 앉아 한가하게 이야기했다.

a. We ______________________________.

b. After ______________________________.

c. What ______________________________.

7. 몇몇 사람들은 호수주위로 건강을 위해 조깅을 하고 있었다.

a. Some people ______________________________.

b. I ____.

c. There ____.

8. 나는 그들이 규칙적으로 조깅을 하는 사람들이라고 확신했다.

a. I ____.

b. It ____.

c. My strong belief ____.

9. 우리는 봄바람이 호수에 잔물결을 일으키는 것을 지켜보았다.

a. We ____.

b. The spring breeze ____.

c. There ____.

10. 나는 시간을 내어 이곳에서 그녀를 종종 만나 이야기할 생각이다.

a. I ____.

b. My intention ____.

c. It ____.

누구나 영작문

제5장 말과 말의 연결

영어에서 말과 말은 아무렇게나 연결되는 것이 아니라 일정한 규칙에 의해 연결된다. 보통 단어와 단어, 구와 구, 절과 절을 연결할 때 접속사를 사용한다. 접속사에는 등위접속사와 종속접속사가 있으며 전자는 동등한 등급의 단어와 단어, 구와 구, 절과 절을 연결하는데 쓰고 후자는 종속절을 주절에 연결하는데 쓴다. 접속사처럼 관계대명사나 관계부사도 절과 절을 연결할 때 쓴다. 분사도 분사가 이끄는 구를 주절과 연결할 때 쓰며 보통 현재분사는 능동의 의미를 전하는데 비해 과거분사는 수동의 의미를 전한다. 때로는 콤마(,), 콜론(:), 세미콜론(;)과 같은 연결부호도 접속사처럼 말과 말을 연결하는데 쓰인다.

I. 핵심연구

1. 연결하는 말에 의한 연결

(1) 접속사에 의한 연결

단어와 단어, 구와 구, 절과 절을 연결할 때는 보통 접속사를 사용한다.

A. 단어의 연결

❑ 명사와 명사의 연결

a. Every [boy and girl] eats. (주어인 명사 boy와 girl을 접속사 and가 연결) 모든 소년 소녀는 식사한다.

b. Mary is a [student and teacher]. (동사 is의 보어인 명사 student와 teacher를 접속사 and가 연결) 메리는 학생이자 선생이다.

c. I often meet the [girl and dog]. (동사 meet의 목적어인 명사 girl과 dog을 접속사 and가 연결) 나는 종종 그 소녀와 개를 만난다.

d. I sometimes give the [girl and dog] food. (동사 give의 간접목적어인 명사 girl과 dog을 접속사 and가 연결) 나는 가끔 그 소녀와 개에게 음식을 준다.

e. I sometimes give them some [milk and biscuits]. (동사 give의 직접목적어인 명사 milk와 biscuits를 접속사 and가 연결) 나는 가끔 그들에게 약간의 우유와 비스켓을 준다.

f. She will make her son a [student and teacher]. (동사 make의 목적보어인 명사 student와 teacher를 접속사 and가 연결) 그녀는 자기 아들을 학생이며 선생으로 만들 것이다.

g. * I know those [women and man]. (지시사의 복수형(those) 뒤는 셀 수 있는 명사의 복수형이 온다. 복수형 women 뒤에 단수형 man이 와서 비문)

❑ 대명사와 대명사의 연결

a. [She and I] study. (주어인 대명사 She와 I를 접속사 and가 연결) 그녀와 나는 공부하는 사람이다.

b. The students are [she and I]. (동사 are의 보어인 대명사 she와 I를 접속사 and가 연결)

그 학생들은 그녀와 나다.

c. Our parents love [her and me]. (동사 love의 목적어인 대명사 her와 me를 접속사 and가 연결) 우리 양친은 그녀와 나를 사랑한다.

d. They often give [her and me] presents. (동사 give의 간접목적어인 대명사 her와 me를 접속사 and가 연결) 그들은 종종 그녀와 나에게 선물을 준다.

e. They often give presents to [her and me]. (전치사 to의 목적어인 대명사 her와 me를 접속사 and가 연결) 그들은 종종 선물을 그녀와 나에게 준다.

e'. * They often give presents to [her and I]. (전치사의 목적어로 대명사의 목적격은 서로 연결이 가능하지만 격이 서로 다르면 연결이 불가능)

❑ 동사와 동사의 연결

a. The singer [sang and danced]. (동사 sang과 danced를 접속사 and가 연결) 그 가수는 노래하고 춤췄다.

b. She [waved and twisted] her body. (동사 waved와 twisted를 접속사 and가 연결) 그녀는 자신의 몸을 흔들고 비틀어 돌렸다.

c. She [waved or twisted] her body. (동사 waved와 twisted를 접속사 or가 연결) 그녀는 자신의 몸을 흔들거나 비틀어 돌렸다.

d. * She [runs and walk] whenever she is free. (주어가 3인칭 단수이고 동사가 현재시제일 때 동사는 같은 형태(runs and walks)로 결합되어야 한다)

❑ 형용사와 형용사의 연결

a. Tom is [tall and attractive]. (동사 is의 보어인 형용사 tall과 attractive를 접속사 and가 연결) 탐은 키가 크고 매력적이다.

b. He is an [energetic or active] man. (동사 is의 보어인 명사구 내의 두 형용사 energetic과 active를 접속사 or가 연결) 그는 정력적이거나 활동적인 남자다.

c. He made his daughter [honest and intelligent]. (동사 made의 목적보어인 두 형용사 honest와 intelligent를 접속사 and가 연결) 그는 자기 딸을 정직하고 지적인 여성으로 만들었다.

d. He paints his house [blue or green]. (동사 paints의 목적보어인 두 형용사 blue와 green을 접속사 or가 연결) 그는 자기 집을 청색이나 녹색으로 칠한다.

e. * He paints his house [blue and beautifully]. (동사의 목적보어로 같은 종류의 품사가 연결되어야 한다. 형용사(blue)와 부사(beautifully)가 연결될 수 없다)

❑ 부사와 부사의 연결

a. The old man walks [slowly and patiently]. (부사 slowly와 patiently를 접속사 and가 연결) 그 노인은 천천히 그리고 인내심을 가지고 걷는다.

b. He crosses the street [weakly or slowly]. (부사 weakly와 slowly를 접속사 or가 연결) 그는 그 거리를 힘없이 또는 천천히 건넌다.

c. * He crosses the street [weakly and patient]. (부사(weakly)와 형용사 (patient)의 연결은 불가능)

❑ 전치사와 전치사의 연결

a. You can put the flower [on or under] the table. (전치사 on과 under를 접속사 or가 연결. 명사구 the table은 전치사 on과 under의 공통의 목적어) 너는 그 꽃을 그 탁자 위나 아래에 놓을 수 있다.

b. The flower may be [near or on] the table. (전치사 near와 on을 접속사 or가 연결) 그 꽃은 그 탁자 가까이나 위에 있을지 모른다.

c. You can meet him [before and after] the meeting. (전치사 before와 after를 접속사 and가 연결) 너는 그 회의 전후에 그를 만날 수 있다.

d. She can meet him [before or after] the meeting. (전치사 before와 after를 접속사 or가 연결) 그녀는 그 회의 전이나 후에 그를 만날 수 있다.

B. 구의 연결

❑ 명사구와 명사구의 연결

a. [A boy and a girl] went hiking. (주어인 명사구 A boy와 a girl을 접속사 and가 연결) 한 소년과 한 소녀가 하이킹을 갔다.

b. They were [a Korean and an American]. (동사 were의 보어인 명사구 a Korean과 an American을 접속사 and가 연결) 그들은 한 한국인과 한 미국인이었다.

c. They ate [a melon and some chicken]. (동사 ate의 목적어인 명사구 a melon과 some chicken을 접속사 and가 연결) 그들은 멜론 한 개와 약간의 치킨을 먹었다.

d. A stranger gave [the boy and the girl] some makkolli. (동사 gave의 간접목적어인 명사구 the boy와 the girl을 접속사 and가 연결) 한 낯선 사람이 그 소년과 그 소녀에게 약간의 막걸리를 주었다.

He gave them [some food and some drinks]. (동사 gave의 직접목적어인 명사구 some food와 some drinks를 접속사 and가 연결) 그는 그들에게 약간의 음식과 약간의 마실 것을 주었다.

e. He called them [Jung-Soo and Mary]. (동사 called의 목적보어인 명사구 Jung-Soo와 Mary를 접속사 and가 연결) 그는 그들을 정수와 메리라고 불렀다.

❑ 동사구와 동사구의 연결

a. The player [kicked the ball and ran toward the goalposts]. (동사구 kicked the ball과 ran toward the goalposts를 접속사 and가 연결) 그 선수는 그 공을 차고 그 골대를 향해 달렸다.

b. He [finished the first half of the game and took a rest for a while]. (동사구 finished~the game과 took~a while을 접속사 and가 연결) 그는 그 경기 전반전을 끝내고 잠시 동안 휴식을 취했다.

❑ 형용사구와 형용사구의 연결

a. The ant is [very small and very fast]. (동사 is의 보어인 형용사구 very small과 very fast를 접속사 and가 연결) 그 개미는 매우 작고 매우 빠르다.

b. It is a [very small and very fast] insect. (동사 is의 보어인 명사구 내의 형용사구 very small과 very fast를 접속사 and가 연결) 그것은 매우 작고 매우 빠른 벌레이다.

c. It makes people [very diligent and very honest]. (동사 makes의 목적보어인 형용사구 very diligent와 very honest를 접속사 and가 연결) 그것은 사람들을 매우 부지런하고 매우 정직하게 만든다.

d. It makes them [very diligent and very honest] people. (동사 makes의 목적보어인 명사구 내의 형용사구 very diligent와 very honest를 접속사 and가 연결) 그것은 그들을 매우 부지런하고 매우 정직한 사람으로 만든다.

❑ 부사구와 부사구의 연결

a. The dog barked [loudly and repeatedly]. (부사구 loudly와 repeatedly를 접속사 and가 연결) 그 개는 큰소리로 그리고 반복해서 짖었다.

b. It ate the fish [very greedily and extremely nervously]. (부사구 very greedily와 extremely nervously를 접속사 and가 연결) 그것은 그 물고기를 매우 탐욕스럽게 그리고 극히 신경질적으로 먹었다.

c. It fell asleep [immediately but tiredly]. (부사구 immediately와 tiredly를 접속사 but이 연결) 그것은 즉시 그러나 지쳐서 잠들었다.

❑ 전치사구와 전치사구의 연결

a. The book is [on the desk and near the wall]. (전치사구 on the desk와 near the wall을 접속사 and가 연결) 그 책은 그 책상위에 그리고 그 벽 가까이 있다.

b. My son lives [in a small village and between two cities]. (전치사구 in a small village와 between two cities를 접속사 and가 연결) 내 아들은 한 조그만 마을에 그리고 두 도시 사이에 산다.

c. He jogs [at 6 p.m. and along the stream]. (전치사구 at 6 p.m.과 along the stream을 접속사 and가 연결) 그는 오후 여섯 시에 그리고 그 내를 따라 조깅한다.

C. 절의 연결

❑ 등위접속사에 의한 연결

등위접속사란 동등한 등급의 단어나 구나 절을 연결하는 and, but, or, so, for, nor와 같은 접속사를 가리킨다.

a. [The family went out to eat], and [they ate Mexican dishes]. (등위접속사 and가 두 절을 연결) 그 가족은 외식하러 갔으며 멕시코 요리를 먹었다.

b. [The family went out to eat], but [they didn't eat Japanese dishes]. (등위접속사 but이 두 절을 연결) 그 가족은 외식하러 갔지만 일본 요리를 먹지 않았다.

c. [The family had to eat out], or [they couldn't eat Mexican dishes]. (등위접속사 or가 두 절을 연결) 그 가족은 외식하러 가야했고 그렇지 않으면 멕시코 요리를 먹을 수 없었다.

d. [The family wanted to eat foreign dishes], so [they went out to eat]. (등위접속사 so가 두 절을 연결) 그 가족은 외국요리가 먹고 싶어서 외식하러 갔다.

❑ 종속접속사에 의한 연결

종속접속사란 종속절을 주절에 연결하는 because, if, since, when, where와 같은 접속사를 가리킨다.

a. [The European girl came to Korea], because [she wanted to study Korean studies]. (종속접속사 because가 종속절을 주절과 연결) 그 유럽 소녀는 한국학을 공부하고 싶어서 한국에 왔다.

b. If [she hadn't been interested in Korean studies], [she wouldn't have come to Korea]. (종속접속사 If가 종속절을 주절과 연결) 그녀가 한국학에 관심이 없었더라면 한국에 오지 않았을 텐데.

c. Since [she was interested in Korean studies], [she came to Korea]. (종속접속사 Since가 종속절을 주절과 연결) 한국학에 관심이 있었으므로 그녀는 한국에 왔다.

d. When [she came to Korea], [she had a good opportunity to get a good job]. (종속접속사 When이 종속절을 주절과 연결) 그녀가 한국에 오자 좋은 일자리를 얻을 기회가 있었다.

(2) 관계대명사에 의한 연결

A. 형용사절을 만드는 경우

a. I met a young boy [who spoke English fluently]. (관계대명사 who가 이끄는 형용사절이 명사 boy를 수식) 나는 영어를 유창하게 하는 한 어린 소년을 만났다.

I met a young boy [whose father was a politician]. (관계대명사 whose가 이끄는 형용사절이 명사 boy를 수식) 나는 아버지가 정치가인 한 어린 소년을 만났다.

I met a young boy [with whom my daughter fell in love]. (관계대명사 whom이 이끄는 형용사절이 명사 boy를 수식) 나는 내 딸이 사랑에 빠진 한 어린 소년을 만났다.

b. I bought a new car [which was very expensive]. (관계대명사 which가 이끄는 형용사절이 명사 car를 수식) 나는 매우 비싼 새 자동차를 한 대 샀다.

I bought a new car [whose engines were powerful]. (관계대명사 whose가 이끄는 형용사절이 명사 car를 수식) 나는 엔진이 강력한 새 자동차를 한 대 샀다.

I bought a new car [which a well-known car company made]. (관계대명사 which가 이끄는 형용사절이 명사 car를 수식) 나는 한 유명 자동차 회사가 만든 새 자동차를 한 대 샀다.

B. 명사절을 만드는 경우

a. [What surprised me] was his foreign accent. (관계대명사 What이 이끄는 명사절이 주절의 주어) 나를 깜짝 놀라게 한 것은 그의 외국 말투였다.

b. I was surprised by [what looked like a snake]. (관계대명사 what이 이끄는 명사절이 전치사 by의 목적어) 나는 뱀처럼 보이는 것에 깜짝 놀랐다.

(3) 관계부사에 의한 연결

a. I meet Miss Kim on Saturdays [when I am free]. (관계부사 when이 이끄는 형용사절이 명사구 Saturdays를 수식) 나는 내가 한가한 토요일에 김양을 만난다.

b. I meet her in a restaurant [where beautiful roses are put in a vase]. (관계부사 where가 이끄는 형용사절이 명사 restaurant를 수식) 나는 아름다운 장미가 화병에 꽂혀 있는 한 레스토랑에서 그녀를 만난다.

c. This is the reason [why I meet her there]. (관계부사 why가 이끄는 형용사절이 명사 reason을 수식) 이것이 내가 그녀를 거기서 만나는 이유이다.

d. That is [how I treat her]. (관계부사 how가 이끄는 절이 동사 is의 보어. how 앞에 이것이 이끄는 형용사절의 수식을 받는 명사구 the way가 생략) 그것이 내가 그녀를 대하는 방법이다.

(4) 분사에 의한 연결

A. 현재분사에 의한 연결

a. [Getting] home late, we found the house dark. (현재분사 Getting이 분사가 이끄는 구(Getting home late)를 주절과 연결) 집에 늦게 도착하자 우리는 그 집이 깜깜한 것을 발견했다.

b. [Reading] a comic book, the boy giggled. (현재분사 Reading이 분사가 이끄는 구(Reading a comic book)를 주절과 연결) 만화책을 읽으면서 그 소년은 낄낄 웃었다.

B. 과거분사에 의한 연결

a. [Read] by lots of readers, the book is popular among beginners. (과거분사 Read가 분사가 이끄는 구(Read~readers)를 주절과 연결) 많은 독자가 읽은 그 책은 초보자에게 인기가 있다.

b. [Written] by an expert of linguistics, the book sells well. (과거분사 Written이 분사가 이끄는 구(Written~linguistics)를 주절과 연결) 한 언어학 전문가가 쓴 그 책은 잘 팔린다.

2. 연결부호에 의한 연결

(1) 콤마(,)에 의한 연결

셋 이상의 대등한 단어나 구나 절을 연결할 때 사용한다.

a. The little girl has [a Barbie doll, a purse, and a tiny mirror]. (셋 이상의 명사구는 콤마로 연결하고 마지막 명사구 앞에 접속사(and)를 둔다) 그 어린 소녀는 바비 인형 하나 지갑 하나 그리고 조그만 거울 하나를 가지고 있다.

b. She can [read, write, and speak]. (셋 이상의 동사는 콤마로 연결하고 마지막 동사 앞에 접속사(and)를 둔다) 그녀는 읽고 쓰고 말할 수 있다.

c. [She sings popular songs, she dances following singers, and she amuses her family by telling interesting stories]. (셋 이상의 절은 콤마로 연결하고 마지막 절 앞에 접속사(and)를 눈다) 그녀는 대중가요를 부르고, 가수를 따라 춤을 추고, 재미있는 이야기를 해 줌으로써 가족을 즐겁게 한다.

(2) 콜론(:)에 의한 연결

길거나 문어체의 동격어(구, 절), 요약 혹은 the following이나 as follows와 같은 단어들이 이끄는 일련의 것을 시작할 때 사용한다.

a. Our village produces three major fruits: apples, pears and grapes. (앞에서 언급한 세 주요 과일이 사과(apples) 배(pears) 포도(grapes)) 우리 마을은 세 주요과일을 생산한다. 이를테면, 사과 배 포도를 생산한다.

b. My main arguments are as follows: First of all, we should decrease our consumption of oil. Secondly, we have to set up an alternative energy development project without delay. (앞에서 언급한 주요 주장이 콜론 뒤에 나와 있는 내용) 나의 주된 주장은 다음과 같다. 무엇보다도, 우리는 우리의 기름소비를 줄여야 한다. 둘째, 우리는 지체 없이 대체에너지 개발 계획을 세워야 한다.

(3) 세미콜론(;)에 의한 연결

문장이 문법적으로는 독립적이지만 의미가 밀접하게 연결되어 있을 때 마침표 대신 쓴다.

a. Some people work best in the mornings; others do better in the evenings. (세미콜론 앞 절의 내용과 뒷 절의 내용이 밀접한 관련이 있다. 앞 절과 뒷 절의 내용이 대조) 어떤 사람들은 아침에 일을 가장 잘하고 반면에 다른 사람들은 저녁에 일을 가장 잘한다.

b. The witness was unwilling to testify; he was afraid of the accused man. (세미콜론 앞 절의 내용과 뒷 절의 내용이 밀접한 관련이 있다. 뒷 절이 앞 절의 이유) 그 증인은 증언할 마음이 내키지 않았다. 왜냐하면, 그는 그 피고가 두려웠기 때문이다.

II. 기본연습

1. 다음 중 절과 절의 연결이 잘못된 것을 고르시오.

a. He was very hungry, so he ate everything.
b. This is the reason why he married the woman.
c. The book was very difficult, I could not understand it.
d. The student got a part-time job, because he needed money.

2. 다음 중 구와 구의 연결이 잘못된 것을 고르시오.

a. a boy and a girl
b. on the table and near the vase
c. ate an apple and went out
d. very greedily and extremely nervous

3. 다음 중 분사에 의한 연결이 잘못된 것을 고르시오.

a. Seeing the policeman, the thief ran away.
b. Surprised by the policeman, the thief ran away.
c. Having finished his homework, the boy went out.
d. Reading by lots of people, the book became well-known.

4. 다음 중 동사와 동사의 연결이 잘못된 것을 고르시오.

a. walks and run
b. like or love
c. studied or walked
d. laughed and smiled

5. 다음 중 접속사에 의한 연결이 잘못된 것을 고르시오.

a. thin and short
b. blue or green
c. slender and beautifully
d. energetic or active

6. 다음 중 접속사에 의한 연결이 잘못된 것을 고르시오.

a. angry or sadly
b. carefully and safely
c. hard and patiently
d. rudely or impolitely

7. 다음 중 연결부호에 의한 연결이 잘못된 것을 고르시오.

a. The little girl can read, write, and speak.
b. Some people like the sea: others like the mountains.
c. The boy was unwilling to confess his love; he was afraid of making a fool of himself.
d. The student learns various subjects: Korean, history, physics, linguistics, and philosophy.

8. 다음 중 대명사와 대명사의 연결이 잘못된 것을 고르시오.

a. she and he
b. her and I
c. us or them
d. his or her

9. 다음 중 밑줄 친 명사와 명사의 연결이 잘못된 것을 고르시오.

a. every boy and girl
b. the girls and dogs
c. these boys and girl
d. some milk and hamburgers

10. 다음 중 밑줄 친 부분이 전치사와 전치사의 연결이 아닌 것을 고르시오.

a. by and for the people
b. before or after the class
c. near and under the table
d. before and after you eat

III. 응용연습

※ 다음 괄호 안에 들어갈 적합한 표현을 고르시오.

1. The singer became [ ] as he grew old. 그 가수는 자라면서 더 정력적이고 신중해졌다.

   a. energetic and carefully b. more energetic and careful
   c. energetically and carefully d. more energetically and carefully

2. Whenever she feels tired, she [ ] around the park. 그녀는 피로를 느낄 때마다 그 공원을 걷거나 뛰어서 돈다.

   a. walk or run b. walked or ran
   c. walks or ran d. walks or runs

3. That is the reason [ ] he left for America to study. 그것이 그가 미국유학을 떠난 이유이다.

   a. how b. why c. for d. because

4. The little boy found a pretty gold ring [ ] his house. 그 어린 소년은 자기 집 가까이 집 옆에서 예쁜 금반지를 하나 발견했다.

   a. near and by b. about and for
   c. for and into d. around and for

5. [ ] by him, the manuscript was sent to the publisher. 그가 쓴 그 원고를 그 출판사로 보냈다.

   a. Write b. Writing c. Wrote d. Written

6. I have met those [ ], but I dont know what they do. 나는 저 소년들과 소녀들을 만난 적은 있지만 그들이 무슨 일을 하는지 모른다.

a. boy and girl
b. boys and girl
c. boy and girls
d. boys and girls

7. When we got to the beach, the wind was blowing [ ]. 우리가 그 해변에 도착하자 바람이 세게 계속해서 불고 있었다.

a. hardly and continuous
b. hard and continuous
c. hard and continuously
d. hardly and continuously

8. There are various autumn fruit in Korea [ ] persimmons, apples, chestnuts, and jujubes. 한국에는 여러 가지 가을 과일이 있다. 예를 들면, 감, 사과 밤 그리고 대추가 있다.

a. ,
b. ;
c. :
d. .

9. The young man painted his house [ ] and dreamed of his marriage. 그 젊은 남자는 자기 집을 푸르고 선명하게 칠하고 결혼을 꿈꾸었다.

a. be blue and clean
b. blue and vibrant
c. eagerly and blue
d. him and her

10. I know a boy and a girl, and [ ] go to the same elementary school. 나는 한 소년과 한 소녀를 알고 있으며 그와 그녀는 같은 초등학교에 다닌다.

a. he and she
b. his and her
c. he and her
d. him and her

IV. 기본영작

다음을 영작하시오.

1. 정아와 진호는 매우 부지런하다.

2. 이웃사람들은 그녀와 그를 좋아한다.

3. 그들은 둘 다 건강하고 공부도 잘한다.

4. 그는 그녀를 돕고 그녀의 심부름을 했다.

5. 그들은 그녀와 그에게 선물을 주기도 한다.

6. 모든 어린 소년 소녀는 노는 것을 좋아한다.

---

7. 그녀는 밥을 먹고 설거지를 하고 학교에 갔다.

---

8. 그녀는 공부도 하고 일도 하며 열심히 공부한다.

---

9. 그녀는 자신과 남동생이 먹을 밥을 손수 짓는다.

---

10. 학교나 학교 근처에서 그들을 만날 수 있을 것이다.

V. 심화영작

다음을 주어진 표현으로 시작하여 영작하시오.

1. 그 청년은 교수이자 천문학자이다.

   a. The young man ______________________________.

   b. The professor ______________________________.

   c. As ______________________________.

2. 그는 매사에 정력적이며 신중하다.

   a. He ______________________________.

   b. Whatever ______________________________.

   c. No matter what ______________________________.

3. 그는 강의를 끝내고 별을 관찰했다.

   a. After ______________________________.

   b. He ______________________________.

   c. When ______________________________.

4. 그는 외딴 시골마을에서 별을 관찰한다.

a. He ______________________________.

b. A remote rural village ______________________________.

c. His observation ______________________________.

5. 그는 천체망원경을 침대 가까이 책상위에 둔다.

a. He ______________________________.

b. You ______________________________.

c. The astronomical telescope ______________________________.

6. 그는 사과 포도 배와 같은 과일을 즐겨 먹었다.

a. His favorite fruit ______________________________.

b. Apples, grapes and pears ______________________________.

c. He ______________________________.

7. 그는 조심스럽게 인내심을 가지고 별을 관찰한다.

a. He ______________________________.

b. His observation ______________________________.

c. Both care and patience ______________________________.

8. 그는 강력한 엔진을 가진 4륜구동 자동차를 샀다.

a. He ______________________________.

b. The car ______________________________.

c. It ______________________________.

9. 그는 많은 사람으로 둘러싸인 채 별에 관해 이야기하고 있었다.

a. Surrounded ______________________________.

b. He ______________________________.

c. With ______________________________.

10. 어떤 사람들은 별에 관심이 있었고 다른 사람들은 그렇지 않았다.

a. Some people ______________________________.

b. Stars ______________________________.

c. There ______________________________.

제6장 표현의 반복

영어에서는 이미 나온 단어, 구, 절이 반복될 때 반복을 피하기 위해 보통 이것을 대명사로 나타낸다. 대명사는 이미 나온 단어나 구를 가리키는 것과 절을 가리키는 것이 있다. 절을 가리키는 대명사로 it, this, that이 있고 관계대명사 which도 쉼표와 쓰여 앞에 나온 절을 가리킬 수 있다. 앞서 나온 표현이 반복될 때 쓰이는 보통의 대명사와 달리 대명사 it은 뒤에 나올 to-부정사나 that-절을 가리킬 수 있다. 특정 동사 뒤에서 부사 so도 앞서 나온 절을 가리키는 대명사처럼 쓰인다. 또한 일반인을 가리키는 대명사는 보통 생략하며 앞서 나온 표현이 반복될 때 문장의 전후 관계로 보아 의미가 분명할 때는 대명사로 나타내지 않을 때도 있다.

I. 핵심연구

1. 대명사로 나타내는 경우

이미 나온 단어, 구, 절이 반복될 때 보통 이를 피하기 위해 이것을 대명사로 나타낸다. 이 때 앞서 나온 표현을 그 대명사의 선행사라 한다.

(1) 단어나 구를 가리키는 대명사

a. [Tom] thinks that there is no one who can beat [him] in table tennis. (선행사 Tom을 가리키는 대명사는 him) 탐은 탁구에서 자기를 이길 사람은 아무도 없다고 생각한다.

b. [Tom and Mary] believe that [they] will succeed in life. (선행사(Tom and Mary)가 복수이므로 대명사는 they) 탐과 메리는 자기들이 성공할 것이라고 믿는다.

c. Tom has [a fountain pen], and [it] is a present from Mary. (선행사(a fountain pen)가 사물로 단수이므로 대명사는 it) 탐은 만년필이 하나 있는데 그것은 메리에게서 받은 선물이다.

d. She has [a cat], and [it] is in the kitchen. (선행사(a cat)가 동물로 단수이므로 대명사는 it) 그녀는 고양이가 한 마리 있으며 그것은 부엌에 있다.

e. [It] is not easy [to write] a good book. (뒤에 올 진주어인 to-부정사(to write)를 받는 가주어인 대명사는 it) 좋은 책을 쓰는 것은 쉽지 않다.

f. I found [it] difficult for me [to go] there without a map. (동사(found)의 진목적어인 to-부정사(to go)를 받는 가목적어는 대명사 it) 나는 지도 없이 거기 도착하는 것이 어렵다는 것을 알았다.

g. Mary has [two cellphone straps], and [they] are pretty. (선행사(two cellphone straps)가 복수이므로 대명사는 they) 메리는 핸드폰 줄 두 개가 있는데 그것들은 예쁘다.

h. I have [two children]. [This] is my son, and [that] is my daughter. (대명사 this는 '이 아이' that은 '저 아이') 나는 아이가 둘이다. 이 아이는 내 아들이고 저 아이는 내 딸이다.

i. There are [groups of people] walking on the playground. [These] are my acquaintances, but [those] are not. (대명사 these는 '이 집단의 사람들' those는 '저 집단의 사람들'을 의미) 무리의 사람들이 운동장에서 걷고 있다. 이들은 내가 아는 사람들이고 저들은 내가

모르는 사람들이다.

j. [The climate] of Korea is similar to [that] of Japan. (선행사 the climate을 받는 대명사는 that) 한국의 기후풍토는 일본의 그것과 유사하다.

k. [The apples] of Korea are as delicious as [those] of America. (선행사 the apples를 받는 대명사는 those) 한국 사과들은 미국의 그것들만큼 맛있다.

l. I prefer [roses] to [tulips] because [the former] are more fragrant than [the latter]. (대명사 the former는 '전자'(roses) the latter는 '후자'(tulips)를 의미) 나는 장미를 튤립보다 더 좋아한다. 왜냐하면 전자가 후자보다 더 향기롭기 때문이다.

m. Of [the two arguments], [this] seems to be more natural than [that]. (대명사 this는 '후자' that은 '전자'를 의미) 그 두 주장 중에서 후자가 전자보다 더 자연스러워 보인다.

n. [Every businessman] is interested in making lots of money whatever [he] does. (선행사 every businessman을 받는 대명사는 he) 모든 실업가는 자신이 무엇을 생산하건 돈을 많이 버는데 관심이 있다.

o. There are [two books] on the desk; [one] is a textbook, and [the other] is a novel. (두 대상(two books) 중 하나를 대명사 one으로 받을 때 나머지 다른 하나는 대명사 the other) 그 책상 위에 책이 두 권 있다. 한 권은 교과서이고 나머지 다른 한 권은 소설책이다.

p. The boy has [three balls]; [one] is red while [the others] are white. (셋(three balls) 중 하나를 one으로 받을 때 '나머지 다른 것들'은 대명사 the others) 그 소년은 공을 세 개 가지고 있다. 하나는 빨간 색이고 나머지 다른 것들은 흰색이다.

q. I have bought [three caps]; [one] is for my younger brother, [another] for my girlfriend, and [the third] for me. (셋(three caps) 중 하나를 one 또 다른 하나를 another로 받을 때 나머지 다른 하나는 대명사 the third로 표현) 나는 모자 세 개를 샀다. 하나는 내 동생 또 하나는 내 여자 친구 그리고 세 번째 것은 나를 위한 것이다.

r. [One] should do [one's/his] best no matter what [one/he] does. (일반인을 가리키는 one이 선행사일 때 이것을 받는 대명사는 one이고 구어체에서는 he) 사람은 무엇을 하건 자신의 최선을 다해야 한다.

s. I'd like to buy [that car] – [the one] with large wheels. (이미 나온 단수 명사 (car)의 반복을 피하고자 할 때 정관사와 함께 대명사(the one)로 표현) 나는 저 차를 사고 싶다. 커다란 바퀴가 달린 그 차.

t. This [car] is as good as my new [one]. (one은 앞의 단수명사 car를 받는 대명사) 이 자동차는 나의 새 자동차만큼 좋다.

u. He has [a fountain pen] and likes to use it. I want [one]. (대명사 one은 앞에 나온 것과 같은 종류에 속한 것 하나를 의미. '만년필 하나'의 뜻) 그는 만년필이 있으며 그것을 즐겨 사용한다. 나도 만년필을 가지고 싶다.

v. They created a single strong [organization] instead of two weak [ones]. (대명사 ones는 앞에 나온 셀 수 있는 명사(organization)의 복수형 (organizations)을 가리킨다) 그들은 두 개의 약한 조직 대신 단일의 강한 조직을 만들어냈다.

w. [The actress] killed [herself] last night. (목적어가 필요한 동사(killed)의 주어와 목적어가 동일한 대상일 때 목적어는 재귀대명사(herself)가 된다) 그 여배우는 어젯밤 자살했다.

x. [Tom and Mary] love [each other] very much. ('서로서로 상대방'을 뜻하는 대명사는 상호대명사(each other/one another). Tom은 Mary를 Mary는 Tom을 사랑한다는 의미) 탐과 메리는 서로를 매우 사랑한다.

(2) 절을 가리키는 대명사

a. [The girl told her boyfriend a lie again]. [It] upset him a lot. (앞에 나온 절 전체(The girl~again)가 대명사 It의 선행사. It은 앞에 언급된 상황을 특별히 강조하지는 않는다) 그 소녀는 또 다시 그녀의 남자친구에게 거짓말을 했다. 그것이 그를 많이 당황하게 했다.

b. [She told her boyfriend a lie again]. [This/That] really upset him a lot. (앞 절 전체가 대명사 This/That의 선행사. It보다 더 강조의 의미를 내포) 그녀는 또 다시 그녀의 남자친구에게 거짓말을 했다. 이것이/그것이 그를 정말 많이 당황하게 했다.

c. [The nurse hurried to the emergency room], [which] showed that somebody was in danger. (앞 절 전체(The nurse~room)가 관계대명사 which의 선행사. 앞 절이 뒷 절의 동사 showed의 주어) 그 간호사는 서둘러 그 응급실로 갔으며 이것은 누가 위험에 처해 있다는 것을 보여주었다.

d. [The nurse hurried to the emergency room], [which] they didn't like. (앞 절 전체가 관계대명사 which의 선행사. 앞 절이 뒷 절의 동사 like의 목적어) 그 간호사는 서둘러 응급실로 갔으며 그들은 이것을 좋아하지 않았다.

e. The President made [it] clear [that nobody should discriminate against a particular religion]. (대명사 it은 동사 made의 진목적어인 that-절을 받는 가목적어) 대통령은 어느 누구도 특정 종교에 대해 차별을 해서는 안 된다는 것을 분명히 했다.

2. 부사로 나타내는 경우

a. [He is going to be a famous politician]. Everybody says [so]. (=Everybody says [that he is going to be a famous politician].) (so는 앞 절 전체(that he ~ politician)를 받는 부사) 그는 유명 정치가가 되려고 한다. 모두가 그렇게 말한다.

b. A: Is Mary here?

B: I think [so]. (=I think [that Mary is here].) (so는 that-절(that Mary is here)을 받는 부사) A: 메리 여기 있니? B: 나는 그렇다고 생각해.

c. A: Do you think [we'll have good weather]?

B: Yes, I hope [so]. (so는 앞에 나온 that-절(that we'll have good weather)을 가리키는 부사) A: 날씨가 좋을 것이라 생각하니? B: 그래. 나는 그러길 바란다.

3. 생략을 하는 경우

a. ([For everyone]) To love others is not an easy thing (for [everyone]). (일반인을 가리키는 대명사는 보통 생략. to-부정사(to love)의 일반인인 주어 everyone이 생략) (사람은) 남을 사랑하는 것이 (누구나) 쉬운 일이 아니다.

b. [We] found it difficult (for [us]) to make lots of money. ((to-부정사(to make)의 주어가 주절 주어(We)와 동일하여 생략) 우리는 (우리가) 많은 돈을 벌기가 어렵다는 것을 알았다.

c. ([Everyone's]) Reading lots of books is not an easy thing. (동명사(Reading)의 주어가 일반인(Everyone)이므로 생략) (사람은) 많은 책을 읽는 것이 쉬운 일이 아니다.

d. [The elementary school boy] thinks that ([his]) doing homework is a nuisance. (동명사(doing)의 주어(his)가 주절 주어(The elementary school boy)와 동일하여 생략) 그 초등학생은 (그가) 숙제를 하는 것이 성가신 일이라고 생각한다.

e. This is [the stewardess] ([whom/who/that]) I met last year. (목적어 관계대명사는 생략이 가능) 이 사람이 내가 작년에 만난 그 스튜어디스이다.

f. That is [the bottle of water] ([which/that]) I have just bought. (목적어 관계대명사는 생략이 가능) 저것은 내가 막 산 물병이다.

g. [The book] is too difficult for a young boy to read. (It is difficult for a young boy to read the book에서 to-부정사(to read)의 목적어인 the book이 가주어 It 자리로 이동하여 파생된 문장) 그 책은 어린 소년이 읽기에는 너무 어렵다.

* [The book] is too difficult for a young boy to read [it]. (대명사 it을 두어 비문)

[The book] is so difficult that a young boy cannot read [it]. (주절 주어 The book을 받는 대명사(it)가 종속절에 반드시 필요) 그 책은 너무 어려워서 어린 소년은 그것을 읽을 수 없다)

* [The book] is so difficult that a young boy cannot read. (주절 주어 The book을 받는 대명사 it이 종속절 동사 read의 목적어로 필요한데 오지 않아 비문)

II. 기본연습

1. 다음 문장의 괄호 안에 들어갈 수 없는 것을 고르시오.

"There are thousands of people walking on the street. (   ) are marching."

a. They b. These c. Those people d. That people

2. 다음 문장의 괄호 안에 들어갈 적합한 표현을 고르시오.

"He coughed again and again, (   ) indicated that he caught cold."

a. which b. it c. this d. what

3. 다음 문장의 괄호 안에 들어갈 적합한 표현을 고르시오.

"He has bought a single expensive cap instead of two cheap (   )."

a. one b. them c. ones d. it

4. 다음 문장의 괄호 안에 들어갈 적합한 표현을 고르시오.

"They found it easy (   ) to go there without a guide."

a. they b. them c. for they d. for them

5. 다음 문장의 괄호 안에 들어갈 적합한 표현을 고르시오.

"The economy of the country was depressed again. (   ) disappointed lots of people."

a. It b. They c. Which d. So

6. 다음 문장의 괄호 안에 들어갈 적합한 표현을 고르시오.

"A: Do you think he is going to marry her? B: I think ( )."

a. it b. this c. that d. so

7. 다음 문장의 괄호 안에 들어갈 적합한 표현을 고르시오.

"Tom and Mary met only yesterday, but they fell in love with ( ) deeply."

a. them b. themselves c. each other d. theirs

8. 다음 중 선행사와 대명사의 관계가 잘못된 것을 고르시오.

a. I have two pencils, and I bought them long ago.
b. This boy is my student, and he is ten years old.
c. Do you see those women? I've met hers before.
d. She has a cell phone, and it is a present from her father.

9. 다음 중 선행사와 대명사가 바르게 사용된 문장을 고르시오.

a. The climate of Korea is different from that of the U.S.A.
b. The little girl has three dolls; one is white, and the other is red.
c. I have bought three caps; one is for my brother, another for my girlfriend, and third for me.
d. There are two books on the desk; one is a comic book, and another is a textbook.

10. 다음 문장의 괄호 안에 들어갈 동사의 올바른 형태를 고르시오.

"She found it difficult for her ( ) the examination."

a. pass b. to pass c. passing d. to be passed

III. 응용연습

※ 다음 괄호 안에 들어갈 적합한 표현을 고르시오.

1. The cars of Korea are as good as [ ] of Japan. 한국의 자동차들은 일본의 그것들만큼 좋다.

   a. this b. that c. these d. those

2. I found [ ] difficult for me to see through her heart. 나는 그녀의 마음을 간파하는 것이 어렵다는 것을 알았다.

   a. it b. this c. that d. what

3. The little girl has five dolls; one is big, and [ ] small. 그 어린 소녀는 다섯 개의 인형을 가지고 있다. 하나는 크고 나머지 다른 것들은 작다.

   a. another b. other c. the other d. the others

4. My friend has a car and enjoys driving it. I want to buy [ ]. 내 친구는 자동차가 있으며 그것을 즐겨 몬다. 나도 자동차를 한 대 사고 싶다.

   a. them b. one c. this d. that

5. A: Do you think it will be snowy tomorrow? B: Yes, I hope [ ]. A: 내일 눈이 내릴 것이라고 생각하니? B: 그래, 그러기를 바래.

   a. it b. so c. that d. this

6. The professor married a famous singer, [ ] his students didn't like. 그 교수는 한 유명가수와 결혼했으며 이것을 그의 제자들은 좋아하지 않았다.

a. this b. that c. which d. her

7. The actress killed [ ] last night, so lots of people mourned her death. 그 여배우가 어젯밤 자살해서 많은 사람들이 그녀의 죽음을 애도했다.

a. her b. herself c. one another d. himself

8. The man became a famous politician. [ ] interested the people around him. 그 남자는 유명 정치가가 되었다. 이것이 그의 주위 사람들의 관심을 끌었다.

a. This b. These c. Those d. Which

9. Chul-Soo and Yoon-Ah looked at [ ] in the mirror, since they each had to attend an important meeting. 철수와 윤아는 각자 중요한 모임에 참석해야 했기 때문에 거울을 보았다.

a. them b. themselves c. others d. the others

10. It is not easy [ ] a satisfactory book, but the writer tries to write one. 만족스러운 책을 쓰기는 쉽지 않지만 그 작가는 그런 책을 쓰려고 노력한다.

a. write b. to write c. being written d. written

IV. 기본영작

다음을 영작하시오.

1. 정수는 탁구선수로 탁구를 잘 친다.

2. 나는 그의 이 라켓이 저 라켓보다 더 좋다.

3. 그는 탁구에서 그를 이길 자가 없다고 생각한다.

4. 그는 계속 우승을 하는 것이 어렵다는 것을 안다.

5. 한국의 선수층은 중국의 선수층보다 두텁지 않다.

6. 그는 좋은 탁구라켓을 가지고 있으며 그것은 비싸다.

____

7. 모든 선수는 어디서 경기를 하건 우승을 하는데 관심이 있다.

____

8. 그는 새 운동화를 한 켤레 샀으며 그는 그것이 마음에 들었다.

____

9. 그는 여자 친구에게 거짓말을 하지 않아서 그녀는 그를 신뢰한다.

____

10. 그는 두 개의 탁구라켓이 있는데 하나는 가볍고 다른 하나는 약간 무겁다.

____

V. 심화영작

다음을 주어진 표현으로 시작하여 영작하시오.

1. 그 남자는 한 회사 사장이고 많은 사원이 있다.

a. As ______________________________.

b. Lots of employees ______________________________.

c. The man ______________________________.

2. 그는 근면이 성공의 열쇠라는 것을 분명히 했다.

a. He ______________________________.

b. What ______________________________.

c. The thing ______________________________.

3. 그와 그의 아내는 서로 매우 사랑하고 배려한다.

a. He and his wife ______________________________.

b. He ______________________________.

c. Between ______________________________.

4. 그에게는 아름다운 아내와 건강한 두 아이가 있다.

a. He ______________________________.

b. His wife ______________________________.

c. A beautiful wife ______________________________.

5. 그 두 자동차 중에서 푸른색 자동차가 그의 것이다.

a. The blue one ______________________________.

b. Of ______________________________.

c. His car ______________________________.

6. 그는 매우 부지런하며 이것이 그의 성공의 열쇠였다.

a. Diligence ______________________________.

b. His success ______________________________.

c. He ______________________________.

7. 나는 그가 성공할 것이라고 생각하고 그러기를 바란다.

a. I ______________________________.

b. He ______________________________.

c. My belief ______________________________.

8. 사업에 성공하는 것이 쉬운 일이 아니라는 것은 분명하다.

a. It ______________________________.

b. Nobody ______________________________.

c. Succeeding ______________________________.

9. 그는 사람을 지나치게 신뢰하며 이것이 그의 아내를 불안하게 한다.

a. His too much confidence ______________________________.

b. He ______________________________.

c. His wife ______________________________.

10. 나는 그가 장차 유명 정치지도자가 될 것이라 생각하며 모두가 그렇게 생각한다.

a. I ______________________________.

b. My belief ______________________________.

c. He ______________________________.

누구나 영작문

제7장 앞 요소와 뒤 요소

영어에서 어떤 요소 뒤에 오는 요소가 자유롭게 오는 것은 아니다. 명사구 내의 부정관사 뒤는 셀 수 있는 명사의 단수형만 오고 명사 앞에 오는 형용사들의 순서도 자유롭지 않다. 명사구 내의 지시사의 단수형 뒤는 셀 수 있는 명사의 복수형은 올 수 없고 지시사의 복수형 뒤는 셀 수 있는 명사의 복수형만 온다. 명사구 내의 양화사 뒤는 그 양화사가 수인가 양인가에 따라 오는 명사에 제약이 따른다. 명사나 형용사 뒤는 그 의미특성에 따라 그 의미를 완전하게 해 주는 보어로 전치사구, to-부정사, 절 등이 올 수 있다. 동사 뒤는 그 동사의 고유한 의미를 전하는데 필요한 요소가 오고 부사 뒤는 그 부사의 수식을 받는 형용사나 부사가 오며 전치사 뒤는 그 전치사의 목적어인 명사구가 온다. 등위접속사 뒤는 앞 요소와 대등하게 연결되는 단어, 구, 절이 오며 종속접속사 뒤는 주절과 연결되는 절이 온다.

I. 핵심연구

1. 관사 뒤에 와야 하는 요소

(1) 부정관사 뒤에 와야 하는 요소

부정관사 뒤는 셀 수 있는 명사의 단수형이 온다. 셀 수 있는 명사의 복수형이나 셀 수 없는 명사는 올 수 없다.

a. [A] [girl] is waiting for you over there. (부정관사(a)는 셀 수 있는 것의 하나를 의미)
   한 소녀가 저기서 너를 기다리고 있다.

b. * [A] [girls] is waiting for you over there. (부정관사 뒤는 복수명사(girls)가 올 수 없다)

c. * [A] [music] is what she usually listens to. (부정관사 뒤는 셀 수 없는 명사(music)가 올 수 없다)

(2) 정관사 뒤에 와야 하는 요소

화자는 자신이 말하는 명사가 나타내는 대상이 어떤 대상을 가리키는지 그의 청자도 알고 있다고 보고 말을 할 때 그 명사 앞에 정관사를 붙인다. 정관사 뒤는 셀 수 있는 명사의 단수형과 복수형은 물론 셀 수 없는 명사도 온다.

a. [The] [teacher] teaches elementary school students. (정관사(the) 뒤에 셀 수 있는 명사의 단수형(teacher)이 온다. '그 선생(한 사람)'을 의미) 그 선생은 초등학생을 가르친다.

b. [The] [teachers] teach elementary school students. (정관사 뒤에 셀 수 있는 명사의 복수형(teachers)이 온다. '그 선생들'을 의미) 그 선생들은 초등학생을 가르친다.

c. [The] [music] is what I usually listen to. (정관사 뒤에 셀 수 없는 명사(music)가 온다. '그 음악'을 의미) 그 음악은 내가 보통 듣는 것이다.

2. 소유격 뒤에 와야 하는 요소

소유격 뒤는 셀 수 있는 명사의 단수형과 복수형은 물론 셀 수 없는 명사도 온다.

a. [Tom's] [teacher] is coming here. (고유명사(Tom)의 소유격 뒤에 셀 수 있는 명사의 단수형(teacher)이 온다. '탐의 선생(한 사람)'을 의미) 탐의 선생이 이리 오고 있다.

b. [My] [teacher] is teaching English. (대명사(I)의 소유격 뒤에 셀 수 있는 명사의 단수형(teacher)이 온다. '나의 선생(한 사람)'을 의미) 나의 선생은 영어를 가르치고 있는 중이다.

c. [My] [teachers] are talking over there. (대명사의 소유격 뒤에 셀 수 있는 명사의 복수형(teachers)이 온다. '나의 선생들'을 의미) 나의 선생들이 저기서 이야기를 하고 있는 중이다.

d. [My] [music] cheers me up. (대명사의 소유격 뒤에 셀 수 없는 명사(music)가 온다. '나의 음악'을 의미) 나의 음악은 나의 기운을 북돋운다.

3. 지시사 뒤에 와야 하는 요소

(1) 지시사의 단수형 뒤에 와야 하는 요소

지시사의 단수형 뒤는 셀 수 있는 명사의 단수형과 셀 수 없는 명사가 온다. 셀 수 있는 명사의 복수형은 올 수 없다.

a. [This] [boy] is my student. (지시사의 단수형(this) 뒤에 셀 수 있는 명사의 단수형(boy)이 온다. '이 소년(한 사람)'을 의미) 이 소년은 나의 제자이다.

b. [This] [music] is melodious. (지시사의 단수형 뒤에 셀 수 없는 명사(music)가 온다. '이 음악'을 의미) 이 음악은 곡조가 아름답다.

c. *[This] [boys] are my students. (지시사의 단수형 뒤에 셀 수 있는 명사의 복수형(boys)은 올 수 없다)

d. *[That] [girls] are not my students. (지시사의 단수형(that) 뒤에 셀 수 있는 명사의 복수형(girls)은 올 수 없다)

(2) 지시사의 복수형 뒤에 와야 하는 요소

지시사의 복수형 뒤는 셀 수 있는 명사의 복수형이 온다. 셀 수 있는 명사의 단수형과 셀 수 없는 명사는 올 수 없다.

a. [These/those] [boys] are my students. (지시사의 복수형(these/those) 뒤는 셀 수 있는 명사의 복수형(boys)이 온다. '이/저 소년들'을 의미) 이/저 소년들은 나의 제자들이다.

b. *[These/those] [boy] is my student. (지시사의 복수형(these/those) 뒤에 셀 수 있는 명사가 단수형(boy)으로 와서 비문)

c. *[These/Those] [music] is melodious. (지시사의 복수형(those) 뒤에 셀 수 없는 명사(music)가 와서 비문)

4. 양화사 뒤에 와야 하는 요소

(1) 수를 나타내는 양화사 뒤에 와야 하는 요소

수를 나타내는 양화사 뒤는 보통 셀 수 있는 명사의 복수형이 온다. 셀 수 없는 명사는 오지 않는다. 그러나 셀 수 있는 명사의 단수형과 복수형이 모두 올 때도 있다.

a. [A few] [people] are to arrive soon. (수를 나타내는 양화사(a few) 뒤는 셀 수 있는 명사의 복수형(people)이 온다) 몇 사람이 곧 도착할 예정이다.

b. *[A few] [person] is to arrive soon. (수를 나타내는 양화사 뒤에 셀 수 있는 명사의 단수형(person)이 와서 비문)

c. *[A few] [music] is melodious. (수를 나타내는 양화사(a few) 뒤에 셀 수 없는 명사(music)가 와서 비문)

d. [Any] [student] is to arrive soon. (양화사 any 뒤는 셀 수 있는 명사의 단수형(student)이 올 수 있다. '어떤 학생이건 학생'의 의미) 어떤 학생이건 곧 도착할 예정이다.

e. [Any] [students] are to arrive soon. (양화사 any 뒤는 셀 수 있는 명사의 복수형(students)

도 올 수 있다. '어떤 학생들이건 학생들'의 의미) 어떤 학생들이건 곧 도착할 예정이다.

f. [Any] [music] may interest the artist. (양화사 any 뒤에 셀 수 없는 명사도 올 수 있다. '어떤 음악이건 음악'을 의미) 어떤 음악이나 그 예술가의 흥미를 끌지도 모른다.

(2) 양을 나타내는 양화사 뒤에 와야 하는 요소

양을 나타내는 양화사 뒤는 셀 수 없는 명사가 온다. 셀 수 있는 명사의 단수형이나 복수형은 올 수 없다.

a. [A little] [water] will give you a great comfort. (양을 나타내는 양화사(a little) 뒤는 셀 수 없는 명사(water)가 온다. '약간의 물'을 의미) 약간의 물이 너에게 커다란 위안을 줄 것이다.

b. *[Much] [dollar] will be helpful to you. (양을 나타내는 양화사(much) 뒤에 셀 수 있는 명사의 단수형(dollar)이 와서 비문)

c. *[A little] [apples] will be helpful to you. (양을 나타내는 양화사(a little) 뒤에 셀 수 있는 명사의 복수형(apples)이 와서 비문)

5. 명사 뒤에 오는 요소

명사 뒤는 그 명사의 의미를 완전하게 하는 보어가 올 수 있다. 이 보어로 전치사구, to-부정사, 절이 온다. 그러나 모든 명사 뒤에 모든 종류의 보어가 올 수 있는 것은 아니다.

a. She hates the [thought] [of leaving] you. (명사 thought의 보어로 전치사구(of leaving)가 올 수 있다) 그녀는 너를 떠난다는 생각을 싫어한다.

b. She understands the [need] [to keep] everything secret. (명사 need의 보어로 to-부정사(to keep)가 올 수 있다) 그녀는 모든 것을 비밀로 유지할 필요가 있다는 것을 알고 있다.

c. I admire your [belief] [that you are always right]. (명사 belief의 보어로 that-절(that~right)이 올 수 있다) 나는 네가 항상 옳다는 너의 믿음에 감탄한다.

d. I have the [idea] [of marriage]. (명사 idea의 보어로 전치사구(of marriage)가 올 수 있다) 나는 결혼생각을 하고 있다.

I have the [idea] [that I might get married]. (명사 idea의 보어로 that-절(that~married)이 올 수 있다) 나는 내가 결혼할 지도 모른다는 생각을 하고 있다.

*I have the [idea] [to get] married. (명사 idea의 보어로 to-부정사(to get)는 올 수 없다)

6. 형용사 뒤에 오는 요소

형용사 뒤는 보통 그 형용사가 한정하는 명사나 그 형용사의 의미를 완전하게 해 주는 보어가 온다. 그러나 모든 형용사 뒤에 같은 종류의 보어가 올 수 있는 것은 아니다.

a. The [new] [secretary] works well. (형용사 new 뒤는 그 형용사의 한정을 받는 명사(secretary)가 올 수 있다) 그 새 비서는 일을 잘한다.

b. She is [pleased] [about her promotion]. (형용사 pleased의 보어로 전치사구(about her promotion)가 올 수 있다) 그녀는 그녀의 승진에 관해 기뻐하고 있다.

She is [pleased] [to see] me here. (형용사 pleased의 보어로 to-부정사(to see)가 올 수 있다) 그녀는 여기서 나를 보아 기쁘다.

She is [pleased] [that she got a promotion]. (형용사 pleased의 보어로 that-절(that~promotion)이 올 수 있다) 그녀는 승진해서 기쁘다.

c. She is [interested] [in flower arrangements]. (형용사 interested의 보어로 전치사구(in~arrangements)가 올 수 있다) 그녀는 꽃꽂이에 관심이 있다.

She is [interested] [in arranging flowers]. (형용사 interested의 보어로 전치사구가 올 수 있다) 그녀는 꽃꽂이에 관심이 있다.

* She is [interested] [to arrange] flowers. (형용사 interested의 보어로 to-부정사(to arrange)는 올 수 없다)

* She is [interested] [that she arranges flowers]. (형용사 interested의 보어로 that-절(that~flowers)은 올 수 없다)

7. 동사 뒤에 오는 요소

동사 뒤는 그 동사가 가진 고유한 의미를 전하는데 필요한 요소가 온다.

a. Singers sing. (sing은 '노래하다'는 의미를 혼자서도 완전하게 전하는 동사) 가수는 노래한다.

b. They sing [well]. (sing 뒤는 부사(well)가 올 수 있는 자리) 그들은 노래를 잘한다.

c. They look [nice]. (look이 '~해 보이다'는 의미를 전할 때 형용사구(nice)가 필요) 그들은 좋아 보인다.

d. They eat [raw eggs]. (eat이 '~을 먹다'는 의미를 전할 때 명사구(raw eggs)가 필요) 그들은 날계란을 먹는다.

e. They eat [raw eggs] [pleasantly]. (eat이 '~을 먹다'는 의미를 전할 때 목적어인 명사구(raw eggs)가 필요. 그러나 부사구(pleasantly)는 나와도 좋고 나오지 않아도 여전히 정문) 그들은 날계란을 즐겁게 먹는다.

f. They give [their friends] [raw eggs]. (give는 '~에게 ~을 주다'는 의미를 전할 때 간접목적어(their friends)와 직접목적어(raw eggs)인 명사구를 요구) 그들은 친구들에게 날계란을 준다.

g. They make [their friends] [happy]. (make는 '~을 ~하게 하다'는 의미를 목적어인 명사구(their friends)와 목적보어인 형용사구(happy)로 전하는 동사) 그들은 친구들을 기쁘게 한다.

8. 부사 뒤에 오는 요소

부사 뒤는 그 부사의 수식을 받는 형용사나 부사가 오거나 부사적인 기능을 하는 요소가 온다.

a. The ballet dancer is [very] [young]. (강조부사(very) 뒤는 이것의 강조를 받는 형용사(young)가 온다) 그 발레 댄서는 매우 젊다.

b. She dances [very] [well]. ((강조부사(very) 뒤는 이것의 강조를 받는 부사(well)가 온다) 그녀

는 춤을 매우 잘 춘다.

c. She can raise up her leg [very] [high] [at any time]. (강조부사(very) 뒤는 이것의 강조를 받는 부사(high)가 온다. 그 뒤는 부사적인 기능의 전치사구(at any time)가 올 수 있지만 오지 않아도 여전히 정문) 그녀는 어느 때나 그녀의 한 쪽 다리를 매우 높이 들어 올릴 수 있다.

9. 전치사 뒤에 오는 요소

전치사 뒤는 전치사의 목적어인 명사구가 온다. 그러나 전치사 with의 경우 목적어와 목적보어가 나올 때도 있다.

a. The ping-pong player knows [about] [his problems]. (명사구(his problems)가 전치사 about의 목적어) 그 탁구선수는 자신의 문제점들에 관해 알고 있다.

b. He knows [about] [solving his problems]. (명사구(solving his problems)가 전치사 about의 목적어. 명사구 his problems는 동명사 solving의 목적어) 그는 자신의 문제점들을 해결하는 것에 관해 알고 있다.

c. He knows [about] [whether he has problems or not]. (전치사의 목적어로 간접의문문(whether~not)이 올 수 있다) 그는 자신이 문제점이 있는지 없는지에 관해 알고 있다.

d. He goes to play ping-pong [with] [a cap] [on]. (명사구 a cap은 전치사 with의 목적어이고 부사 on은 목적보어) 그는 모자를 쓴 채 탁구 치러 간다.

-He goes to play ping-pong [with] [the window] [open]. (명사구 the window는 전치사 with의 목적어이고 형용사 open이 전치사의 목적보어) 그는 그 유리창을 열어 둔 채 탁구 치러 간다.

-He goes to play ping-pong [with] [his girlfriend] [waving]. (현재분사 waving이 전치사의 목적보어) 그는 여자 친구가 손을 흔드는 채로 탁구 치러 간다.

-He goes to play ping-pong [with] [his girlfriend] [left] behind. (과거분사 left가 전치사의 목적보어) 그는 여자 친구를 남겨 둔 채 탁구 치러 간다.

-He goes to play ping-pong [with] [a bag] [on his back]. (전치사구 on his back이 전치사 with의 목적보어) 그는 등에 가방을 하나 맨 채 탁구 치러 간다.

10. 접속사 뒤에 오는 요소

(1) 등위접속사 뒤에 오는 요소

등위접속사 뒤는 그 앞의 요소와 대등한 구조의 요소가 온다.

a. Min-He [and] [I] are students. (등위접속사(and) 앞에 명사구(Min-He)가 와서 뒤도 명사구(I)가 나온다) 민희와 나는 학생이다.

b. We are young [and] [tall]. (등위접속사 앞에 형용사구(young)가 와서 뒤도 형용사구(tall)가 온다) 우리는 젊고 키가 크다.

c. We enjoy studying [and] [playing]. (등위접속사 앞에 동명사(studying)가 와서 뒤도 동명사(playing)가 온다) 우리는 공부하는 것과 노는 것을 즐긴다.

d. We meet on the lawn [and] [by the lake]. (등위접속사 앞에 전치사구(on the lawn)가 와서 뒤도 전치사구(by the lake)가 온다) 우리는 잔디 위 호숫가에서 만난다.

e. We eat on the lawn, [and] [we take a rest for a while]. (등위접속사 앞에 절(We~lawn)이 와서 뒤도 절(we~while)이 온다) 우리는 잔디 위에서 식사하고 잠시 동안 휴식을 취한다.

(2) 종속접속사 뒤에 오는 요소

종속접속사 뒤는 이 접속사가 이끄는 절이 온다.

a. [When] [the beggar was young], he dreamed of becoming a rich person. (종속접속사(When)가 종속절(the beggar~young)을 이끌어 주절(he~person)과 연결) 그 거지는 젊었을 때 부자가 되는 꿈을 꿨다.

b. [Before] [he became a beggar], he was very wealthy. (종속접속사(Before)가 종속절(he~a beggar)을 주절(he~wealthy)과 연결) 그는 거지가 되기 전에 매우 부유했다.

c. [If] [he hadn't failed in his business], he wouldn't have fallen into begging. (종속접속사(If)가 종속절(he~his business)을 주절(he~a beggar)과 연결) 사업에 실패하지 않았더라면 그가 거지가 되지는 않았을 텐데.

II. 기본연습

1. 다음 중 동사 뒤 요소가 잘못된 것을 고르시오.

a. sing well b. eat lunch
c. teach a boy Korean d. make a boy merrily

2. 다음 중 정관사 뒤에 올 수 없는 것을 고르시오.

a. 셀 수 없는 명사
b. 셀 수 있는 명사의 단수형
c. 셀 수 있는 명사의 복수형
d. 일반적인 의미를 전하는 셀 수 있는 명사의 복수형

3. 다음 중 형용사 뒤에 올 수 없는 것을 고르시오.

a. 정관사와 명사 b. 형용사의 한정을 받는 명사
c. 형용사의 보어인 전치사구 d. 형용사의 보어인 to-부정사

4. 다음 중 전치사 뒤에 올 수 없는 것을 고르시오.

a. 명사구 b. 동명사 c. 대명사 d. to-부정사

5. 다음 중 부정관사 뒤에 올 수 있는 것을 고르시오.

a. 셀 수 없는 명사 b. 셀 수 있는 명사의 복수형
c. 셀 수 있는 명사의 단수형 d. 양화사와 셀 수 없는 명사

6. 다음 중 부사의 수식을 받는 요소가 아닌 것을 고르시오.

a. 전치사　b. 형용사　c. 부사　d. 동사

7. 다음 중 지시사의 단수형 뒤에 올 수 없는 것을 고르시오.

a. 셀 수 없는 명사　b. 셀 수 있는 명사의 단수형
c. 셀 수 있는 명사의 복수형　d. 형용사와 셀 수 없는 명사

8. 다음 중 지시사의 복수형 뒤에 올 수 있는 것을 고르시오.

a. 셀 수 없는 명사　b. 셀 수 있는 명사의 단수형
c. 셀 수 있는 명사의 복수형　d. 소유격과 셀 수 있는 명사의 복수형

9. 다음 중 수를 나타내는 양화사 뒤에 올 수 없는 것을 고르시오.

a. 셀 수 없는 명사　b. 셀 수 있는 명사의 단수형
c. 셀 수 있는 명사의 복수형　d. 형용사와 셀 수 있는 명사의 복수형

10. 다음 중 양을 나타내는 양화사 뒤에 올 수 없는 것을 고르시오.

a. 셀 수 없는 명사　b. 형용사와 셀 수 없는 명사
c. 소유격과 셀 수 없는 명사　d. 셀 수 있는 명사의 단수형이나 복수형

III. 응용연습

※ 다음 괄호 안에 들어갈 적합한 표현을 고르시오.

1. She is to marry soon, and she is interested [ ]. 그녀는 곧 결혼할 예정이며 꽃꽂이에 관심이 있다.

   a. flower arrangements   b. to arrange flowers
   c. that she arranges flowers   d. in flower arrangements

2. He had little [ ], so he was not able to buy the luxury car. 그는 돈이 거의 없어서 그 고급차를 살 수 없었다.

   a. dollar   b. dollars   c. money   d. some money

3. I've just received a [ ] from my friend in Canada. 나는 캐나다에 있는 내 친구로부터 막 편지 한통을 받았다.

   a. letter   b. letters   c. music   d. some music

4. She likes not a particular teacher, but [ ] in general. 그녀는 한 특정 선생이 아니라 일반적인 의미의 선생을 좋아한다.

   a. teacher   b. a teacher   c. teachers   d. the teachers

5. The tree had lots of apples, and a few [ ] seemed rotten. 그 나무에 사과가 많이 달려 있었으며 몇 개는 썩은 것처럼 보였다.

   a. apple   b. apples   c. them   d. red apple

6. As time passed, the boy came to put more emphasis on [ ]. 시간이 지남에 따라 그 소년은 운동을 하는데 더 많은 역점을 두게 되었다.

a. do exercise
b. to do exercise
c. doing exercise
d. for doing exercise

7. The coffee machine did not work, so he pushed the button [ ]. 그 커피 자판기가 작동이 되지 않아 그는 그 버튼을 세게 눌렀다.

a. angry
b. anger
c. hard
d. hardness

8. The economic situation is not good, but the people still love [ ]. 그 경제상황이 좋지 않지만 그 사람들은 여전히 이 나라를 사랑한다.

a. this country
b. these country
c. those country
d. that countries

9. She made her son [ ], and he went out to play with his friends. 그녀는 자기 아들에게 스웨터를 하나 만들어 주었으며 그는 친구들과 놀러 나갔다.

a. happily
b. good boy
c. to work hard
d. a sweater

10. The woman bought lots of presents, and these [ ] were for her family. 그 여자는 많은 선물을 샀으며 이 선물들은 그녀 가족을 위한 것이었다.

a. present
b. presents
c. all present
d. all presents

IV. 기본영작

다음을 영작하시오.

1. 한 낯선 사람이 걸어오고 있다.

____

2. 그는 한 어린이에게 영어로 길을 물었다.

____

3. 그는 이야기하는 동안 물을 약간 마셨다.

____

4. 몇 명의 아이들이 그의 주위로 모여들었다.

____

5. 그는 헤드폰으로 약간의 음악을 듣고 있었다.

____

6. 어떤 아이들도 그에게 영어를 사용할 수 있었다.

7. 그들은 그와 영어로 이야기할 필요성을 깨닫는다.

8. 그는 이들과 친구가 될 지도 모른다는 생각을 한다.

9. 이 아이들은 모두 서투른 영어로 그에게 말을 걸었다.

10. 그는 그 아이들을 만나 기뻤으며 그들과 친구가 되었다.

V. 심화영작

다음을 주어진 표현으로 시작하여 영작하시오.

1. 선아는 조만간 결혼할 예정이다.

a. Sun-Ah's marriage ______________________________.

b. Sun-Ah ______________________________.

c. I ______________________________.

2. 그녀는 꽃꽂이하는데 관심이 많아졌다.

a. She ______________________________.

b. Flower arrangements ______________________________.

c. Her interest ______________________________.

3. 그녀는 어제 문을 잠그지 않은 채 외출했다.

a. She ______________________________.

b. The door ______________________________.

c. It ______________________________.

4. 그녀는 결혼하면 가사에만 전념할 계획이다.

a. She ____.

b. When ____.

c. Housekeeping ____.

5. 그녀는 결혼식 날을 생각하면 마음이 설렌다.

a. She ____.

b. Her heart ____.

c. Her upcoming wedding day ____.

6. 그녀는 모두의 축복을 받는 결혼식을 하고 싶다.

a. She ____.

b. Her hope ____.

c. The marriage ____.

7. 그녀는 노래가 끝나자 친구에게 마이크를 넘겼다.

a. Her song ____.

b. The mic ____.

c. She ____.

8. 그녀는 친구가 노래하는 동안 춤을 매력적으로 췄다.

a. She ______________________________________.

b. Her graceful dance ______________________________________.

c. Her friend ______________________________________.

9. 그녀는 때때로 집에서 여러 가지 요리도 만들어 본다.

a. She ______________________________________.

b. Various dishes ______________________________________.

c. There ______________________________________.

10. 그녀는 쇼핑이 끝나고 친구와 노래방에서 노래연습을 했다.

a. She ______________________________________.

b. Her singing practice ______________________________________.

c. After ______________________________________.

누구나영작문

제8장 일관성의 문제

부정관사와 명사, 지시사와 명사, 양화사와 명사는 수가 일치해야 한다. 대명사와 그 선행사는 수와 인칭이 일치하고 동사는 주어와 수가 일치해야 한다. 동사 뒤는 그 동사가 가진 의미를 전하는데 필요한 요소가 와야 하고 필요로 하지 않는 요소가 오면 비문이 된다. 형용사 뒤는 그 형용사가 가진 의미와 조화를 이루는 요소는 보어로 오지만 그렇지 않은 요소는 올 수 없다. 전치사 뒤는 그 전치사의 목적어가 될 수 있는 명사구가 목적격으로 오며 보통 명사구의 자격을 가지고 있지 않은 요소는 올 수 없다. 접속사의 경우 등위접속사 뒤는 그 앞에 나온 것과 대등한 요소가 오고 종속접속사 뒤는 이 접속사가 이끄는 절이 온다. 주절과 종속절은 시제가 논리적인 연관성이 있어야 한다.

I. 핵심연구

1. 부정관사와 명사

부정관사와 명사는 수가 일치해야 한다. 부정관사는 한 사람이나 사물을 가리키는 수의 개념이므로 셀 수 있는 명사의 단수형과 결합한다.

a. [A] [stranger] is coming here. (부정관사(a) 뒤는 셀 수 있는 명사의 단수형(stranger)이 온다) 한 낯선 사람이 이리 오고 있다.

b. *He looks like [a] [foreigners]. (부정관사 뒤에 셀 수 있는 명사의 복수형(foreigners)이 와서 비문)

c. *He is singing [ ] song. (셀 수 있는 명사의 단수형(song) 앞에 부정관사(a)나 정관사(the), 소유격, 지시사, 양화사 등이 오지 않아 비문)

d. *He is drinking [a] [water]. (부정관사 뒤에 셀 수 없는 명사(water)가 와서 비문)

2. 지시사와 명사

지시사와 그것의 한정을 받는 명사는 수가 일치한다. 지시사의 단수형(this, that) 뒤는 셀 수 있는 명사의 단수형이나 셀 수 없는 명사가 온다. 지시사의 복수형(these, those) 뒤는 셀 수 있는 명사의 복수형이 온다.

a. [This/That] [boy] is my student. (지시사의 단수형(This/That) 뒤는 셀 수 있는 명사의 단수형(boy)이 온다) 이/저 소년은 나의 제자이다.

b. *[This/That] [boys] are my students. (지시사의 단수형 뒤에 셀 수 있는 명사의 복수형(boys)이 와서 비문)

c. [These/Those] [boys] are my students. (지시사의 복수형(These/Those) 뒤는 셀 수 있는

명사의 복수형(boys)이 온다) 이/저 소년들은 나의 제자들이다.

d. *[These/Those] [boy] is my student. (지시사의 복수형 뒤에 셀 수 있는 명사의 단수형(boy)이 와서 비문)

3. 양화사와 명사

양화사와 명사는 수와 양이 일치한다. 수를 나타내는 양화사는 셀 수 있는 명사와 수가 일치하고 양을 나타내는 양화사는 셀 수 없는 명사와 양이 일치한다.

a. He needed [a few] [bottles] of water. (수를 나타내는 양화사(a few) 뒤에 셀 수 있는 명사의 복수형(bottles)이 와서 정문) 그는 물 몇 통이 필요했다.

a'. *He needed [a few] [water]. (수를 나타내는 양화사 뒤에 셀 수 없는 명사 (water)가 와서 비문)

b. The marathon runner needed [a little] [water]. (양을 나타내는 양화사(a little) 뒤에 셀 수 없는 명사(water)가 와서 정문) 그 마라톤 선수는 약간의 물이 필요했다.

b'. *He needed [a little] [bottles] of water. (양을 나타내는 양화사 뒤에 셀 수 있는 명사의 복수형(bottles)이 와서 비문)

c. He drank [many] [bottles] of water. (수를 나타내는 양화사(many) 뒤에 셀 수 있는 명사의 복수형(bottles)이 와서 정문) 그는 여러 통의 물을 마셨다.

c'. *He drank [much] [bottles] of water. (양을 나타내는 양화사(much) 뒤에 셀 수 있는 명사의 복수형이 와서 비문)

d. He drank [a lot of/lots of] [water]. (양화사 a lot of/lots of는 수와 양에 모두 쓰인다. 뒤에 셀 수 없는 명사가 올 수 있다) 그는 많은 물을 마셨다.

d'. He ate [a lot of/lots of] [potatoes]. (양화사 a lot of/lots of 뒤에 셀 수 있는 명사의 복수형(potatoes)이 올 수 있다) 그는 많은 감자를 먹었다.

4. 선행사와 대명사

대명사는 선행사와 수와 인칭이 일치한다. 이를 위반하면 비문이 된다.

a. [The pet dog] is following [its] owner. (선행사가 3인칭 단수형(pet dog)이므로 대명사도 같은 3인칭 단수형(its)) 그 애완견이 주인의 뒤를 따르고 있다.

a'. *[The pet dog] is following [their] owner. (선행사가 3인칭 단수인데 대명사가 3인칭 복수(their)여서 비문)

b. [The pet dogs] are following [their] owners. (선행사가 3인칭 복수형(The pet dogs)이어서 대명사도 같은 3인칭 복수형 (their)) 그 애완견들이 그 주인들의 뒤를 따르고 있다.

b'. *[The pet dogs] are following [its] owner. (선행사가 3인칭 복수형인데 대명사가 3인칭 단수형(its)이어서 비문)

c. [One] should do [one's/his] best. (일반인을 가리키는 one이 선행사일 때 대명사는 one이나 he. 이것의 소유격은 one's나 his) 사람은 자신의 최선을 다해야 한다.

c'. *[One] should do [its] best. (선행사가 일반인을 가리키는 one인데 대명사 it을 사용하여 비문)

d. [Every boy] has [his] own girl. (선행사 every boy는 3인칭 단수 남성이므로 대명사 he로 나타내며 이것의 소유격은 his) 모든 소년은 자기 자신의 소녀가 있다.

d'. *[Every boy] has [its] own girl. (선행사가 3인칭 단수 남성인데 3인칭 단수 중성 대명사 it을 사용하여 비문)

5. 주어와 동사

동사는 주어와 수가 일치한다. 이를 위반하면 비문이 된다.

a. [All the students] of this university [were] studying hard. (주어가 복수(All the students)이므로 동사는 복수형 were) 이 대학의 모든 학생들이 열심히 공부하고 있었다.

b. [The movie director], as well as the actors and actresses, [was] satisfied with the result. (주어가 단수(The movie director)이므로 동사는 단수형(was)) 그 남녀 배우들은 물론 그 영화감독도 그 결과에 만족했다.

c. [A dog and a cat] [are] walking side by side. (주어가 두 개의 명사구(a dog과 a cat)로 된 복수이므로 동사는 복수형(are)) 개 한 마리와 고양이 한 마리가 나란히 걷고 있다.

d. [Either the teacher or his student] [has] to erase the board. (등위접속사 or로 연결된 두 명사구가 모두 단수(the teacher와 the student)일 때 주어는 단수와 일치) 그 선생이나 그의 제자가 그 칠판을 지워야 한다.

e. Neither the President nor [the ministers] [were] aware of the economic crisis. (neither~nor~로 연결된 명사구가 수와 인칭이 서로 다를 때 동사는 가까운 쪽 주어와 수와 인칭이 일치. nor 앞은 3인칭 단수(the President)이고 뒤는 3인칭 복수(ministers)이므로 동사는 복수에 일치하여 were) 대통령과 그 장관들 어느 쪽도 그 경제위기를 깨닫지 못했다.

f. [The committee] [is] meeting today. (집합명사는 집합체를 하나의 덩어리로 보느냐 집합체 내의 개개의 구성원으로 보느냐에 따라 동사의 수가 달라진다. '위원회'는 단수이므로 동사는 단수형(is)) 그 위원회는 오늘 회의를 열려고 한다.

f'. [The committee] [are] unable to reach a conclusion. ('위원들'은 복수이므로 동사는 복수형(are)) 그 위원들은 결론에 이를 수 없다.

g. He is one of [the best students] that [have taken] the composition course. (관계대명사(that)의 선행사가 복수(the best students)일 때 관계절의 동사는 복수(have taken)에 일치) 그는 그 작문강좌를 수강한 가장 훌륭한 학생들 중 한 사람이다.

h. [*The Old Man and the Sea*] [is] a novel written by Ernest Hemingway. (주어가 작품이름으로 단수이므로 동사는 단수(is)) '노인과 바다'는 어니스트 헤밍웨이가 쓴 소설이다.

i. [Physics] [was] my favorite subject in my high school days. (주어가 학문이름으로 단수여서 동사는 단수형(was)) 물리학은 내가 고교시절 가장 좋아했던 과목이다.

6. 동사와 동사 뒤 요소

동사 뒤는 그 동사의 의미에 따라 어떤 요소가 필요하기도 하고 오면 비문이 되기도 한다.

a. The baby smiled. (동사 smile 뒤는 어떤 요소도 필요하지 않다) 그 갓난아이는 미소 지었다.

b. He [smiled] [at his mother]. (뒤에 전치사구(at his mother)가 올 수 있다.) 그는 자기 어머니에게 미소 지었다.

c. *He [smiled] [his mother]. (뒤에 명사구(his mother)가 직접 오면 비문)

d. *She [put]. (동사 put 뒤에 어떤 요소도 오지 않으면 비문)

e. *She [put] [the milk]. (동사 put 뒤에 명사구(the milk)만 오면 비문)

f. She [put] [the milk] [in the refrigerator]. (동사 put 뒤는 명사구(the milk)와 전치사구(in the refrigerator)가 필요) 그녀는 그 우유를 그 냉장고에 넣었다.

7. 형용사와 형용사 뒤 요소

형용사 뒤는 그 형용사의 의미에 따라 어떤 요소가 오거나 올 수 없다.

a. All students are [subject] [to grades]. (형용사 subject 뒤는 전치사구(to grades)가 필요) 모든 학생은 성적에 영향을 받는다.

b. *All students are [subject]. (뒤에 전치사구가 오지 않아 비문)

c. The chairman is [likely] [to resign]. (형용사 likely 뒤는 to-부정사(to resign)가 필요) 그 의장이 물러날 것 같다

d. *The chairman is [likely]. (형용사 likely 뒤에 to-부정사가 오지 않아 비문)

8. 전치사와 전치사 뒤 요소

전치사 뒤는 전치사의 목적어인 명사구가 목적격으로 온다.

a. The writer is talking [about] [a book]. (전치사(about) 뒤는 목적어인 명사구(a book)가

온다) 그 작가가 한 책에 관해 이야기하고 있다.

b. He is talking [about] [writing] a book. (동명사(writing)가 전치사의 목적어. 명사구 a book은 동명사의 목적어) 그는 책을 쓰는 것에 관해 이야기하고 있다.

c. *He is talking [about] [to write] a book. (전치사의 목적어로 to-부정사(to write)는 올 수 없다)

d. He is standing [between] [you and me]. (전치사(between)의 목적어로 인칭대명사가 올 때 목적격(you, me)으로 온다) 그는 너와 나 사이에 서 있다.

d'. *He is standing [between] [you and I]. (전치사의 목적어로 인칭대명사가 목적격이 아닌 주격(I)으로 와서 비문)

e. He is smiling [with] [a hat] [on]. (전치사 with가 '~을 ~한 채'의 의미를 전할 때 뒤에 목적어인 명사구(a hat)와 목적보어로 부사(on)가 올 수 있다) 그는 모자를 쓴 채 미소 짓고 있다.

9. 접속사와 접속사 뒤 요소

접속사 중 등위접속사 뒤는 앞에 나온 대등하게 연결하려는 요소와 같은 요소가 오고 종속접속사 뒤는 이 접속사가 이끄는 절이 온다.

a. My friend is a scholar [and] [politician]. (등위접속사(and)가 앞의 명사 scholar와 같은 명사 politician을 연결) 내 친구는 학자이자 정치가이다.

b. He [and] [I] meet very often. (등위접속사 앞의 명사구(He)와 뒤의 명사구(I)를 연결) 그와 나는 매우 자주 만난다.

c. We meet in a restaurant [and] [near our school]. (등위접속사 앞의 전치사구(in a restaurant)와 뒤의 전치사구[near our school)를 연결) 우리는 한 레스토랑에서 우리 학교 가까이서 만난다.

d. We eat lunch, [and] [we go for a walk]. (등위접속사 앞의 절(We~lunch)과 뒤의 절(we~a walk)을 연결) 우리는 점심을 먹으며 그리고 산책을 하러 간다.

e. [When] [I arrive home], I will call you. (종속접속사(When) 뒤는 이것이 이끄는 절(I~home)이 온다) 내가 집에 도착하면 너에게 전화할게.

e'. I will call you [when] [I arrive home]. (종속절이 주절 뒤에 올 수도 있다)

f. * [When] [arrive home], I will call you. (종속접속사가 이끄는 종속절의 주어가 없어서 비문)

10. 주절과 종속절의 시제

종속절 동사의 시제는 주절동사의 시제와 논리적인 연관성이 있어야 한다.

a. * As the wind [blows], the fruit [dropped] from the tree. (주절동사는 과거 (dropped)인데 반해 종속절동사는 현재(blows)로 논리적 연관성이 없어서 비문)

b. As the wind [blows], the fruit [drops] from the tree. (주절동사와 종속절동사 모두 현재로 논리적 연관성이 있어 정문) 바람이 불자 그 과일이 나무에서 떨어진다.

c. As the wind [blew], the fruit [dropped] from the tree. (주절동사와 종속절동사 모두 과거로 논리적 연관성이 있어 정문) 바람이 불자 그 과일이 나무에서 떨어졌다.

d. * Last year he [thought] that he [will go] to America to study. (주절동사는 과거(thought)이고 종속절동사는 미래(will go)로 논리적인 연관성이 없어 비문)

e. Last year he [thought] that he [would go] to America to study. (주절동사와 종속절동사 모두 과거로 논리적인 연관성이 있어 정문) 작년에 그는 미국에 공부하러 가려고 생각했다.

II. 기본연습

1. 다음 중 부정관사 뒤에 올 수 있는 것을 고르시오.

a. 셀 수 없는 명사　　b. 셀 수 있는 명사의 단수형
c. 셀 수 있는 명사의 복수형　　d. 소유격과 셀 수 있는 명사의 단수형

2. 다음 중 주어와 동사의 일치를 위반한 것을 고르시오.

a. The cat eats nothing others give.
b. These students attend my English writing course.
c. Those who teach students need to be careful about their behavior.
d. The woman who is wearing a black dress teach dancing at a university.

3. 다음 중 양화사와 명사의 관계가 잘못된 것을 고르시오.

a. a few pencils　　b. much dollars
c. a lot of money　　d. a little information

4. 다음 중 지시사와 명사의 관계가 문법적인 것을 고르시오.

a. this boys　　b. these book
c. that boys　　d. those books

5. 다음 중 선행사와 대명사의 관계가 잘못된 것을 고르시오.

a. One should respect one's seniors.
b. Every boy carried his own lunchbox.
c. The pet dog always follows its owner.
d. There were two rats running away, and this was chased by a cat.

6. 다음 중 동사와 동사 뒤 요소의 관계가 잘못된 것을 고르시오.

a. The woman put milk.
b. The monkey ate the banana.
c. The baby smiled at its mother.
d. Mr. Kim taught English to his students.

7. 다음 중 주절과 종속절의 시제가 일관성이 없는 것을 고르시오.

a. He knew that he could earn much money.
b. She said that she will visit me sooner or later.
c. Since it was raining, I took shelter under the eaves.
d. As it was getting dark, the boys started to go back home.

8. 다음 중 형용사와 형용사 뒤 요소의 관계가 잘못된 것을 고르시오.

a. The minister is likely to resign.
b. I am pleased that you have come.
c. She is afraid of meeting strangers.
d. All students are subject what grades they get.

9. 다음 중 전치사와 전치사 뒤 요소의 관계가 잘못된 것을 고르시오.

a. A girl was standing between two boys.
b. She was smiling with her sunglasses on.
c. You'd better not talk with cigarette in your mouth.
d. Between you and me, he is going to divorce his wife.

10. 다음 중 접속사와 접속사 뒤 요소의 관계가 잘못된 것을 고르시오.

a. He is a professor and politician.
b. I often meet his children and he.
c. I call him before we meet each other.
d. We go for a walk, and we eat lunch together.

III. 응용연습

※ 다음 괄호 안에 들어갈 적합한 표현을 고르시오.

1. We ate our lunch eagerly [ ]. 우리는 점심을 잔디 위 한 호숫가에서 열심히 먹었다.

   a. on grass and by lake b. on grass and the lake by
   c. on the grass and by lake d. on the grass and by a lake

2. A [ ] came and spoke to me. 한 신사가 와서 내게 말을 걸었다.

   a. gentleman b. gentlemen c. the gentleman d. this gentleman

3. He has received all [ ] from his friend. 그는 그 선물 모두를 그의 친구로부터 받았다.

   a. present b. these present c. the presents d. his present

4. She told me that she [ ] her friend to me. 그녀는 나에게 그녀 친구를 소개할 수 있다고 했다.

   a. can introduce b. introduces
   c. would introduce d. may introduce

5. She [ ] the heavy door open and went out. 그녀는 그 무거운 문을 밀어 열고 밖으로 나갔다.

   a. pressed b. drew c. took d. pushed

6. She loves her classmate, and she is likely [ ] him. 그녀는 그녀 급우를 사랑하며 그와 결혼할 것 같다.

a. marry b. marrying c. to marry d. that she will marry

7. I have seen these [ ], but I don't know what they do. 나는 이 젊은이들을 본 적은 있지만 그들이 무엇을 하는지는 알지 못한다.

a. young person b. young people c. their people d. his people

8. I found a few books on his desk, and [ ] all comic books. 나는 그의 책상에서 몇 권의 책을 발견했으며 그것들은 모두 만화책이었다.

a. this was b. they were c. were these d. it was

9. Those who like to jog [ ] to visit this road by the stream. 조깅하기를 좋아하는 사람들은 냇가의 이 길을 찾기로 되어있다.

a. is b. are c. has d. was

10. In the old days, mothers went shopping with their babies on [ ]. 옛날의 어머니는 갓난아이를 등에 업은 채 쇼핑을 갔다.

a. back b. their back c. their backs d. her back

IV. 기본영작

다음을 영작하시오.

1. 우주선이 한 대 내려오고 있었다.

2. 한 외계인이 그 우주선 밖으로 나왔다.

3. 그는 다른 외계인들에게 미소를 지었다.

4. 모든 외계인이 각자의 우주선이 있었다.

5. 몇 명의 다른 외계인들이 그를 뒤따랐다.

6. 강한 바람이 불자 그는 고개를 옆으로 돌렸다.

7. 그는 우주선 가까이 그의 동료들 앞에 서 있었다.

8. 저 외계인들은 지구를 정복하러 온 것 같지는 않았다.

9. 그 외계인들 중 한 사람이 나머지 사람들을 이끌 것 같다.

10. 임무가 끝나자마자 그 우주선들은 멀리 창공으로 사라질 것이다.

V. 심화영작

다음을 주어진 표현으로 시작하여 영작하시오.

1. 고양이 한 마리가 쥐를 뒤쫓고 있었다.

 a. A cat ______________________________.

 b. I ______________________________.

 c. A rat ______________________________.

2. 모든 고양이는 쥐를 뒤쫓는 경향이 있다.

 a. All cats ______________________________.

 b. Rats ______________________________.

 c. There ______________________________.

3. 어떤 고양이는 숨어 있다가 쥐를 급습한다.

 a. Some rats ______________________________.

 b. Some cats ______________________________.

 c. After ______________________________.

4. 그 고양이는 아침식사로 쥐가 먹고 싶었다.

a. The cat ______________________________.

b. What ______________________________.

c. A rat ______________________________.

5. 고양이가 쥐를 잡는 것이 쉬운 일은 아니다.

a. It ______________________________.

b. Catching a rat ______________________________.

c. You ______________________________.

6. 그 고양이는 쥐를 몇 마리 먹어 본 적이 있었다.

a. The cat ______________________________.

b. A few rats ______________________________.

c. There ______________________________.

7. 그 고양이는 쥐를 보자마자 전속력으로 뛰어나갔다.

a. On ______________________________.

b. Forward ______________________________.

c. The cat ______________________________.

8. 그 고양이는 쥐를 가장 잘 잡는 고양이들 중 한 마리였다.

a. People ______________________________.

b. The cat ______________________________.

c. It ______________________________.

9. 그 고양이는 자루 뒤에 숨어서 쥐가 나타나기를 기다렸다.

a. The cat ______________________________.

b. Hiding ______________________________.

c. Lying ______________________________.

10. 고양이는 살기 위해 쥐를 뒤쫓지만 쥐도 살기 위해 도망간다.

a. Even though ______________________________.

b. A cat ______________________________.

c. A rat ______________________________.

누구나 영작문

제9장 일반적인 어순과 예외적인 어순

문장은 보통 주어 뒤에 동사가 오지만 위치부사나 방향부사가 문장 첫머리로 이동할 때 선택적으로 주어와 동사가 도치된다. 또한 보고문에서 전달동사가 직접화법 뒤에 올 때 선택적으로 주어와 동사가 도치된다. 의문문, 감탄문, 기원문, 부정명령문을 만들 때 주어와 조동사가 도치되며 부정어를 문장 첫머리로 이동하여 이것이 문장 전체를 부정할 때도 주어와 조동사가 도치된다. so, neither, nor, as, than 뒤에서 주어와 조동사가 도치되기도 하고 문어체의 조건절에서 접속사 if를 쓰지 않고 주어와 조동사를 도치하기도 한다. 대개 형용사는 부정관사 뒤에 오지만 as, how, so, too, so의 의미인 this나 that 뒤에서는 앞에 온다. 동사의 목적이인 명사구를 문장 첫머리로 이동하기나 주어나 목적어인 명사구를 화제로 삼기 위해 문장 앞이나 뒤로 이동한 후 쉼표로 분리하고 원래의 자리에 대명사 it을 대치한다.

I. 핵심연구

1. 일반적인 어순

문장의 일반적인 어순은 주어 뒤에 동사가 오는 것이다.

a. I am a boy. (주어(I) 뒤에 be동사(am)) 나는 소년이다.

b. I ride a bicycle. (주어(I) 뒤에 일반 동사(ride)) 나는 자전거를 탄다.

c. I will ride a bicycle. (주어(I) 뒤에 조동사(will)와 본동사(ride)) 나는 자전거를 탈것이다.

2. 예외적인 어순

문장은 예외적으로 동사나 조동사가 주어 앞에 올 때가 있다.

(1) 주어와 동사의 도치

A. 위치부사가 전치될 때의 도치

위치부사가 원래의 위치에서 문장 첫머리 위치로 이동하면 주어와 동사가 도치될 수 있다. 그러나 이 도치는 의무적이 아니라 선택적이다.

a. An old man sat [ahead]. (위치부사(ahead)가 원래의 위치에 있을 때는 주어와 동사의 도치가 일어나지 않는다) 한 노인이 앞에 앉았다.

a'. [Ahead] sat an old man. (위치부사가 문장 첫머리로 이동하여 주어(an old man)와 동사(sat)가 도치) 앞에 한 노인이 앉았다.

a''. [Ahead] an old man sat. (이동 후 주어와 동사의 도치가 일어나지 않아도 정문) 앞에 한 노인이 앉았다.

b. My sister stood [in the doorway]. (위치부사(in the doorway)가 원래의 위치에 있어서 주어와 동사의 도치가 일어나지 않는다) 내 여동생이 문간에 서 있었다.

b'. [In the doorway] stood my sister. (위치부사가 문장 첫머리로 이동하여 주어와 동사가 도치) 문간에 내 여동생이 서 있었다.

b''. [In the doorway] my sister stood. (이동 후 주어와 동사의 도치가 일어나지 않아도 정문) 문간에 내 여동생이 서 있었다.

B. 방향부사가 전치될 때의 도치

방향부사가 원래의 위치에서 문장 첫머리 위치로 이동하면 주어와 동사가 도치될 수 있다. 그러나 이 도치는 의무적이 아니라 선택적이다.

a. The fighter plane flew [down]. (방향부사(down)가 원래의 위치에 있을 때는 주어와 동사의 도치가 일어나지 않는다) 그 전투기는 하강비행 했다.

a'. [Down] flew the fighter plane. (방향부사가 문장 첫머리로 이동하여 주어(the fighter plane)와 동사(flew)가 도치) 하강으로 그 전투기는 비행했다.

a'' [Down] the fighter plane flew. (이동 후 주어와 동사의 도치가 일어나지 않아도 정문) 하강으로 그 전투기는 비행했다.

b. A stranger ran [into the church]. (방향부사(into the church)가 원래의 위치에 있을 때는 주어와 동사의 도치가 일어나지 않는다) 한 낯선 사람이 그 교회로 뛰어 들어왔다.

b'. [Into the church] ran a stranger. (방향부사가 문장 첫머리로 이동하여 주어(a stranger)와 동사(ran)가 도치) 그 교회 안으로 한 낯선 사람이 뛰어 들어왔다.

b''. [Into the church] a stranger ran. (이동 후 도치가 일어나지 않아도 정문) 그 교회 안으로 한 낯선 사람이 뛰어 들어왔다.

C. 보고문에서의 도치

전달동사(said, asked, suggested)가 직접화법 뒤에 올 때 주어와 동사가 도치된다. 그러나 이것은 의무적이 아니라 선택적이다.

a. 'What's the matter with you?' asked Tom. (전달동사(asked)가 직접화법('What's~you?') 뒤에 와서 주어(Tom)와 동사(asked)가 도치) '무슨 일인가요?'하고 탐은 물었다.

a'. 'What's the matter with you?' Tom asked. (주어와 동사가 도치되지 않아도 정문)

b. 'I love you.' whispered Laura. (전달동사(whispered)가 직접화법('I～you.') 뒤에 와서 주어(Laura)와 동사(whispered)가 도치) '나는 당신을 사랑해요'하고 로라는 속삭였다.

b'. 'I love you.' Laura whispered. (주어와 동사가 도치되지 않아도 정문)

c. 'What's the matter with you?' she asked. (주어가 대명사(she)일 때는 보통 주어가 동사 앞에 온다) '무슨 일인가요?'하고 그녀는 말했다.

(2) 주어와 조동사의 도치

A. 의문문을 만들 때

주어와 조동사가 도치된다.

a. [Have] [you] finished lunch? (조동사(Have)가 주어(you) 앞에 온다) 점심을 끝마쳤어요?

b. Where [are] [you] going? (조동사(are)가 주어(you) 앞에 온다) 어디 가는 중인가요?

B. 감탄문을 만들 때

주어와 조동사가 도치된다.

a. [Isn't] [it] windy? (조동사(Is)가 주어(it) 앞에 온다) 바람이 부는군요.

b. [Hasn't] [he] got strong legs? (조동사(Has)가 주어(he) 앞에 온다) 그는 다리가 매우 튼튼하군요.

C. 기원문을 만들 때

주어와 조동사(may)가 도치된다.

a. [May] [all your wishes] come true! (조동사(May)가 주어(all your wishes) 앞에 온다) 당신의 모든 희망이 이루어지길 기원합니다!

b. [May] [you] succeed in the entrance exam! (조동사(May)가 주어(you) 앞에 온다) 당신이 그 입학시험에 합격하기를 기원합니다!

D. 부정명령문을 만들 때

조동사(do)가 주어 앞에 온다.

a. [Don't] [you] open the door. (상대방이 문을 열 때 문을 열지 말라고 명령할 경우 이 부정명령문을 사용. 조동사(Do)가 주어(you) 앞에 온다) 당신 그 문을 열지 마세요.

b. [Don't] [anyone] open the door. (누가 문을 열 때 문을 열지 말라고 명령할 경우 이 부정명령문을 사용. 조동사(Do)가 주어(anyone) 앞에 온다) 아무도 그 문을 열지 마세요.

E. 부정어가 전치될 때

부정어가 문장 첫머리로 이동하여 문장 전체를 부정할 때 주어와 조동사가 의무적으로 도치된다.

a. Hardly [had] [I] gone out when it began to rain. (부정어(Hardly)가 문장 첫머리로 이동하여 문장 전체를 부정하여 주어(I)와 조동사(had)가 도치) 내가 외출하자마자 비가 내리기 시작했다.

a'. I had [hardly] gone out when it began to rain. (부정어가 원래의 문장 가운데 위치에 있을 때는 주어와 조동사가 도치되지 않는다) 내가 외출하자마자 비가 내리기 시작했다.

b. Never [have] [I] really loved anybody. (부정어(Never)가 문장 첫머리로 이동하여 문장 전체를 부정하여 주어(I)와 조동사(have)가 도치) 결코 나는 어느 누구도 진정으로 사랑한 적이 없다.

b'. I have [never] really loved anybody. (부정어가 원래의 위치에 있어서 주어와 조동사가 도치되지 않는다) 나는 결코 어느 누구도 진정으로 사랑한 적이 없다.

c. *In no time at all [did] [they] leave for their destination. (부정어(no)가 문장 첫머리에 있지만 이것이 문장 전체를 부정하지 않고 바로 뒤의 특정 단어(time)만 부정할 때 도치가 일어나지 않는다. in no time at all은 부정의 의미가 아닌 '곧'이라는 긍정의 의미)

c'. In no time at all [they) [left] for their destination. (부정어가 문장 첫머리에 있지만 주어와 조동사의 도치가 일어나지 않아서 정문) 곧 그들은 목적지로 떠났다.

F. so, neither, nor 뒤에서

a. A: I am thirsty.
B: So [am] [I]. ('~도 또한'의 의미로 so를 문장 첫머리에 둘 때 주어(I)와 조동사(am)가 도치)
A: 나 목말라. B: 나도 그래.

b. A: I don't like religion.
B: Neither [do] [I]. ('~도 또한 ~아닌'의 의미로 부정어 neither를 문장 첫머리에 둘 때 주어(I)와 조동사(do)가 도치) A: 나는 종교가 싫어. B: 나도 그래.

c. A: I have never been to foreign countries.
B: Nor [have] [I]. ('~도 또한 ~아닌'의 의미로 부정어 nor를 문장 첫머리에 둘 때 주어(I)와 조동사(have)가 도치) A: 나는 외국에 가 본 적이 없어. B: 나도 그래.

G. as, than, so 뒤에서

as, than, 강조의 so 뒤에서 도치가 일어난다.

a. She was very intelligent and beautiful, as [her friends] [were]. 그녀는 그녀 친구들이 그랬듯이 매우 지적이고 아름다웠다.

a'. She was very intelligent and beautiful, as [were] [her friends]. (as 뒤에서 주어(her friends)와 조동사(were)가 도치. 도치가 선택적)

b. Medium-sized cars use more gasoline than [small cars] [do]. 중형차는 소형차보다 더 많은 휘발유를 사용한다.

b'. Medium-sized cars use more gasoline than [do] [small cars]. (than 뒤에서 주어(small cars)와 조동사(do)가 도치. 도치가 선택적)

c. He looked so strong that she wanted to be carried on his back. 그가 너무나 튼튼해 보여서 그녀는 그의 등에 업히고 싶었다.

c'. So strong [did] [he] look that she wanted to be carried on his back. (강조의 so 뒤에서 주어(he)와 조동사(did)가 도치)

H. 조건절에서

문어체의 조건절에서 if를 쓰지 않는 대신 조동사를 주어 앞에 둔다.

a. [Were] [she] my wife, I would make her happy. (=If she were ~) (주어(she)와 조동사(Were)가 도치) 그녀가 나의 아내라면 내가 그녀를 기쁘게 해줄 텐데.

b. [Had] [I] known that you were unmarried, I would have introduced a beautiful woman to you. (=If I had known ~) (주어(I)와 조동사(Had)가 도치) 네가 미혼이라는 것을 알았더라면 내가 아름다운 여성을 소개해 줬을 텐데.

(3) 부정관사와 형용사의 도치

일반적으로 형용사는 부정관사(a/an) 뒤에 오지만 as, how, so, too, so의 의미인 this나 that 뒤에서는 앞에 온다.

a. The dancer has as [good] [a] voice as the singer. (as 뒤에서 부정관사(a)와 형용사(good)가 도치) 그 무용수는 그 가수만큼 목소리가 좋다.

b. How [good] [a] dancer is she? (how 뒤에서 부정관사(a)와 형용사(good)가 도치) 그녀는

얼마나 훌륭한 무용수인가?

c. She is so [good] [a] dancer that I cannot help admiring her. (so 뒤에서 부정관사(a)와 형용사(good)가 도치) 그녀는 너무나 훌륭한 무용수여서 나는 그녀를 칭찬하지 않을 수 없다.

d. She is too [polite] [a] dancer to refuse her offer. (too 뒤에서 부정관사(a)와 형용사(polite)가 도치) 그녀는 너무나 정중한 무용수여서 그녀의 제의를 거절할 수 없다.

e. She cannot afford this/that [expensive] [a] car. (this/that 뒤에서 부정관사(a)와 형용사(expensive)가 도치) 그녀는 이만큼/그만큼 비싼 자동차를 살 여유가 없다.

(4) 명사구의 도치

동사의 목적어인 명사구를 동사 뒤에서 문장 첫머리로 이동할 수 있다.

a. [The verdict] he clearly [foresaw]. ((동사(foresaw)의 목적어(the verdict)를 화제로 삼기 위해 문장 첫머리로 이동시킨 문장) 그 판정을 그는 분명히 예견했다.

a'. He clearly foresaw [the verdict]. (동사의 목적어(the verdict)가 이동하기 전의 문장) 그는 분명히 그 판정을 예견했다.

b. [That] I couldn't [watch]. (동사(watch)의 목적어(that)를 화제로 삼기 위해 문장 첫머리로 이동시킨 문장) 그것을 나는 지켜볼 수가 없었다.

b'. I couldn't watch [that]. (동사의 목적어(that)가 이동하기 전의 문장) 나는 그것을 지켜볼 수가 없었다.

c. [His crime], [it] doesn't involve children. (문장의 주어인 명사구(His crime)를 화제로 삼기 위해 문장 앞으로 이동시킨 후 쉼표로 분리하고 원래의 자리에 대명사(it)를 대치한 문장) 그의 범죄 그것은 아동과 관계가 없다.

c'. [His crime] doesn't involve children. (주어인 명사구(His crime)가 이동하기 전의 문장) 그의 범죄는 아동과 관계가 없다.

d. [The little girl], the dog bit [her]. (동사(bit)의 목적어인 명사구(the little girl)를 화제로 삼기 위해 문장 첫머리로 이동시킨 후 쉼표로 분리하고 원래의 자리에 대명사(her)를 대치한 문장) 그 어린 소녀를 그 개는 그녀를 물었다.

d'. The dog bit [the little girl]. (동사의 목적어인 명사구(the little girl)가 이동하기 전의 문장) 그 개는 그 어린 소녀를 물었다.

II. 기본연습

1. 다음 중 도치가 의무적인 것을 고르시오.

a. 보고문에서의 도치 b. 부정어가 전치될 때
c. 위치부사가 전치될 때 d. 방향부사가 전치될 때

2. 다음 중 도치가 선택적인 것을 고르시오.

a. so 뒤에서의 도치 b. nor 뒤에서의 도치
c. as 뒤에서의 도치 d. neither 뒤에서의 도치

3. 다음 중 도치와 거리가 먼 것을 고르시오.

a. 의문문을 만들 때 b. 동사를 강조할 때
c. 부정명령문을 만들 때 d. 부정어를 문장 첫머리로 이동할 때

4. 다음 중 도치가 잘못 일어난 것을 고르시오.

a. Under no circumstances may they leave the area.
b. Not only have I seen it, but also I have ridden it.
c. Hardly had I gone out when it began to rain heavily.
d. In no time at all did we leave for the summer resort.

5. 다음 중 문장의 어순이 잘못된 것을 고르시오.

a. In front of me a girl sat.
b. Down flew the fighter plane.
c. Into the classroom ran a boy.
d. In the doorway did my sister stand.

6. 다음 중 주어 동사 도치가 아닌 것을 고르시오.

a. so 뒤에서의 도치　　b. 보고문에서의 도치
c. 위치부사 전치에 의한 도치　　d. 방향부사 전치에 의한 도치

7. 다음 중 도치가 일어나지 않은 문장을 고르시오.

a. 'What do you do?' asked Mary.
b. I have never seen anything interesting.
c. Never have I seen anything interesting.
d. Were she unmarried, I would marry her.

8. 다음 중 주어 조동사 도치가 아닌 것을 고르시오.

a. 보고문에서의 도치　　b. 의문문에서의 도치
c. 기원문에서의 도치　　d. 부정어 전치에 의한 도치

9. 다음 중 명사구의 도치가 일어나지 않은 것을 고르시오.

a. A UFO I clearly saw.
b. The innocent girl, they killed her.
c. A complete stranger walked up to me.
d. His behavior, it doesn't look very nice.

10. 다음 중 부정관사와 형용사의 도치가 잘못된 것을 고르시오.

a. She is too good a singer to refuse.
b. She is very good a singer as Tom.
c. She cannot buy that expensive a car.
d. The girl has as good a voice as a singer.

III. 응용연습

※ 다음 괄호 안에 들어갈 적합한 표현을 고르시오.

1. Not long ago [ ] for a walk. 머지않아 그들은 산책을 나갔다.

   a. they went　　b. they did go
   c. did they go　　d. went they

2. On the grass [ ] an enormous frog. 잔디위에 엄청나게 큰 개구리 한 마리가 앉아 있었다.

   a. sat　　b. did it sit　　c. saw　　d. did see

3. Into the church [ ] a boy and a girl. 그 교회 안으로 한 소년과 한 소녀가 뛰어 들어왔다.

   a. loved　　b. stood　　c. prayed　　d. ran

4. These apples, [ ] not related to a bribe. 이 사과들 그것들은 뇌물과 관계가 없다.

   a. it is　　b. is it　　c. they are　　d. are they

5. Never [ ] such beautiful scenery as this. 그들은 결코 이와 같이 아름다운 경치를 본 적이 없다.

   a. they saw　　b. they did see
   c. they have seen　　d. have they seen

6. [ ] had I gone out when it began to thunder. 내가 외출하자마자 천둥이 치기 시작했다.

a. Hardly b. Happily
c. Unfortunately d. Suddenly

7. The politician they want to [ ] from his post. 그 정치가를 그들은 그 지위로부터 내쫓기를 원한다.

a. dismiss b. dismiss him
c. dismiss them d. dismiss it

8. The poor woman, they killed [ ] during the war. 그 불쌍한 여자를 그들은 그 전쟁 동안 죽였다.

a. it b. her c. him d. them

9. I have never been to any foreign country, and [ ]. 나는 어떤 외국에도 결코 가 본적이 없으며 탐 또한 그렇다.

a. Tom has so b. so has Tom
c. neither Tom has d. neither has Tom

10. The woman was so [ ] that I could not help admiring her. 그 여자는 너무나 훌륭한 의사여서 나는 그녀를 칭찬하지 않을 수 없었다.

a. a good doctor b. good doctor
c. a doctor good d. good a doctor

IV. 기본영작

다음을 영작하시오.

1. 나는 서둘러 기차를 탔다.

2. 우리는 목적지에 무사히 도착했다.

3. 앞쪽에 한 아이가 어머니와 앉아 있었다.

4. 그 기차는 터널 속으로 전속력으로 질주해 들어갔다.

5. "너 비행기 타봤니?"하고 그 아이의 어머니가 물었다.

6. 그 아이와 그녀가 기차에 오르자마자 비가 오기 시작했다.

---

7. "결코 비행기를 타본 적이 없어요."하고 그 아이가 말했다.

---

8. 그 아이가 "엄마, 배고파"하자 그녀는 "나도 배고파"하고 말했다.

---

9. "너의 모든 소원이 이루어지기를!"하고 그 아이의 어머니가 말했다.

---

10. 그 아이가 "엄마, 나는 외국에 가 본 적이 없어요."하자 그녀는 "나도 또한 가 본적이 없어"하고 말했다.

V. 심화영작

다음을 주어진 표현으로 시작하여 영작하시오.

1. 두 명의 사냥꾼이 사냥을 하고 있었다.

   a. Two hunters ______________________________.

   b. I ______________________________.

   c. There ______________________________.

2. 그 사냥감을 그는 분명히 보기는 보았다.

   a. The game ______________________________.

   b. He ______________________________.

   c. It ______________________________.

3. 꿩을 그 둘 중 한 사냥꾼은 쏘아 잡았다.

   a. A pheasant ______________________________.

   b. One of the two hunters ______________________________.

   c. Of ______________________________.

4. 죽은 그 꿩을 사냥개가 달려가 물고 돌아왔다.

a. The dead pheasant ______________________________.

b. It ______________________________.

c. The hunting dog ______________________________.

5. 그들은 결코 어떤 사냥감도 잡아 본 적이 없었다.

a. Never ______________________________.

b. They ______________________________.

c. No opportunity ______________________________.

6. 그는 비난하기에는 너무나 마음씨가 착한 사람이었다.

a. He ______________________________.

b. They ______________________________.

c. It ______________________________.

7. 죽은 그 꿩을 그 착한 사냥꾼은 차마 볼 수가 없었다.

a. The dead pheasant ______________________________.

b. The good hunter ______________________________.

c. It ______________________________.

8. 그의 사냥감에 연약한 꿩이나 비둘기는 포함되지 않았다.

a. As ______________________________.

b. He ______________________________.

c. Feeble birds ______________________________.

9. 그가 마음씨가 여리지만 않았다면 사냥감을 좀 잡았을 텐데.

a. He ______________________________.

b. Had ______________________________.

c. If ______________________________.

10. 그는 너무나 서투른 사냥꾼이어서 총을 제대로 쏘아보지도 못했다.

a. So poorly ______________________________.

b. He ______________________________.

c. Since ______________________________.

제10장 때

불변의 진리나 일반적인 사실 그리고 현재의 규칙적 습관적 반복적인 행위는 단순현재시제로 나타낸다. 대개 영속적 상황은 단순시제로 나타내고 일시적 상황은 진행시제로 나타낸다. 두 시점이 연관성이 있을 때는 완료시제나 완료진행시제로 나타낸다. 이 점에서 볼 때 현재의 일반적인 사실은 단순현재시제로 현재 일시적으로 진행 중인 행위는 현재진행시제로 현재와 과거가 연관성이 있는 행위는 현재완료시제로 과거에 시작된 행위가 현재도 진행 중이거나 현재와 아주 가까운 시점까지도 진행 중이었다고 할 때는 현재완료진행시제로 나타낸다.

I. 핵심연구

1. 일반적인 사실을 나타내는 방법

영어에서 영속적인 상황이나 규칙적 반복적으로 일어나거나 언제나 일어나는 것에 관해 이야기할 때 단순현재시제를 사용한다.

a. The earth [moves] around the sun. (지구가 태양 주위를 도는 것은 영속적 상황) 지구는 태양 주위를 돈다.

b. What [do] dragonflies [eat]? (잠자리가 먹이로 무엇을 먹는 것은 일시적이 아니라 언제나 일어나는 일) 잠자리는 무엇을 먹는가?

b'. * What [are] dragonflies [eating]? (단순현재시제가 아닌 현재진행시제를 사용하여 비문)

c. Stress [causes] high blood pressure. (과학적 사실은 단순현재시제를 사용) 스트레스는 고혈압을 일으킨다.

c'. * Stress [is causing] high blood pressure. (단순현재시제가 아닌 현재진행시제를 사용하여 비문)

d. Water [boils] at 100° Celsius. (불변의 진리는 단순현재시제를 사용) 물은 섭씨 100도에서 끓는다.

d'. * Water [is boiling] at 100° Celsius. (단순현재시제가 아닌 현재진행시제를 사용하여 비문)

2. 현재의 행위를 나타내는 방법

(1) 현재의 사실이나 현재의 규칙적 반복적 행위는 단순현재시제로 나타낸다.

a. The man [jogs] at six every morning. (매일 아침 조깅하는 것은 현재의 규칙적 반복적 행위) 그 남자는 매일 아침 여섯 시에 조깅한다.

a'. * He is jogging at six every morning. (단순현재시제가 아닌 현재진행시제를 사용하여 비문)

b. He [teaches] English writing at a university. (대학에서 영어쓰기를 가르치는 것이 현재의 일시적인 행위가 아니라 과거와 현재 그리고 미래에 두루 걸쳐 이루어지는 행위일 때는 단순현재시제를 사용) 그는 대학에서 영어쓰기를 가르친다.

c. First I [pick] up a big bowl and [put] some flour in it. Next I [pour] some water in it and [stir] the flour. ... (시연을 해 보일 때 단순현재시제를 사용) 첫째, 큰 그릇을 하나 집어 들고 그 안에 약간의 밀가루를 넣는다. 다음에 그 안에 약간의 물을 넣고 그 밀가루를 젓는다....

c'. * First I [am picking] up a big bowl and [am putting] some flour in it. Next I [am pouring] some water in it and [am stirring] the flour. ... (단순현재시제가 아닌 현재진행시제를 사용하여 비문)

d. Here [comes] your girlfriend. (Here comes ...나 There goes ...와 같은 구문에서 단순현재시제를 사용) 여기 너의 여자 친구가 온다.

d'. *Here [is coming] your girlfriend. (단순현재시제가 아닌 현재진행시제를 사용하여 비문)

e. I [promise] never to drink again. (약속이나 맹세를 할 때 단순현재시제를 사용) 나는 다시는 술을 마시지 않기로 약속해.

e'. *I [am promising] never to drink again. (단순현재시제가 아닌 현재진행시제를 사용하여 비문)

f. A: How [do] I [get] to the bus station?
B: You [go] straight on to the first traffic lights, then you [turn] right, ...(방위를 알려주거나 지시를 할 때 단순현재시제를 사용) A: 버스정류장에 어떻게 가지요? B: 첫 번째 신호등까지 곧장 가서 오른 쪽으로 도세요, ...

g. In Chapter 1, Prince Edward's childhood [is] described. In Chapter 2, he [becomes] the Prince of Wales. In Chapter 3, he ...(희곡이나 소설을 요약할 때 단순현재시제를 사용) 1장에서 에드워드 왕자의 유년시절이 묘사된다. 2장에서 그는 황태자가 된다. 3장에서 그는 ...

(2) 현재의 일시적으로 진행 중인 행위는 현재진행시제로 나타낸다.

a. Michael [is living] in his wife's home for the moment. (현재 일시적으로 살 때는 현재진행시제를 사용) 마이클은 당분간 처가에서 살고 있다.

a'. *Michael [lives] in his wife's home for the moment. (현재의 일시적인 행위를 현재진행시제가 아닌 단순현재시제로 나타내면 비문)

b. Some parachuters [are dropping] from the sky right now. (말하는 순간에 일시적으로 진행 중에 있는 행위는 현재진행시제를 사용) 몇 명의 낙하산병이 바로지금 하늘에서 내려오고 있다.

b'. * Some parachuters [drop] from the sky right now. (현재진행시제가 아닌 단순현재시제를 사용하여 비문)

c. The teapot [is boiling]. I will make tea. (찻주전자가 현재 끓고 있는 것은 현재의 일시적으로 진행 중인 행위) 그 찻주전자가 끓고 있다. 내가 차를 만들겠다.

c'. * The teapot [boils]. I will make tea. (현재진행시제가 아닌 단순현재시제를 사용하여 비문)

d. A: What are you doing?
B: I['m reading] a newspaper.
(현재의 일시적으로 진행 중인 행위를 묻는 질문에 대한 대답은 현재진행시제를 사용) A: 뭐하고 있는 중이니? B: 신문을 읽고 있는 중이야.

d'. A: What are you doing?
B: *I [read] a newspaper.
(현재진행시제가 아닌 단순현재시제를 사용하여 비문)

e. I [believe] what you say. (상태동사(believe)는 단순시제를 사용) 나는 네가 말하는 것을 믿는다.

e'. * I [am believing] what you say. (상태동사를 진행시제로 사용하여 비문)

f. The weather [is getting] colder. (효과가 장기적이라 하더라도 발전하거나 변화하는 상황에 관해 이야기할 때 현재진행시제를 사용) 날씨가 점점 더 추워지고 있다.

f'. * The weather [gets] colder. (현재진행시제가 아닌 단순현재시제를 사용하여 비문)

(3) 현재의 행위가 과거와 연관성을 가지고 있을 때는 현재완료시제로 나타낸다.

a. I can't go out to play soccer because I [have broken] my leg. (과거에 다리가

부러진 것이 현재 축구하러 갈 수 없는 직접적인 이유일 때) 나는 다리가 부러져서 축구하러 나갈 수 없다.

b. This is the first time that I['ve seen] her dance. (과거부터 현재까지 중 처음이라는 의미로 현재와 과거가 연관) 내가 그녀가 춤추는 것을 보기는 이번이 처음이다.

c. I [have] just [finished] eating lunch. (현재의 행위의 완료는 현재완료시제를 사용) 나는 막 점심식사를 끝마쳤다.

d. It [has been raining] since two days ago. (과거에 시작된 행위가 현재도 진행 중일 때 현재완료진행시제를 사용) 이틀 전부터 비가 내리고 있다.

3. 과거의 행위를 나타내는 방법

(1) 과거의 사실이나 과거의 규칙적 반복적 행위는 단순과거시제로 나타낸다.

a. She [was] a high school student last year. (과거(last year)의 사실) 그녀는 작년에 고등학생이었다.

b. World War Ⅱ [ended] in 1945. (역사적 사실) 제2차 세계 대전은 1945년에 끝났다.

c. In the past, I [went] up Mt. Bukhan every weekend. (과거의 반복적 행위) 과거에 나는 주말마다 북한산에 올라갔다.

d. The actress is not as tall as I [expected]. (방금 사실이나 거짓으로 드러난 믿음) 그 여배우는 내가 기대한 것만큼 키가 크지 않다.

e. The car [ran] into a truck while its driver was talking on the phone. (보통 과거의 두 사건 중 주된 사건은 단순과거시제를 사용하고 그 배경이 되는 사건은 과거진행시제를 사용) 그 자동차는 그 운전자가 전화를 하는 동안 한 트럭과 충돌했다.

(2) 과거의 일시적으로 진행 중이었던 행위는 과거진행시제로 나타낸다.

a. The professor [was preparing] his lectures at 10:00 last night. (과거의 특정 시점

에서 일시적으로 진행 중이었던 행위) 그 교수는 어젯밤 열시에 그의 강의를 준비하고 있었다.

b. He [was preparing] his lectures when he heard a car crash into another car. (보통 과거의 두 사건 중 주된 사건의 배경이 되는 사건은 과거진행시제를 사용) 그가 한 자동차가 또 다른 자동차와 충돌하는 소리를 들었을 때 강의준비를 하고 있는 중이었다.

c. He [was having] a late dinner at 9:00 p.m. (동작동사(have가 '먹다'는 의미)는 과거진행형으로 사용 가능) 그는 밤 아홉시에 늦은 저녁식사를 하고 있었다.

c'. * He [was having] a spacious room for his studies. (상태동사(have가 '가지고 있다'는 의미)는 과거진행형으로 사용 불가능)

(3) 과거의 행위가 과거 이전과 연관성을 가지고 있을 때 과거완료시제를 사용한다.

a. When the businessman was a young child, he [had] never [eaten] hamburgers. (햄버거를 먹어본 적이 없었던 것은 과거 이전부터 과거의 기준시점까지로 과거와 과거 이전이 연관성을 가지고 있다) 그 실업가는 어릴 때 햄버거를 결코 먹어본 적이 없었다.

b. When he got to the station, he found that the train [had] already [left]. (과거의 기준시점에서의 완료) 그 역에 도착하자 그는 이미 그 기차가 떠나고 없다는 것을 알았다.

c. His friend [had been reading] a newspaper for two hours when he called him last night. (과거 이전에 시작된 행위가 과거의 기준시점까지 진행 중에 있었다고 할 때 과거완료진행시제를 사용) 그가 어젯밤 전화했을 때 그의 친구는 두 시간 동안 신문을 읽고 있었다.

4. 미래의 행위를 나타내는 방법

(1) 미래에 대해 정보를 제공하거나 예언이나 예측을 할 때 단순미래시제를 사용한다.

a. The diligent man [will succeed] in life before long. (미래에 대한 예언) 그 부지런한 남자는 머지않아 성공할 것이다.

b. He [will lead] the Korean people very well if he is elected President of Korea. (조건의 개념을 표현) 그가 한국 대통령으로 선출되면 한국인들을 아주 잘 이끌 것이다.

c. The regiment [will attack] before dawn. (예언의 형식을 사용한 군대식 명령을 할 때) 그 연대는 날이 새기 전에 공격할 것이다.

(2) 미래의 일시적으로 진행 중에 있을 행위는 미래진행시제를 사용한다.

a. This time tomorrow I [shall be lying] on the beach with my girlfriend. (미래의 기준시점(this time tomorrow)에서 일시적으로 진행 중에 있을 행위) 내일 이맘때 나는 나의 여자 친구와 해변에 누워있을 것이다.

b. She [will be making] up her face when you call her at 7:00 a.m. (미래의 기준시점(7:00a.m.)에서 일시적으로 진행 중에 있을 행위) 네가 오전 일곱 시에 그녀에게 전화하면 그녀는 화장을 하고 있는 중일 것이다.

(3) 미래의 특정 기준시점까지의 행위의 완료나 경험은 미래완료시제를 사용한다.

a. The young boy [will have finished] his homework by tomorrow morning. (미래의 기주시점(tomorrow morning)까지의 행위의 완료) 그 어린 소년은 내일 아침까지는 숙제를 끝마쳐 있을 것이다.

b. He [will have been studying] English for two years this time next year. (미래의 기준시점(this time next year)까지의 경험) 그는 내년 이맘때는 2년 동안 영어를 공부하고 있는 셈이 될 것이다.

(4) 시간표나 계획표에 의해 이미 결정되어 있는 미래의 일은 단순현재시제를 사용한다.

a. The plane for Los Angeles [leaves] at 11:30 a.m. tomorrow. (이미 짜인 시간표에 따라 운행되는 대중교통) 그 L.A행 비행기는 내일 오전 11시 30분에 떠난다.

b. The movie 'Mirrors' [begins] at 11:00 a.m. (영화관의 영화 상영시간) 그 영화 '거울'은 오전 11시에 시작된다.

c. The second semester [starts] on September 1. (계획표에 의해 이미 결정되어 있는 미래의 일) 2학기는 9월 1일에 시작된다.

(5) 이미 예정되어 있는 미래의 일은 be동사의 현재형 뒤에 동사의 -ing형을 사용한다. be동사 뒤에 to-부정사를 써서 나타낼 수도 있다.

a. I [am playing] tennis with my friend next weekend. I've already made an appointment with him. (다음 주말에 테니스를 치기로 친구와 이미 약속을 하여 치기로 되어 있을 때) 나는 다음 주말 내 친구와 테니스를 치려고 한다. 나는 이미 그와 약속을 했다.

b. I [am to play] tennis with my friend next weekend. (예정) 나는 다음 주말 내 친구와 테니스를 치기로 되어 있다.

(6) 말을 하면서 어떤 것을 하기로 결정할 때 will과 동사원형을 사용한다.

a. She is drunk. I [will take] her to her home. (말을 하면서 그녀를 집으로 데려다 주겠다고 결정) 그녀는 취했다. 내가 그녀를 그녀 집으로 데려다 주겠다.

b. I [will buy] you a drink after this class. (말을 하면서 술을 한 잔 사주겠다고 결정) 이 수업 끝나고 내가 너에게 술 한 잔 사줄게.

(7) 현재의 어떤 것이 미래에 대한 예측에 이르게 할 때 be going to를 사용한다.

a. Look at those clouds in the sky! It [is going to rain] soon. (하늘의 구름이 곧 비가 오리라는 것을 예측가능하게 하는 증거물) 하늘의 저 구름들 좀 봐라. 곧 비가 내리려고 한다.

b. Laura is pregnant. She [is going to have] a baby. (현재의 임신이 곧 아기를 낳을 것이라는 것을 예측가능하게 하는 증거물) 로라는 임신했다. 그녀는 아기를 낳으려고 한다.

(8) 미래의 의도나 계획에 관해 이야기할 때는 be going to, will, be동사의 현재형 뒤에 동사의 -ing형을 사용한다.

a. The President [is going to speak] tomorrow. (미래의 의도) 대통령이 내일 연설하려고 한다.

b. The President [will speak] tomorrow. (미래에 대해 정보제공) 대통령이 내일 연설할 것이다.

c. The President [is speaking] tomorrow. (이미 예정되어 있는 미래의 일) 대통령이 내일 연설하기로 되어있다.

II. 기본연습

1. 다음 중 과거의 행위와 거리가 먼 것을 고르시오.

a. 단순과거시제　　b. 과거진행시제
c. 현재완료시제　　d. 단순미래시제

2. 다음 중 일반적인 사실을 나타내는 시제를 고르시오.

a. 단순현재시제　　b. 단순과거시제
c. 단순미래시제　　d. 현재완료시제

3. 다음 중 과거의 일시적 행위를 나타내는 것을 고르시오.

a. 단순과거시제　　b. 과거진행시제
c. 과거완료시제　　d. 현재완료시제

4. 다음 중 미래의 일시적 행위를 나타내는 것을 고르시오.

a. 단순미래시제　　b. 미래진행시제
c. 미래완료시제　　d. 현재완료진행시제

5. 다음 중 현재의 일시적인 행위를 나타내는 것을 고르시오.

a. 단순현재시제　　b. 현재진행시제
c. 현재완료시제　　d. 미래진행시제

6. 다음 중 현재와 과거의 연관성을 나타내는 시제를 고르시오.

a. 단순현재시제　　b. 단순과거시제
c. 현재완료시제　　d. 과거완료시제

7. 다음 중 현재의 사실과 거리가 먼 것을 나타내는 것을 고르시오.

a. 단순현재시제　　b. 현재진행시제
c. 현재완료시제　　d. 과거완료시제

8. 다음 중 미래와 미래 이전 행위의 연관성을 나타내는 것을 고르시오.

a. 단순미래시제　　b. 미래진행시제
c. 미래완료시제　　d. 현재완료시제

9. 다음 중 말을 하면서 무엇을 하겠다고 결정을 내릴 때 쓰는 것을 고르시오.

a. 단순현재시제　　b. will 뒤에 동사원형
c. be going to-부정사　　d. be동사의 현재형 뒤에 동사의 -ing형

10. 다음 중 시간표나 계획표에 의해 이미 결정되어 있는 미래의 일을 나타내는 것을 고르시오.

a. 단순현재시제　　b. will 뒤에 동사원형
c. be going to-부정사　　d. be동사의 현재형 뒤에 동사의 -ing형

III. 응용연습

※ 다음 괄호 안에 들어갈 적합한 표현을 고르시오.

1. A: The phone's ringing. B: I [   ] it. A: 그 전화벨이 울리고 있다. B: 내가 받을게.

   a. answer　　b. am answering
   c. am going to answer　　d. will answer

2. I know that the earth [   ] around the sun. 나는 지구가 태양 주위를 돈다는 것을 알고 있다.

   a. move　　b. moves　　c. will move　　d. has moved

3. The scientist [   ] 8 km every day for his health. 그 과학자는 건강을 위해 매일 8킬로미터를 뛴다.

   a. run　　b. runs　　c. have run　　d. have been running

4. Your son [   ] a comic book in his room right now. 네 아들은 바로지금 그의 방에서 만화책을 읽고 있다.

   a. read　　b. reads　　c. is reading　　d. has read

5. The plane for New York [   ] at 10:30 a.m. tomorrow. 그 뉴욕행 비행기는 내일 10시 30분에 떠난다.

   a. leave　　b. leaves　　c. has left　　d. has been leaving

6. When you call her at seven in the morning, she [ ] make-up on her face.
네가 아침 7시에 그녀에게 전화하면 그녀는 화장을 하고 있는 중일 것이다.

a. puts b. has put
c. will put d. will be putting

7. The tourist bus [ ] already when she got to the appointed place. 그 관광버스는 그녀가 그 약속장소에 도착하자 이미 떠나고 없었다.

a. leaves b. left c. had left d. will leave

8. This time next year, the teacher [ ] English writing for five years. 내년 이맘때면 그 선생은 5년 동안 영어작문을 가르치고 있는 셈이 될 것이다.

a. will teach b. will be teaching
c. will have been teaching d. has been teaching

9. When he got out of his room, his wife [ ] the dishes in the kitchen. 그가 방에서 나오자 그의 아내는 부엌에서 설거지를 하고 있었다.

a. did b. was doing
c. has done d. has been doing

10. He [ ] in lots of foreign countries, but he is poor at writing in English.
그는 여러 외국에서 산 적이 있지만 영어작문을 잘하지 못한다.

a. live b. lives c. is living d. has lived

IV. 기본영작

다음을 영작하시오.

1. 개구리는 벌레를 먹는다.

____

2. 그 개구리가 잠자리를 먹고 있다.

____

3. 날씨가 추워지면 개구리는 어디서 잠자는가?

____

4. 그 개구리가 작년에 무엇을 했는지 너는 아니?

____

5. 그 개구리는 결코 햄버거를 먹어 본 적이 없다.

____

6. 그 개구리는 조만간 동면상태로 들어갈 것이다.

____

7. 바람이 세게 불어 그 개구리는 물속으로 들어가려고 한다.

____

8. 개구리는 숨을 쉬기 위해 때때로 물 밖으로 나오게 되어있다.

____

9. 몇 분 후면 그 개구리는 그 지렁이들을 다 먹어버렸을 것이다.

____

10. 지금 연못에 가면 개구리 몇 마리가 너를 기다리고 있을 것이다.

____

V. 심화영작

다음을 주어진 표현으로 시작하여 영작하시오.

1. 그는 유명 영화배우이다.

a. He ______________________________.

b. We ______________________________.

c. His job ______________________________.

2. 그는 작년에는 그렇게 유명하지 않았다.

a. He ______________________________.

b. Never ______________________________.

c. Last year ______________________________.

3. 그는 내년 이맘때면 결혼해 있을 것이다.

a. He ______________________________.

b. This time ______________________________.

c. I ______________________________.

4. 그는 어렸을 때 날계란을 먹어 본 적이 없었다.

a. As ______________________________.

b. Never ______________________________.

c. He ______________________________.

5. 그의 미국행 비행기는 내일 오전 10시에 떠난다.

a. His plane ______________________________.

b. He ______________________________.

c. I ______________________________.

6. 그는 지금까지 그렇게 많은 술을 마신 적이 없다.

a. He ______________________________.

b. Never ______________________________.

c. I ______________________________.

7. 그는 무개스포츠카를 몰고 출근하고 있는 중이다.

a. He ______________________________.

b. Toward ______________________________.

c. The open sports car ______________________________.

8. 네가 지금 그에게 전화하면 그는 영화를 촬영 중일 것이다.

a. When ______________________________.

b. Your phone call ______________________________.

c. You ______________________________.

9. 그는 지금 취해 있다. 내가 그를 그의 집으로 데려다 주겠다.

a. He ______________________________.

b. I ______________________________.

c. It ______________________________.

10. 그는 조만간 한 유명 여배우와 또 다른 영화를 촬영할 예정이다.

a. He ______________________________.

b. Another film ______________________________.

c. It ______________________________.

제11장 행위자와 행위를 받는 대상

영어 동사는 일반적으로 행위를 하는 행위자가 그 동사 앞에 오고 행위를 받는 대상이 그 동사 뒤에 온다. 이때의 동사의 형태를 능동태라 한다. 그러나 동사의 행위를 받는 대상을 화제로 삼기 위해 동사의 앞으로 이동하면 그 동사는 be 뒤에 과거분사가 나오는 형태로 바뀌며 이것을 수동태라 한다. 이와 같은 동사의 행위자와 행위를 받는 대상과 관련한 논리적인 관계를 나타내는 동사의 형태는 완전한 문장에서 동사의 시제가 현재, 과거, 미래일 때 모두 일어나며 완전한 문장의 형식을 가지고 있지 않은 부정사, 동명사, 분사일 때도 일어나 각각 수동부정사, 수동동명사, 수동분사의 형태로 나타난다.

I. 핵심연구

1. 행위자가 주어일 때의 동사의 형태

(1) 완전한 문장일 때

A. 현재의 때를 나타낼 때

a. The girl [writes] novels. (단순현재: 주어 The girl이 동사 writes의 행위자) 그 소녀는 소설을 쓴다.

b. She [is writing] a novel. (현재진행: 주어 She가 동사 is writing의 행위자) 그녀는 소설을 한 권 쓰고 있는 중이다.

c. She [has written] a novel. (현재완료: 주어 She가 동사 has written의 행위자) 그녀는 소설을 한 권 썼다.

d. She [has been writing] a novel. (현재완료진행: 주어 She가 동사 has been writing의 행위자) 그녀는 소설을 한 권 써 오고 있는 중이다.

B. 과거의 때를 나타낼 때

a. The scientist [studied] stars. (단순과거: 주어 The scientist가 동사 studied의 행위자) 그 과학자는 별을 연구했다.

b. He [was studying] stars. (과거진행: 주어 He가 동사 was studying의 행위자) 그는 별을 연구하고 있었다.

c. He [had studied] stars. (과거완료: 주어 He가 동사 had studied의 행위자) 그는 별을 연구해 왔었다.

d. He [had been studying] stars. (과거완료진행: 주어 He가 동사 had been studying의 행위자) 그는 별을 연구해 오고 있었다.

C. 미래의 때를 나타낼 때

a. The stewardess [will drive] a sports car. (단순미래: 주어 The stewardess가 동사 will drive의 행위자) 그 스튜어디스는 스포츠카를 운전할 것이다.

She [is going to drive] a sports car. (주어 She가 is going to drive의 행위자) 그녀는 스포츠카를 운전하려고 한다.

She [is driving] a sports car. (주어 She가 동사 is driving의 행위자) 그녀는 스포츠카를 운전하려고 한다.

She [drives] a sports car next week. (주어 She가 동사 drives의 행위자) 그녀는 다음 주 스포츠카를 운전한다.

b. She [will be driving] a sports car. (미래진행: 주어 She가 동사 will be driving의 행위자) 그녀는 스포츠카를 운전하고 있는 중일 것이다.

c. She [will have driven] a sports car. (미래완료: 주어 She가 동사 will have driven의 행위자) 그녀는 스포츠카를 운전해 오고 있을 것이다.

d. She [will have been driving] a sports car for ten months this time next year. (미래완료진행: 주어 She가 동사 will have been driving의 행위자) 그녀는 내년 이맘때면 열 달 동안 스포츠카를 운전해 오고 있는 셈이 될 것이다.

(2) 부정사일 때

a. I want [to marry] you. (부정사 to marry의 행위자가 문장의 주어(I)와 동일한 경우) 너와 결혼하고 싶다.

b. I want my friend [to marry] you. (부정사 to marry의 행위자가 타동사 (want)의 목적어(my friend)와 동일한 경우) 나는 내 친구가 너와 결혼하기를 원한다.

c. It's nice [to be talking] with you here. (=It's nice that I am talking with you here.) (부정사의 행위가 진행 중에 있고 그 부정사의 주어가 말을 하고 있는 화자(I)인 경우) 너와 여기서 이야기하고 있으니 좋다.

d. I am sorry not [to have called] you on Friday. (부정사의 행위가 주절동사(am)의 행위보다 먼저 일어난 것일 뿐만 아니라 부정사의 행위자가 전체 문장의 주어(I)와 동일한 경우) 금요일날 너에게 전화하지 않아서 미안해.

(3) 동명사일 때

a. [Drinking] too much alcohol is bad. (동명사 drinking의 행위자는 일반인. 동명사 앞에 일반인을 가리키는 동명사의 주어 one's가 생략) 술을 너무 많이 마시면 좋지 않다.

b. I don't like your/Tom's [drinking] too much alcohol. (동명사 drinking의 행위자는

소유격(your/Tom's)으로 표현되어 있는 동명사의 주어 (you/Tom)) 나는 네가/탐이 술을 너무 많이 마시는 것을 좋아하지 않는다.

c. There is a possibility of the workers from foreign countries [taking] the difficult jobs. (the workers~countries가 동명사 taking의 행위자) 외국출신의 그 근로자들이 그 어려운 일들을 떠맡을 가능성이 있다.

d. The politician regrets [having said] such things in public. (완료동명사(having said)의 행위자가 문장의 주어(The politician)와 동일하여 동명사의 주어(his)가 생략) 그 정치가는 그러한 것들을 여러 사람 앞에서 말한 것을 후회한다.

(4) 분사일 때

a. I am [reading] an English composition book. (현재분사 reading의 행위자는 문장의 주어인 I) 나는 영어작문 책을 읽고 있는 중이다.

b. I saw a child [carrying] a big ball. (현재분사 carrying의 행위자는 이 분사의 주어인 a child) 나는 한 어린아이가 큰 공을 가지고 다니는 것을 보았다.

c. I saw Tom [coming] out of a restaurant. (현재분사 coming의 행위자는 이 분사의 주어인 Tom) 나는 탐이 한 레스토랑에서 나오고 있는 것을 보았다.

d. [Having finished] his homework, the boy ran out of the house to play. (완료분사 Having finished의 행위자는 뒤의 주절 주어인 the boy) 숙제를 끝마치고 그 소년은 놀기 위해 집 밖으로 뛰어나갔다.

2. 행위를 받는 대상이 주어일 때의 동사의 형태

동사의 행위를 받는 대상이 주어가 되면 동사가 능동태에서 수동태가 된다.

(1) 완전한 문장일 때

A. 현재의 때를 나타낼 때

a. Novels [are written] by the girl. (단순현재: 동사 write의 행위를 받는 대상 novels가 주어)

소설은 그 소녀가 쓴다.

b. A novel [is being written] by her. (현재진행: 동사 is writing의 행위를 받는 대상 a novel이 주어) 소설 한 권을 그녀는 쓰고 있는 중이다.

c. A novel [has been written] by her. (현재완료: 동사 has written의 행위를 받는 대상 a novel이 주어) 소설 한 권을 그녀는 썼다.

d. * A novel [has been being written] by her. (현재완료진행: 동사 has been writing의 행위를 받는 대상 a novel이 주어. 실제로는 쓰이지 않는다)

B. 과거의 때를 나타낼 때

a. Stars [were studied] by the scientist. (단순과거: 동사 studied의 행위를 받는 대상 stars가 주어) 별을 그 과학자는 연구했다.

b. Stars [were being studied] by him. (과거진행: 동사 was studying의 행위를 받는 대상 stars가 주어) 별을 그 과학자는 연구하고 있었다.

c. Stars [had been studied] by him. (과거완료: 동사 had studied의 행위를 받는 대상 stars가 주어) 별을 그는 연구해 왔었다.

d. *Stars [had been being studied] by him. (과거완료진행: had been studying의 행위를 받는 대상 stars가 주어. 실제로는 쓰이지 않는다)

C. 미래의 때를 나타낼 때

a. A sports car [will be driven] by the stewardess. (단순미래: 동사 will drive이 행위를 받는 대상 a sports car가 주어) 스포츠카를 그 스튜어디스는 몰 것이다.

A sports car [is going to be driven] by her. (is going to drive의 행위를 받는 대상 a sports car가 주어) 스포츠카를 그녀는 몰려고 한다.

A sports car [is being driven] by her. (동사 is driving의 행위를 받는 대상 a sports car가 주어) 스포츠카를 그녀는 몰려고 한다.

A sports car [is driven] by her next week. (동사 drives의 행위를 받는 대상 a sports car가 주어) 다음 주 스포츠카를 그녀는 몬다.

b. A sports car [will be being driven] by her. (미래진행: 동사 will be driving의 행위를 받는 대상 a sports car가 주어) 스포츠카를 그녀는 몰고 있는 중일 것이다.

c. A sports car [will have been driven] by her. (미래완료: 동사 will have driven의 행위를 받는 대상 a sports car가 주어) 스포츠카를 그녀는 운전해 오고 있을 것이다.

d. * A sports car [will have been being driven] by her for ten months this time next year. (미래완료진행: 동사 will have been driving의 행위를 받는 대상 a sports car가 주어. 실제로는 쓰이지 않는다)

(2) 부정사일 때

a. Korean seems [to be spoken] by lots of people. (=It seems that Korean is spoken by lots of people.) (부정사 to speak의 행위를 받는 대상 Korean이 부정사의 주어가 되어 수동부정사 to be spoken이 된 것) 한국어를 많은 사람들이 사용하는 것 같다.

b. Korean seems [to be being spoken] by lots of people. (=It seems that Korean [is being spoken] by lots of people.) (진행부정사 to be speaking의 행위를 받는 대상 Korean이 주어가 되어 진행수동부정사 to be being spoken이 된 것) 한국어를 많은 사람들이 사용하고 있는 중인 것 같다.

c. Korean seems [to have been spoken] by lots of people. (=It seems that Korean was/has been spoken by lots of people.) (완료부정사 to have spoken의 행위를 받는 대상 Korean이 주어가 되어 완료수동부정사 to have been spoken이 된 것) 한국어를 많은 사람들이 사용해 온 것 같다.

(3) 동명사일 때

a. The boy is afraid of [being punished]. (동명사 punishing의 행위를 받는 대상인 the boy가 이 동명사 뒤에서 앞으로 이동하여 수동동명사 being punished가 된 것) 그 소년은 벌 받는 것을 두려워한다.

b. He is afraid of his brother's [being punished] by his mother. (동명사 punishing의 행위를 받는 대상 his brother가 이 동명사 뒤에서 앞으로 이동하여 수동동명사 being punished가 된 것. 회화체에서는 소유격 his brother's 대신 목적격 his brother를 많이 쓴다) 그는 자기 동생이 어머니에게 벌 받는 것을 두려워한다.

c. He regrets [having been blamed] for the accident. (완료동명사 having blamed의 행위를 받는 대상 him이 이 동명사 뒤에서 앞으로 이동하여 수동완료동명사 having been blamed가 된 것) 그는 그 자동차사고에 대해 비난받은 것을 유감으로 생각한다.

d. He regrets his brother's [having been beaten] by somebody. (완료동명사 having beaten의 행위를 받는 대상 his brother가 이 동명사 뒤에서 앞으로 이동하여 수동완료동명사 having been beaten이 된 것) 그는 자기 동생이 누군가에게 구타를 당한 것을 유감으로 생각한다.

(4) 분사일 때

a. An actress met with some children [being looked after] by nobody. (looking after의 행위를 받는 대상 some children이 이 현재분사 뒤에서 앞으로 이동하여 수동현재분사 being looked after가 된 것. being looked after by nobody 대신 관계절인 after whom no one was looking을 쓸 수 있다) 한 여배우는 어느 누구의 보살핌도 받지 않는 몇 명의 아이늘을 우연히 만났다.

b. The actress, [having been summoned] by her god, decided to help them. (완료분사 having summoned의 행위를 받는 대상 the actress가 이 분사의 뒤에서 앞으로 이동하여 완료수동분사 having been summoned가 된 것) 신의 부름을 받은 그 여배우는 그들을 돕기로 결심했다.

c. She seemed [surprised] at others' attitude toward her. (동사 surprise의 행위를 받는 대상 her가 이 동사의 뒤에서 앞으로 이동하여 이 동사가 수동의 의미를 가진 과거분사 surprised가 된 것) 그녀는 그녀에 대한 타인의 태도에 놀란 것처럼 보였다.

d. She has a pretty house [painted] blue. (동사 paint의 행위를 받는 대상 a pretty house가 이 동사의 뒤에서 앞으로 이동하여 이 동사가 수동의 의미를 가진 과거분사 painted가 된 것) 그녀는 푸른색으로 칠해진 예쁜 집이 한 채 있다.

II. 기본연습

1. 다음 중 분사가 잘못 쓰인 것을 고르시오.

   a. Is this the boy beaten by them?
   b. I'd like to have a house painting blue.
   c. I saw a young girl carrying a doll on her back.
   d. These are the children being looked after by the priest.

2. 다음 중 행위자가 주어인 문장을 고르시오.

   a. He was doing the work.
   b. The work was done by him.
   c. The work was being done by him.
   d. The book was read by lots of people.

3. 다음 중 행위자가 주어인 문장을 고르시오.

   a. The homework is going to be done by the boy.
   b. The speech is to be done by Mr. Kim tomorrow.
   c. The writer will finish the manuscript sooner or later.
   d. This time next year the book will have been written.

4. 다음 중 동명사가 잘못 쓰인 것을 고르시오.

   a. I hate beating others.
   b. She hates his blaming others.
   c. He is afraid of being blamed by others.
   d. She regrets her son's punishing by his teacher.

5. 다음 중 완료분사가 잘못 쓰인 것을 고르시오.

a. Having been washed by him, the car is very clean.
b. Having beaten by the enemy, they retreated from the front.
c. The man, having written three books, is writing another book.
d. Having eaten a bowl of rice, the boy asked for another bowl of rice.

6. 다음 중 행위자가 주어가 아닌 문장을 고르시오.

a. He is reading a novel.
b. The student studies English.
c. The girl has finished makeup.
d. The book has been written by him.

7. 다음 중 행위자가 부정사의 주어인 문장을 고르시오.

a. I want to marry you.
b. English seems to be spoken by lots of people.
c. The car seems to have been used by lots of people.
d. The book is to be read by lots of readers in the future.

8. 다음 중 행위자가 동명사의 주어인 문장을 고르시오.

a. The boy hates being beaten.
b. She is afraid of punishing his son.
c. He avoids being blamed by others.
d. The student regrets having been insulted by his friends.

9. 다음 중 분사의 행위자가 그 분사 앞에 있는 것을 고르시오.

a. I met a boy reading a comic book on the road.
b. Written by him, the book was sent to a publisher.
c. Read by lots of people, the book will be a best seller.
d. The boy, having been punished by his teacher, cried continuously.

10. 다음 중 행위를 받는 대상이 부정사의 주어인 문장을 고르시오.

a. Lots of people seem to use Korean.
b. They seem to be living in that area.
c. They seem to have lived in a rural area.
d. Korean seems to be being spoken by lots of people.

III. 응용연습

※ 다음 괄호 안에 들어갈 적합한 표현을 고르시오.

1. She regrets [   ] by other people. 그녀는 다른 사람들의 비난을 받은 것을 유감으로 생각한다.

a. to blame
b. to be blamed
c. being blamed
d. having blamed

2. Those are the patients [   ] by the nurse. 그 사람들이 그 간호사의 간호를 받고 있는 그 환자들이다.

a. look after
b. be looked after
c. looking after
d. being looked after

3. The politician admitted [   ] by a businessman. 그 정치가는 한 실업가에게 뇌물을 받은 것을 인정했다.

a. bribing
b. to be bribed
c. having bribed
d. having been bribed

4. The country [ ] by him, and he is the President. 그 나라는 그가 세웠으며 그가 대통령이다.

a. establishes b. established

c. has established d. has been established

5. The construction work [ ] by this time next year. 그 건설공사는 내년 이맘때까지는 끝나 있을 것이다.

a. finish b. will finish

c. will have finished d. will have been finished

6. Computers seem [ ] by lots of people in the world. 컴퓨터는 세계의 많은 사람들이 사용하는 것처럼 보인다.

a. use b. to use

c. to be used d. be used

7. He [ ] English composition for more than ten years. 그는 10년 이상 영어작문을 가르쳐 오고 있다.

a. teaches b. is teaching

c. is taught d. has been teaching

8. Most young villagers [ ] go up to the capital to get jobs. 대부분의 젊은 마을사람들은 일자리를 얻기 위해 상경하기를 원한다.

a. want b. want to

c. wish d. are wished

9. Do you know the man [ ] English as fluently as if he were a native English speaker? 너는 마치 모국어인 것처럼 영어를 유창하게 하는 그 남자를 알고 있니?

a. speak b. to speak
c. spoken d. speaking

10. The ping-pong player, [ ] three players, is going to play with another player tomorrow. 세 선수를 물리친 그 탁구선수는 내일 또 다른 선수와 경기를 할 예정이다.

a. to beat b. to be beaten
c. having beaten d. having been beaten

IV. 기본영작

다음을 영작하시오.

1. 그녀는 대학병원 간호사이다.

____

2. 많은 환자가 그녀의 간호를 받고 있다.

____

3. 그녀는 푸른색으로 칠해진 예쁜 단독주택에 산다.

____

4. 그 환자는 몇 개월 동안 그녀의 간호를 받고 있다.

____

5. 그녀는 언제나 환자들에게 비난을 받을까 두려워한다.

____

6. 그녀는 자신이 한 의사의 사랑을 받고 있다고 생각한다.

____

7. 그녀는 마음씨가 너무나 아름다워 백의의 천사라고 불린다.

____

8. 그는 앞으로도 그녀의 간호를 받게 될지 어떨지 알지 못한다.

____

9. 그녀는 어느 날 조부모의 보살핌을 받는 한 어린 환자를 만났다.

____

10. 많은 사람들의 도움을 받은 그 환자는 장차 남을 도우며 살 계획이다.

____

V. 심화영작

다음을 주어진 표현으로 시작하여 영작하시오.

1. 두 소녀가 길가에서 신나게 춤을 추고 있다.

a. Two girls ______________________________.

b. I ______________________________.

c. There ______________________________.

2. 그들은 두 시간 동안 춤을 추고 있는 중이다.

a. They ______________________________.

b. It ______________________________.

c. Two hours ______________________________.

3. 나는 그들이 너무 오랫동안 춤추는 것이 싫다.

a. I ______________________________.

b. They ______________________________.

c. Their dancing ______________________________.

4. 하루의 일을 끝내고 그들은 짐을 꾸리고 있다.

a. They ____.

b. A day's work ____.

c. Having finished ____.

5. 저 소녀들을 사람들은 홍보도우미라고 부른다.

a. They ____.

b. Those girls ____.

c. We ____.

6. 춤이 끝나면 그들은 매우 지쳐 있게 될 것이다.

a. I ____.

b. When ____.

c. They ____.

7. 많은 구경꾼들이 그들의 율동에 즐거워하고 있다.

a. Their rhythmic movements ____.

b. Lots of spectators ____.

c. They ____.

8. 버스승객들도 모두 즐겁게 그들을 지켜보고 있다.

a. All the bus passengers ______________________________.

b. Even ______________________________.

c. They ______________________________.

9. 나는 그들이 봉급을 많이 받아야 한다고 생각한다.

a. I ______________________________.

b. My belief ______________________________.

c. They ______________________________.

10. 그들은 세 시가 되면 세 시간 동안 춤을 추고 있는 셈이 될 것이다.

a. By ______________________________.

b. Their dancing ______________________________.

c. It ______________________________.

누구나 영작문

제12장 사실과 사실이 아닌 행위

영어 문장은 화자가 사실을 말하고 있는가 아니면 사실이 아닌 명령이나 가정을 하고 있는가에 따라 그 문장의 동사의 형태가 변한다. 있는 그대로의 사실을 말할 때의 그 동사의 형태를 그 동사의 직설법이라 하고 명령을 할 때의 그 동사의 형태를 그 동사의 명령법이라 하며 가정을 할 때의 그 동사의 형태를 그 동사의 가정법이라 한다. 동사의 직설법의 형태는 그 문장이 현재의 사실을 말하느냐 과거의 사실을 말하느냐 미래의 사실을 말하느냐에 따라 변하며 주어의 인칭이나 수에 따라 변할 수 있다. 명령법은 명령을 할 때 쓰이는 그 동사의 원형을 말한다. 가정법 현재는 명령, 요구, 주장, 제안, 소망 등 사실에 반하는 조건을 나타내는 동사의 형태로 동사의 원형으로 나타내며 가정법 과거는 가상의 비실재적 의미를 가지는 were를 말한다.

I. 핵심연구

1. 사실인 행위를 나타내는 법

(1) 현재의 사실

a. The earth [moves] around the sun. (현재의 일반적인 사실-단순현재시제) 지구는 태양 주위를 돈다.

b. The singer [jogs] at six in the morning every day. (현재의 규칙적 반복적인 행위-단순현재시제) 그 가수는 매일 아침 6시에 조깅한다.

c. She [is jogging] along the stream now. (현재의 일시적으로 진행 중인 행위-현재진행시제) 그녀는 지금 그 내를 따라 조깅하고 있는 중이다.

d. She [has been] in a movie. (과거와 연관성을 가진 현재의 사실-현재완료시제) 그녀는 한 영화에 나온 적이 있다.

d'. She [has been jogging] for more than five years. (과거에 시작되어 현재도 진행 중인 행위-현재완료진행시제) 그녀는 5년 이상이나 조깅을 해 오고 있다.

(2) 과거의 사실

a. A young man [set] fire to a building last night. (과거의 빨리 끝난 행위나 사건-단순과거시제) 한 젊은 남자가 어젯밤 한 건물에 불을 질렀다.

b. World War Ⅱ [ended] in 1945. (역사적 사실-단순과거시제) 제2차 세계대전은 1945년에 끝났다.

c. He [ran] eight kilometers every day. (과거의 규칙적 반복적인 행위-단순과거시제) 그는 매일 8킬로미터를 뛰었다.

d. The baby [was sleeping] while its mother was picking oysters in the sea. (과거의 일시적으로 진행 중이었던 행위-과거진행시제) 그 갓난아이는 어머니가 바다에서 굴을 따고 있는 동안 잠을 자고 있었다.

e. They [had already had] their breakfast when the beggar visited their house to beg for a meal. (과거시점에서 이미 완료된 사실-과거완료시제) 그 거지가 한 끼의 식사를 구걸하러 들렀을 때 그들은 이미 아침식사를 끝 낸 상태였다.

e'. The runner was out of breath. He [had been running]. (과거 이전부터 과거까지 진행 중이었던 행위-과거완료진행시제) 그 주자는 숨이 찼다. 그는 달리기를 하고 있는 중이었다.

(3) 미래의 사실

a. In a few years people [are going to fly] to the stars. (미래에 대한 예언이나 추측-be going to do) 몇 년이 지나면 사람들은 별로 비행할 것이다.

a'. In a few years people [will fly] to the stars. (미래에 대한 예언이나 추측-will do) 몇 년이 지나면 사람들은 별로 비행할 것이다.

b. The astronomer [is going to speak] tomorrow. (미래의 의향이나 계획-be going to do) 그 천문학자는 내일 연설을 하려고 한다.

b'. The astronomer [will speak] tomorrow. (미래의 의향이나 계획-will do) 그 천문학자는 내일 연설을 할 것이다.

b". The astronomer [is speaking] tomorrow. (미래의 의향이나 계획-be동사의 현재형+동사의 -ing형) 그 천문학자는 내일 연설을 하려고 한다.

c. I [am playing] tennis with my friend next week. I've already made an appointment with him. (이미 예정되어 있는 미래-be동사의 현재형 + 동사의 -ing형) 나는 다음 주 내 친구와 테니스를 치려고 한다. 나는 이미 그와 만날 약속을 해 놓았다.

d. Look at those black clouds! It['s going to rain] soon. (현재의 어떤 것이 예측에 이르게 할 때-be going to do) 저 검은 구름들을 봐라. 곧 비가 오려고 한다.

e. I [will get] you an ice-cream cone after this class. (말을 하면서 어떤 것을 결정할 때-will do) 이 수업 끝난 후 내가 너에게 아이스크림을 사줄게.

f. My plane to New York [leaves] at 11:00 a.m. tomorrow. (시간표 계획표 예정표로 이미 정해져 있는 미래사건-동사의 단순현재시제) 뉴욕행 나의 비행기는 내일 오전 11시에 떠난다.

g. When you call him at 10:00 a.m. tomorrow, he [will be lecturing] on English composition. (미래에 일시적으로 진행 중에 있을 행위-미래진행시제) 네가 내일 오전 10시에 그에게 전화하면 그는 영어작문강의를 하고 있는 중일 것이다.

h. By November 15th, he [will have finished] the manuscript. (미래의 특정 시점까지

의 완료나 경험 – 미래완료시제) 11월 15일까지는 그는 그 원고를 끝마쳐 있을 것이다.

h'. This time next year he [will have been studying] English for ten years. (미래의 특정 시점까지의 완료나 경험 – 미래완료진행시제) 그는 내년 이맘때면 10년 동안 영어공부를 하고 있는 셈이 될 것이다.

2. 사실이 아닌 행위를 나타내는 법

(1) 명령을 하는 경우

명령을 할 때는 일반적으로 동사원형을 사용한다. 그러나 부정의 명령은 조동사 do의 부정형 don't로 나타낸다.

a. [Put] down your pencil on the desk. (긍정의 명령 – 동사원형(put)을 사용) 너의 연필을 그 책상에 내려놓아라.

a'. [Do put] down your pencil on the desk. (강조적 명령 – 조동사 do를 동사원형(put) 앞에 사용) 너의 연필을 그 책상에 내려놓아라.

a''. [Mary put] down your pencil on the desk. (주어가 있는 명령 – 동사원형 앞에 주어(Mary)를 사용) 메리 너의 연필을 그 책상에 내려놓아라.

b. [Don't put] your pencil down on the desk. (부정의 명령 – 조동사 do의 부정형 don't를 동사원형 앞에 사용) 너의 연필을 그 책상에 내려놓지 마라.

b'. [Don't you] put down your pencil on the desk. (대명사 주어를 가진 부정의 명령 – don't 뒤에 대명사 주어와 동사원형을 사용) 네가 너의 연필을 그 책상에 내려놓지 마라.

c [Put] down your pencil on the desk, [won't you]? (명령문 뒤의 질문형태의 부가의문) 너의 연필을 그 책상에 내려놓지 않을래?

(2) 가정을 하는 경우

가정법 현재는 명령 요구 주장 제안 소망 등 사실에 반하는 조건을 나타내는 동사의 형태로 동사의 원형으로 나타낸다. 가정법 과거는 가상의 비실재적 의미를 가지는 were를 말한다.

a. The commander demanded that his soldiers [fire] at the enemy. (가정법 현재-주절동사가 명령을 나타내는 demand여서 동사(fire)가 가정법 fire가 된 것) 그 지휘관은 부하들이 적에게 발사하도록 명령했다.

a'. The doctor suggested that the patient [stop] smoking. (가정법 현재-주절동사가 제안을 나타내는 suggest여서 동사(stop)가 가정법 stop이 된 것) 그 의사는 그 환자에게 담배를 피우지 말라고 했다.

a''. The politician insisted that the minister [resign] immediately. (가정법 현재-주절동사가 주장을 나타내는 insist여서 동사(resign)가 가정법 resign이 된 것) 그 정치가는 그 장관이 즉시 사임하기를 주장했다.

b. If I [were] rich, I would buy a Mercedes-Benz. (가정법 과거-if절에서) 내가 부자라면 메르세데스벤츠를 한 대 살 텐데.

b'. I wish I [were] a scientist. (가정법 과거-wish 뒤에서) 내가 과학자라면 좋을 텐데.

b''. Just suppose everybody [were] your enemy. (가정법과거-suppose 뒤에서) 모두가 너의 적이라고 한 번 생각해봐라.

II. 기본연습

1. 다음 중 긍정의 명령을 할 때 쓰는 것을 고르시오.

   a. 동사원형　　b. to-부정사
   c. 동사의 과거형　　d. 동사의 현재형

2. 다음 중 부정의 명령을 할 때 쓰는 것을 고르시오.

   a. 동사원형　　b. don't와 동사원형
   c. 부정의 부사 not과 조동사 do　　d. 부정의 부사 not과 동사의 현재형

3. 과거의 일시적 행위를 나타낼 때 쓰는 시제를 고르시오.

   a. 단순과거시제　　b. 과거진행시제
   c. 과거완료시제　　d. 현재완료시제

4. 다음 중 역사적 사실을 나타낼 때 쓰는 시제를 고르시오.

   a. 단순현재시제　　b. 단순과거시제
   c. 현재완료시제　　d. 과거완료시제

5. 다음 중 가정법 현재에서 쓰이는 동사의 형태를 고르시오.

   a. were　　b. 동사의 현재형
   c. 동사원형　　d. 동사의 과거형

6. 다음 중 가정법 과거에서 쓰이는 동사의 형태를 고르시오.

   a. were　　b. 동사원형
   c. 동사의 현재형　　d. 동사의 현재완료형

7. 이미 예정되어 있는 미래를 나타낼 때 쓰는 것을 고르시오.

a. 미래완료시제
b. will과 동사원형
c. be going to-부정사
d. be동사의 현재형과 동사의 -ing형

8. 다음 중 현재와 과거의 연관성을 나타낼 때 쓰는 시제를 고르시오.

a. 단순현재시제
b. 단순과거시제
c. 현재진행시제
d. 현재완료시제

9. 다음 중 현재의 어떤 것이 예측에 이르게 할 때 쓰는 것을 고르시오.

a. 단순현재시제
b. will과 동사원형
c. be going to-부정사
d. be동사의 현재형과 동사의 -ing형

10. 다음 중 현재의 규칙적 반복적 행위를 나타낼 때 쓰는 시제를 고르시오.

a. 단순현재시제
b. 현재진행시제
c. 현재완료시제
d. 현재완료진행시제

III. 응용연습

※ 다음 괄호 안에 들어갈 적합한 표현을 고르시오.

1. [ ] the shrine with your cap on. 모자를 쓴 채 그 사당에 들어가지 마라.

a. Enter not b. Not enter
c. Not do enter d. Don't enter

2. If I [ ] unmarried, I would marry Miss Kim. 내가 미혼이라면 김양과 결혼할 텐데.

a. am b. be c. was d. were

3. Look at those dark clouds in the sky. It [ ] soon. 하늘의 저 먹구름들을 봐. 곧 비가 오려고 한다.

a. rains b. is raining
c. is going to rain d. will rain

4. As far as I know, the Korean War [ ] out in 1950. 내가 알기로는 한국전쟁은 1950년에 발발했다.

a. break b. broke
c. has broken d. had broken

5. [ ] down my car immediately. I have to drive it soon. 즉시 내 차를 세차해라. 내가 곧 그것을 몰아야 한다.

a. Wash b. Washes c. Washed d. To wash

6. It is a well-known fact that he [   ] fishing every Sunday. 그가 일요일마다 낚시하러 가는 것은 잘 알려진 사실이다.

a. go b. goes c. is going d. will go

7. He [   ] ping-pong since he was a junior high school student. 그는 중학교 다닐 때부터 탁구를 쳐 오고 있다.

a. play b. plays c. is playing d. has been playing

8. She insisted that her son [   ] his homework before going out. 그녀는 그녀 아들에게 외출하기 전에 숙제를 끝내라고 주장했다.

a. does b. do c. did d. done

9. I [   ] English composition when somebody knocked at the door. 내가 영어작문을 공부하고 있는 동안 누가 문을 두드렸다.

a. study b. studied

c. was studying d. have been studying

10. I [   ] with my friend tomorrow. I've already made an appointment with him. 나는 내일 내 친구와 스키를 타려고 한다. 나는 이미 그와 만나기로 약속했다.

a. ski b. am skiing

c. am going to ski d. will ski

IV. 기본영작

다음을 영작하시오.

1. 그 남자는 대학에서 영어를 가르친다.

2. 그는 5년 전 처음으로 강의를 시작했다.

3. 그가 정말 부자라면 멋진 집에서 살 텐데.

4. 그는 강의에 보람을 느끼는 것처럼 보인다.

5. 그는 매주 학생들에게 숙제를 해 오게 한다.

6. 그는 며칠 동안 푹 쉴 수 있다면 하고 바란다.

7. 그는 학생들이 규칙적인 운동을 하도록 권했다.

8. 그는 논문을 쓰랴 책을 쓰랴 쉴 시간이 거의 없다.

9. 그는 지금 다음 주를 위한 강의준비를 하고 있는 중이다.

10. 그는 수업시간 중 학생들이 휴대폰을 만지지 못하게 했다.

V. 심화영작

다음을 주어진 표현으로 시작하여 영작하시오.

1. 애완견 한 마리가 나에게 다가왔다.

   a. A pet dog ______________________________.

   b. I ______________________________.

   c. Somebody's pet dog ______________________________.

2. 그 개는 나의 발 가까이 와서 멈췄다.

   a. It ______________________________.

   b. I ______________________________.

   c. The dog ______________________________.

3. 그 소녀는 그 개에게 가던 길을 재촉했다.

   a. "Go ______________________________.

   b. The dog ______________________________.

   c. The girl ______________________________.

4. 개는 무엇이건 냄새를 맡는 동물임에 틀림없다.

a. Dogs ______________________________.

b. It ______________________________.

c. I ______________________________.

5. 그 개는 태어난 이래 수많은 것들의 냄새를 맡아왔다.

a. The dog ______________________________.

b. A great many things ______________________________.

c. I ______________________________.

6. 그 개는 나의 발의 냄새를 맡고 혀로 발을 핥기 시작했다.

a. The dog ______________________________.

b. After ______________________________.

c. My foot ______________________________.

7. 그 개 주인이 다가와 그 개에게 그렇게 하지 말라고 했다.

a. The dog owner ______________________________.

b. When ______________________________.

c. The dog ______________________________.

8. 만약 그 개가 사람이었다면 나의 발 냄새를 맡지는 않았을 텐데.

a. The dog ______________________________.

b. Had ______________________________.

c. If ______________________________.

9. 그 개가 나에게 다가오는 동안 개 주인인 소녀가 뒤따르고 있었다.

a. While ______________________________.

b. A girl ______________________________.

c. The dog ______________________________.

10. 네가 그 개를 만나면 그 개는 무엇인가의 냄새를 맡고 있을 것이다.

a. You ______________________________.

b. The dog ______________________________.

c. It ______________________________.

제13장 해석이 용이한 문상

영작을 할 때 문법이 허용하는 한 하나의 주어, 하나의 인칭과 대명사의 수를 계속해서 사용하고 동사를 하나의 시제, 법, 태를 계속해서 사용할 때 관점이 일관성을 가지게 되어 해석이 용이한 문장이 된다. 이 요소들 중 어떤 것을 갑자기 바꾸면 의미가 불명료해져 해석을 어렵게 하는 문장을 만들게 된다.

I. 핵심연구

1. 주어와 동사의 태를 통일한다

a. [Ants] could be seen swarming around the candies as [we] neared the kitchen. (주어가 ants에서 we로 바뀌고 동사가 수동태(could be seen)에서 능동태(neared)로 바뀌어 해석상의 어려움이 발생) 우리가 그 부엌에 다가가면서 개미가 그 사탕과자들 주위에 들끓고 있는 것이 보였다.

a'. [We] saw ants swarming around the candies as [we] neared the kitchen. (주어를 we로 통일하여 동사도 능동태(saw, neared)로 통일되어 해석이 용이한 좋은 문장) 우리가 그 부엌에 다가가면서 우리는 개미가 그 사탕과자들 주위에 들끓고 있는 것을 보았다.

b. [Sun-He] stayed at a mountain resort, and [much] of her time was spent painting. (주어가 Sun-He에서 much로 바뀌어 동사도 능동태(stayed)에서 수동태(was spent)로 바뀌어 해석상의 어려움이 발생) 선희는 산속 휴양지에 머물렀고 그녀의 시간 중 많은 부분이 그림을 그리는 데 쓰였다.

b'. [Sun-He] stayed at a mountain resort and spent much of her time painting. (주어를 사람으로 통일하여 동사도 능동태(stayed, spent)로 통일되어 해석이 용이한 좋은 문장) 선희는 산속 휴양지에 머물렀고 많은 시간을 그림 그리는데 썼다.

2. 주어의 인칭과 수를 통일한다

a. When [you] have a wife and children, [one] should feel fortunate. (주어가 2인칭(you)에서 3인칭(one)으로 바뀌어 해석상의 어려움이 발생) 네가 아내와 자식이 있을 때 사람은 다행이라고 생각해야 한다.

a'. When [you] have a wife and children, [you] should feel fortunate. (주어가 2인칭(you)으로 통일되어 해석이 용이한 좋은 문장) 너는 아내와 자식이 있을 때 다행이라고 생각해야 한다.

a". When [one] has a wife and children, [one] should feel fortunate. (주어가 3인칭

(one)으로 통일되어 해석이 용이한 좋은 문장) 사람은 아내와 자식이 있을 때 다행이라고 생각해야 한다.

b. I like [an occasional cup] of ginger tea, for [they] give me an added lift. (수가 단수(an occasional cup)에서 복수(they)로 바뀌어 해석상의 어려움이 발생) 나는 이따금씩 생강차를 한잔 마시는 것을 좋아하며 그것들은 나의 기분을 북돋우기 때문이다.

b'. I like [an occasional cup] of ginger tea, for [it] gives me an added lift. (수가 단수로 통일되어 해석이 용이한 좋은 문장) 나는 이따금씩 생강차를 한잔 마시는 것을 좋아하며 그것은 나의 기분을 북돋우기 때문이다.

b''. I like [occasional cups] of ginger tea, for [they] give me an added lift. (수가 복수로 통일되어 해석이 용이한 좋은 문장) 나는 이따금씩 생강차를 마시는 것을 좋아하며 그것은 나의 기분을 북돋우기 때문이다.

3. 동사의 시제를 통일한다

a. He [sat] down at the table and [begins] to eat the boiled potato. (동사의 시제가 과거(sat)에서 현재(begins)로 바뀌어 해석상의 어려움이 발생) 그는 그 탁자에 앉았으며 그 삶은 감자를 먹기 시작한다.

a'. He [sat] down at the table and [began] to eat the boiled potato. (동사의 시제가 과거로 통일되어 해석이 용이한 좋은 문장) 그는 그 탁자에 앉았으며 그 삶은 감자를 먹기 시작했다.

b. The girl [stopped] crying and [makes] up her face. (동사의 시제가 과거(stopped)에서 현재(makes)로 바뀌어 해석상의 어려움이 발생) 그 소녀는 울음을 멈추었으며 화장을 한다.

b'. The girl [stopped] crying and [made] up her face. (동사의 시제가 과거로 통일되어 해석이 용이한 좋은 문장) 그 소녀는 울음을 멈추었으며 화장을 했다.

4. 동사의 법을 통일한다

a. [Turn] on the radio, and then you [should listen] to it carefully. (동사가 명령법(turn)에서 직설법(should listen)으로 바뀌어 해석상의 어려움이 발생) 라디오를 켜라 그리고 나서 너는 그것을 조심스럽게 들어야 한다.

a'. [Turn] on the radio and [listen] to it carefully. (동사가 명령법으로 통일되어 해석이 용이한 좋은 문장) 라디오를 켜라 그리고 그것을 조심스럽게 들어라.

b. [Put] down your pencil on the desk, and then you [have] to close your eyes. (동사가 명령법(put)에서 직설법(have)으로 바뀌어 해석상의 어려움이 발생) 너의 연필을 그 책상에 내려놔라 그리고 나서 너는 눈을 감아야 한다.

b'. [Put] down your pencil on the desk, and then [close] your eyes. (동사가 명령법으로 통일되어 해석이 용이한 좋은 문장) 너의 연필을 그 책상에 내려놔라 그리고 나서 눈을 감아라.

5. 화법을 통일한다

a. He said he had a copy of *Harry Potter and the Deathly Hallows*, and would I like to borrow it. (간접화법에서 직접화법으로 바뀌어 해석상의 어려움이 발생) 그는 <해리 포터와 죽음의 성도들> 사본이 있다고 말하고 내가 그것을 빌리고 싶은지 물었다.

a'. He said, "I have a copy of *Harry Potter and the Deathly Hallows*. Would you like to borrow it?" (화법이 직접화법으로 통일되어 해석이 용이한 좋은 문장) 그는 "내가 <해리 포터와 죽음의 성도들> 사본을 가지고 있어. 너 그것을 빌리고 싶니?"하고 말했다.

a''. He said that he had a copy of *Harry Potter and the Deathly Hallows*, and asked if I would like to borrow it. (화법이 간접화법으로 통일되어 해석이 용이한 좋은 문장) 그는 <해리 포터와 죽음의 성도들> 사본을 가지고 있다고 하고 내가 그것을 빌리고 싶은 지 물었다.

b. The woman told me she would buy me a nice car as soon as she can earn lots of money. (간접화법에서 직접화법으로 바뀌어 해석상의 어려움이 발생) 그 여자는 돈을 많이 벌자마자 나에게 멋진 자동차를 한 대 사주겠다고 했다.

b'. The woman told me, "I will buy you a nice car as soon as I can earn lots of money." (화법이 직접화법으로 통일되어 해석이 용이한 좋은 문장) 그 여자는 나에게 "내가 돈을 많이 벌자마자 너에게 멋진 자동차를 한 대 사 줄게"하고 말했다.

b". The woman told me she would buy me a nice car as soon as she could earn lots of money. (화법이 간접화법으로 통일되어 해석이 용이한 좋은 문장) 그 여자는 나에게 돈을 많이 벌자마자 나에게 멋진 자동차를 한 대 사주겠다고 말했다.

II. 기본연습

1. 다음 중 화법이 일관된 문장을 고르시오.

   a. The boy asked me if I have a car.
   b. The boy asked me whether did I have a car.
   c. She said, “I will introduce a nice girl as soon as I can meet her.”
   d. She said that she would introduce a nice girl as soon as she can meet her.

2. 다음 중 동사의 법이 일관된 문장을 고르시오.

   a. Whenever he feels lonely, he goes for a walk.
   b. It is important to respect others, and don’t despise them.
   c. Look at those flowers, and you should smell them for a while.
   d. Listen to the music carefully, and then you have to dance to it.

3. 다음 중 화법이 일관성이 없는 문장을 고르시오.

   a. She said, “I have a comic book. Do you want to borrow it?”
   b. The boy said to me, “I have a ball. Will you play with me?”
   c. She said she had a comic book, and asked if I want to borrow it.
   d. The boy told me he had a ball, and asked if I would play with him.

4. 다음 중 동사가 모두 능동태로 된 문장을 고르시오.

   a. I found that it was killed by something.
   b. I saw them fishing in the lake as I neared them.
   c. They were seen fishing in the lake as I neared them.
   d. It was found to be an insect when we neared it close.

5. 다음 중 동사가 모두 수동태로 된 문장을 고르시오.

a. It is said that he has passed in the test.
b. She knew that she was loved by the bachelor.
c. It was revealed that the buildings were destroyed during the war.
d. The student heard that he had passed the employment examination.

6. 다음 중 주어의 인칭과 수가 통일된 문장을 고르시오.

a. You should please your children if one has them.
b. He bought a car and they were used for leisure activities.
c. I need a few bars of chocolate, for it gives me an added lift.
d. We have to carry some bottles of water, because we may be very thirsty.

7. 다음 중 동사의 법이 일관성이 없는 문장을 고르시오.

a. Open the door and get out of the room.
b. Take off your clothes and take a shower.
c. Close your books, and you should close your eyes.
d. When you finish reading the book, you should read it again.

8. 다음 중 주어와 동사의 시제가 통일된 문장을 고르시오.

a. He gets up and made towards the window.
b. I was too sleepy and slept for twenty minutes.
c. I close my eyes and have slept for twenty minutes.
d. He is born in the country and spent his childhood there.

9. 다음 중 주어의 인칭과 수가 통일되지 않은 문장을 고르시오.

a. He carries extra pencils, for it gives him comfort.
b. When one has enough food, one should feel fortunate.
c. They ate a few apples, because they were very hungry.
d. Some children were playing on the playground and they were shouting.

10. 다음 중 주어와 동사의 시제가 통일되지 않은 문장을 고르시오.

a. The boy closed his book and began to sleep.
b. The girl sat down at the desk and did her nails.
c. He sat down on the grass and smoked a cigarette.
d. The baby stopped crying and smiles at her mother.

※ 다음 괄호 안에 들어갈 적합한 표현을 고르시오.

1. It [ ] that the cow was killed by a big wild animal. 그 암소는 커다란 야생동물에게 죽은 것으로 드러났다.

a. reveal | b. is revealing
c. have revealed | d. was revealed

2. Look at the blue sky and then [ ] a great ambition. 푸른 하늘을 봐라 그리고 나서 커다란 포부를 마음에 간직해라.

a. cherish | b. cherishes
c. does cherish | d. will cherish

3. The professor finished his lecture and [ ] the classroom. 그 교수는 강의를 끝마치고 그 교실을 떠났다.

a. leave | b. leaves
c. left | d. has left

4. The doctor told the patient that he [   ] again the next day. 그 의사는 그 환자에게 그 다음날 다시 오라고 했다.

a. can come   b. could come
c. will come   d. may come

5. No matter what you do, [   ] should not hurt others' hearts. 네가 무엇을 하건 남의 마음을 다치게 해서는 안 된다.

a. one   b. you   c. it   d. they

6. When the child chased after the chickens, [   ] fled in a hurry. 그 아이가 뒤쫓자 그 닭들은 황급히 도망쳤다.

a. it   b. she   c. they   d. he

7. The writer put down his pencil on the desk and [   ] to read a newspaper. 그 작가는 연필을 그 책상에 내려놓고 신문을 읽기 시작했다.

a. begin   b. begins   c. has begun   d. began

8. She said, "I will treat you to a nice dinner if you [   ] me with my assignment." 그녀는 '네가 내 숙제를 도와주면 멋진 저녁식사를 대접할게'하고 말했다.

a. help   b. could help   c. might help   d. helps

9. The teacher required that every child [   ] at the school after school. 그 선생은 모든 아이가 방과 후 학교에 남아있지 않기를 요구했다.

a. not stay   b. does not stay
c. do not stay   d. would not stay

10. The nurse [ ] some patients chatting with each other when she neared them. 그 간호사가 그들에게 다가갔을 때 몇몇 환자들이 서로 잡담을 하고 있는 것을 발견했다.

a. find b. finds c. has found d. found

IV. 기본영작

다음을 영작하시오.

1. 나는 낚시꾼들을 지켜보면서 조깅을 했다.

___

2. 외롭게 혼자 낚시하는 젊은이도 눈에 띄었다.

___

3. 그 낚시꾼들 옆에 고기바구니가 있는 것이 보였다.

___

4. 한 낚시꾼은 막걸리를 한 잔 하면서 낚시하고 있었다.

___

5. 한 낚시꾼은 부인과 함께 와서 이야기를 하고 있었다.

____

6. 그는 바람이 많이 불어 고기를 많이 잡지 못했다고 했다.

____

7. 어떤 노인들은 벤치에 앉아 낚시하는 모습을 지켜보았다.

____

8. 나는 한 낚시꾼에게 다가가 고기를 많이 잡았는지 물어보았다.

____

9. 산책하던 사람들은 잠시 걸음을 멈추고 낚시하는 모습을 구경했다.

____

10. 어떤 상인들은 낚시꾼들 가까이서 먹을 것과 마실 것을 팔고 있었다.

____

V. 심화영작

다음을 주어진 표현으로 시작하여 영작하시오.

1. 윤지는 식후 쉬는 시간마다 영작연습을 하곤 했다.

   a. English writing practice ______________________________.

   b. Each break ______________________________.

   c. Yoon-Ji ______________________________.

2. 그녀의 꿈은 멋진 영어작문 책을 한 권 쓰는 것이다.

   a. She ______________________________.

   b. Her dream ______________________________.

   c. A good English composition book ______________________________.

3. 그녀는 어린 소녀였을 때 영작이 재미있다는 것을 알았다.

   a. She ______________________________.

   b. Writing in English ______________________________.

   c. When ______________________________.

4. 영작을 잘 해 그녀는 친구들의 부러움의 대상이 되고 있다.

a. Her friends ____.

b. She ____.

c. Her ability ____.

5. 간단한 한국어 문장을 볼 때마다 그녀는 영작이 하고 싶었다.

a. She ____.

b. Some simple Korean sentences ____________________________.

c. A desire ____.

6. 그녀는 영작을 좋아하면 빨리 영작에 숙달하게 될 것이라고 했다.

a. She ____.

b. As a good way ______________________________________.

c. Her suggestion ______________________________________.

7. 그녀는 영작에 관심이 있는 사람들에게 자신이 도움이 되길 바란다.

a. She ____.

b. Her hope ____.

c. It ____.

8. 어릴 때 해외펜팔을 한 것이 그녀의 영작공부에 도움이 되었다고 한다.

a. Exchanging letters ______________________________________.

b. Her writing ability ______________________________________.

c. It ____.

9. 그녀는 영작에 관심을 가진 후 영어문장을 더욱 유심히 관찰해 오고 있다.

a. Writing in English ______________________________________.

b. English sentences ______________________________________.

c. She ____.

10. 영작을 잘하려면 무엇보다 영어문장구조를 잘 알아야 한다고 그녀는 귀띔 한다.

a. It ____.

b. Her suggestion ______________________________________.

c. She ____.

정답 및 해설

제1장 한국어와 영어

II. 기본연습

1. d

a. 한국어: 나는(주어) + 이다(동사) + 한 사람의 학생(보어)
 영 어: I(주어) am(동사) a student(보어)

b. 한국어: 너는(주어) + 이다(동사) + 젊은(보어)
 영 어: You(주어) are(동사) young(보어)

c. 한국어: 그녀는(주어) + 이다(동사) + 키가 큰 (보어)
 영 어: She(주어) is(동사) tall(보어)

d. 한국어: 새는(주어) + 노래하다(동사)
 영 어: Birds(주어) sing(동사)

2. a

a. 한국어: 나는(주어) + 이다(동사) + 한 사람의 한국인/한국 사람인 (보어)
 영 어: I(주어) am(동사) a Korean/Korean(보어)

b. 한국어: 너는(주어) + 웃다(동사)
 영 어: You(주어) laugh(동사)

c. 한국어: 나는(주어) + 좋아하다(동사) + 너를(목적어)
 영 어: I(주어) love(동사) you(목적어)

d. 한국어: 너는(주어) + 걷다(동사)
 영 어: You(주어) walk(동사)

3. d

a. 한국어: 나는(주어) + 공부하다(동사)
 영 어: I (주어) study (동사)

b. 한국어: 너는(주어) + 이다(동사) + 예쁜(보어)
 영 어: You(주어) are(동사) pretty(보어)

c. 한국어: 너는(주어) + 이다 (동사) + 한 사람의 외국인 (보어)
 영 어: You(주어) are(동사) a foreigner(보어)

d. 한국어: 너는(주어) + 알다(동사) + 영어를(목적어)
 영 어: You(주어) know(동사) English(목적어)

4. d

a. 한국어: 나는(주어) + 이다(동사) + 건강한(보어)
 영 어: I(주어) am(동사) healthy(보어)

b. 한국어: 너는(주어) + 공부하다(동사) + 열심히(부사)
 영 어: You(주어) study(동사) hard(부사)

c. 한국어: 나는(주어) + 주다(동사) + 친구에게(간접목적어) + 선물을(직접목적어)
 영어: I(주어) give(동사) my friend(간접목적어) a present(직접목적어)

d. 한국어: 우리는(주어) + 부르다(동사) + 그를(목적어) + 탐이라고(보어)
 영어: We(주어) call(동사) him(목적어) Tom(보어)

5. d

한국어 원문은 특정한 소년이 특정한 소녀를 한 시간 전인 과거로부터 현재까지 기다리고 있다는 의미이다. 따라서 과거와 현재가 연관성이 있을 뿐 아니라 과거에 시작된 기다리는 행위가 현재도 진행 중이므로 현재완료진행시제(have/has been -ing)로 나타낸다.

6. c

한국어 원문의 '어리석은 저 뚱뚱한 남자'는 '어리석은(형용사) 저(지시사) 뚱뚱한(형용사) 남자(명사)'로 되어 있다. 명사 앞에 명사를 수식하는 말이 여러 개 올 때 오는 순서에 제약이 따른다. 지시사(this, that, these, those)가 다른 형용사들 보다 앞에 오며 주관적 판단에 의존하는 형용사(silly)가 객관적 판단에 의존하는 형용사(fat) 보다 앞에 온다. 따라서 that silly fat man이 된다. d.의 부정관사(a)는 지시사(that)와 나란히 나올 수 없다.

7. d

한국어 원문은 '그는(주어) 몰다(동사) 자동차를(목적어) 빨리(부사)'의 순서로 분석된다. 영어로 옮기면 'He(주어) drives(동사) his car(목적어) fast(부사)'가 된다.

8. c

한국어 원문은 '너의 연필은(주어) 있다(동사) 그 의자 아래에(전치사구)'로 분석된다. 이것을 영어로 옮기면 'Your pencil(주어) is(동사) under the table(전치사구)'가 된다. 전치사구에 관해서는 제2장 구에 관한 토의를 참조하라.

9. a

한국어 원문은 현재의 일반적인 사실을 뜻하므로 단순현재시제(study)로 나타낸다.

b. will study: 단순미래시제 (미래에 대한 예측, 예언, 정보 제공)

c. have studied: 현재완료시제 (현재와 과거의 연관성을 표현)

d. am studying: 현재진행시제 (현재의 일시적인 상황을 표현)

10. d

a. 한국어: 너는(주어) + 식사하다(동사)
 영 어: You (주어) eat (동사)

b. 한국어: 너는(주어) + 이다 (동사) + 한 사람의 미국인/미국사람인(보어)
 영 어: You (주어) are (동사) an American/American (보어)

c. 한국어: 나는 (주어) + 좋아하다 (동사) + 영어를 (목적어)
 영 어: I (주어) like (동사) English (목적어)

d. 한국어: 너는(주어) + 가르치다(동사) + 나에게(간접목적어) + 영어를(직접목적어)
 영 어: You(주어) teach(동사) me(간접목적어) English(직접목적어)

III. 응용연습

1. b

동사 drive는 '~을 운전하다'는 의미이므로 뒤에 목적어인 명사구(his car)가 오고 그 뒤는 이 동사(drive)의 행위가 일어나는 모양을 나타내는 양태부사(carefully)가 올 수 있다.

a, d: 형용사구는 이 자리에 오지 못한다.
c: 명사구도 이 자리에 오지 못한다.

2. d

동사 put은 '~을 ~에 두다'는 의미를 목적어인 명사구(the milk)와 전치사구(in the refrigerator)로 전한다.
a: 명사로 전치사구가 아니어서 이 자리에 올 수 없다.
b: 명사구로 전치사구가 아니어서 이 자리에 올 수 없다.
c: 전치사(in)는 명사구(the refrigerator) 앞에 온다.

3. c

동사(like)의 앞은 주어인 명사구가 온다.

a : 셀 수 있는 명사(boy)는 일반적으로 앞에 한정사가 붙지 않은 단수형으로는 명사이지만 명사구가 아니어서 주어가 될 수 없다. 명사구의 자격에 관해서는 제2장의 구와 관련된 설명을 참조하라.
b, d: 명사구이만 단수형이 아닌 복수형이므로 동사 likes의 주어가 될 수 없다.

4. a

동사 make는 '~을 ~하게 하다'는 의미를 뒤에 목적어인 명사구(his girlfriend)와 보어인 형용사구(angry)로 전한다.
b, d: 부사구이므로 이 자리에 올 수 없다.
c: 명사는 이 자리에 올 수 없다.

5. d

동사 teach는 '~에게 ~을 가르치다'는 의미를 뒤에 간접목적어인 명사구(my son)와 직접목적어인 명사구(English)로 전한다.
a : 명사이지만 명사구가 아니므로 간접목적어가 될 수 없다.
b : 명사구이지만 목적격(him)이 아니므로 동사의 목적어가 될 수 없다.
c : 형용사구는 간접목적어가 될 수 없다.

6. b

동사 make는 '~을 ~로 만들다'는 의미를 뒤에 목적어인 명사구(his country)와 보어인 명사구(a strong nation)로 전한다.

a : 형용사(strong)와 명사(nation)로 되어 있지만 명사구가 아니어서 보어가 될 수 없다. 명사구의 자격에 관해서는 제2장의 구와 관련된 설명을 참조하라.
c : 부사는 보어가 될 수 없다.
d : 명사구이므로 문장구조상으로는 이 자리에 올 수 있지만 의미상의 이유로 올 수 없다.

7. b

동사 sleep은 '자다'는 의미로 뒤에 장소를 나타내는 전치사구(in the bed)가 올 수 있다.

a, c : 이 동사는 목적어가 오기를 요구하지 않으므로 명사구(the bed, a bed)가 바로 뒤에 올 수 없다.
d : 전치사(in)는 명사구(the bed) 앞에 온다.

8. d

동사 see는 '~을 보다'는 의미를 전할 때 뒤에 목적어인 명사구(a foreigner)가 나오기를 요구한다.

a : 명사이지만 명사구가 아니어서 동사의 목적어가 될 수 없다.
b : 명사구이지만 목적격(him)이 아니어서 동사의 목적어가 될 수 없다.
c : 대명사의 소유격은 동사의 목적어가 될 수 없다.

9. c

한국어 원문의 '공부하는 사람이며'는 현재의 일반적인 사실을 가리키므로 단순현재시제로 나타낸다. 시제에 관한 자세한 설명은 제10장의 영어의 때에 관한 설명을 참조하시오.

a, b : 주어가 3인칭 단수(The young man)일 때 동사 study와 teach는 동사원형이며 현재형이 아니어서 올 수 없다.
d : 동사 뒤에 -ing가 붙은 형태는 주어(The young man)에 대한 동사로 쓰이지 않는다.

10. b

동사 look은 '~하게 보이다'는 의미를 뒤에 형용사구(beautiful)인 보어를 두어 전한다. 이 동사 뒤는 명사구가 보어로 올 수 없다.

a, d : 명사구이므로 이 동사의 보어가 될 수 없다.
c : 부사구는 일반적으로 보어가 될 수 없다.

IV. 기본영작

1. a. I am a student.
   b. I study at school.

- '학생'은 '한 사람의 학생'을 뜻하므로 a student로 옮긴다.
- '~이다'는 현재의 사실을 나타내므로 주어가 1인칭 단수(I)일 때의 동사의 현재형(am)으로 나타낸다.
- '학생이다'는 '학교에서 공부하다'는 의미로 study at school로 옮길 수도 있다. 동사의 현재시제 study는 현재의 사실을 나타낸다.

2. a. She is tall.
   b. She is a tall woman.

- '키가 크다'는 '키가 큰'(tall)에 '~이다'(is)가 붙은 것이므로 is tall로 옮기거나 '한 사람의 키가 큰 여성'(a tall woman)에 '~이다'(is)가 붙은 것으로 is a tall woman

으로 표현된다.

- 주어에 대해 의미를 보충하는 보어인 주격보어가 나오기를 요구하는 동사(is) 뒤에 각각 형용사구(tall)와 명사구(a tall woman)가 보어로 나온 문장이다.

3. a. Her eyes are blue.
   b. She has blue eyes.

- '눈'은 셀 수 있는 명사로 '그녀의 두 눈'을 의미하므로 her eyes로 옮기며 her eye로 옮겨서는 안 된다.
- '눈이 파랗다'는 ~eyes are blue나 ~have blue eyes로 옮긴다.
- 형용사구(blue)가 be동사 are의 보어이고 명사구 blue eyes가 동사 has의 목적어이다.
- 둘째 예문의 명사구 blue eyes는 일반적인 의미의 푸른 눈을 뜻한다.

4. a. I know Korean.
   b. I can speak Korean.

- '한국어'는 회화체 문장에서는 Korean으로 문어체 문장에서는 the Korean language로 옮긴다.
- '한국어를 알다'는 know Korean으로 옮기거나 '한국어를 말할 수 있다'는 의미로 can speak Korean으로 옮긴다.

5. a. She speaks English.
   b. She knows English.

- '영어'는 회화체 문장에서는 English로 문어체 문장에서는 the English language로 옮긴다.
- '영어를 하다'에서 '하다'는 '말하다, 알고 있다, 사용하다'는 의미로 동사 speak, know, use로 옮긴다. 영어의 '하다'는 의미의 동사 do를 사용하여 She does English 처럼 옮겨서는 안 된다.

6. a. She amuses me.
   b. She brings me pleasure.

- '~를 즐겁게 하다'는 amuse~나 bring~pleasure로 옮긴다. 동사 amuse 뒤는 목적어인 명사구(me)를 두고 bring 뒤는 간접목적어인 명사구(me)와 직접목적어인 명사구(pleasure)를 두어 옮긴다.
- 한국어 원문은 현재의 사실을 말하는 문장이므로 동사는 모두 현재시제(amuses, brings)로 옮긴다.

7. a. She calls me her older brother.
   b. Older brother is what she calls me.

- ~를 ~라고 부르다'는 동사 call 뒤에 목적어인 명사구(me)와 목적보어인 명사구(her older brother)를 두어 옮긴다. 또한 명사절인 what~calls~로 옮길 수도 있으며 what은 명사절을 이끄는 관계대명사이다.
- '오빠'는 her older brother로 옮긴다.

8. a. I call her Mary.
   b. Mary is what I call her.

- '~를 ~라고 부르다'는 동사 call 뒤에 목적어인 명사구(her)와 목적보어인 명사구(Mary)를 두어 옮긴다.
- 한국어 원문은 '메리가 내가 그녀를 부르는 것이다'는 의미로 둘째 예문처럼 동사(is)의 보어자리에 명사절(what~her)을 두어 옮길 수도 있다. 관계대명사 what은 the thing which~로 바꿀 수 있다.

9. a. She teaches me English.
   b. She is my English teacher.

- '~에게 ~을 가르치다'는 동사 teach 뒤에 간접목적어인 명사구와 직접목적어인 명사구를 두어 옮긴다. 동사 teach는 목적어를 하나만 가질 수도 있고 두 개의 목적어를 가질 수도 있다.
- 한국어 원문은 현재의 사실을 뜻하므로 동사의 시제를 단순현재시제(teaches)로 옮긴다.

10. a. I teach her Korean.
    b. I am her Korean teacher.

- 한국어 원문은 현재의 사실을 나타내므로 동사를 단순현재시제(teach)로 옮긴다. 첫째 예문의 her는 동사(teach)의 간접목적어이며 Korean을 수식하는 소유격이 아니다.
- 둘째 예문의 명사구 her Korean teacher는 동사(am)의 보어이다. 이 명사구에서 소유격(her)을 빼고 Korean teacher로 표현하면 명사구가 아니어서 비문법적인 문장이 된다. 명사구의 자격에 관해서는 제2장의 구에 관한 설명을 참조하라.

V. 심화영작

1. a. He studies hard.
   b. His study is done hard.
   c. A group of diligent students he belongs to.

- 열심히 공부하다'는 첫째 예문처럼 동사(study) 뒤에 부사(hard)가 나오는 구조로 옮길 수도 있고 둘째 예문처럼 '하다(do) ~의 공부를(one's study) 열심히(hard)'에서 동사의 목적어(His study)를 주어로 만들면 동사가 be동사(is)와 과거분사(done)로 바뀌고 뒤에 부사(hard)가 나오는 구조가 된다.
- 셋째 예문은 한국어 원문을 '그는(He) ~에 속한다(belong to) 일단의 부지런한 학생들(a group of diligent students)'로 보아 보통의 문장 He belongs to a group of diligent students에서 전치사구(to a group of diligent students)의 전치사(to)의 목적어인 명사구(a group of diligent students)를 화제로 삼기위해 문장의 첫머리로 이동한 것이다.

2. a. He drives his car fast.
   b. A group of fast drivers he belongs to.
   c. His car is driven fast by him.

- 한국어 원문의 영어 어순은 '그는(He) 몬다(drives) 그의 자동차를(his car) 빨리(fast)'로 주어 동사 목적어 부사로 구성된다.
- 한국어 원문은 영어 어순으로 '그는(He) ~에 속한다(belong to) 일단의 자동차를 빨리 모는 사람들(a group

of fast drivers)'이 되어 전치사구(to a group of fast drivers)에서 전치사(to)의 목적어(a group of fast drivers)를 화제로 삼기 위해 주어자리로 이동하면 둘째 예문이 만들어진다.
- 첫째 예문의 동사(drives)의 목적어(his car)를 화제로 삼기 위해 주어로 만들어 주면 셋째 예문이 나온다.

3. a. He pushed the door open.
   b. The door was pushed open by him.
   c. The way in which he opened the door was by pushing it.
- '~을 밀어 열다'는 동사 push 뒤에 목적어인 명사구(the door)와 보어인 형용사구(open)로 옮긴다.
- 첫째 예문의 동사(push)의 목적어(the door)를 화제로 삼으면 이것이 주어가 되어 둘째 예문이 나온다. 이 둘째 예문의 형용사구(open)는 여전히 동사의 보어이다.
- 셋째 예문은 The way was by pushing it와 He opened the door in the way가 관계대명사로 연결된 문장이다. by pushing it은 전치사구로 동명사 pushing이 전치사(by)의 목적어이고 대명사 it은 동명사의 목적어이다.

4. a. The boy studies.
   b. Studying is the boy's work.
   c. What the boy does is studying.
- '공부하는 사람이다'는 '(일반적으로) 공부한다'는 의미로 첫째 예문처럼 동사의 단순현재시제(studies)로 옮긴다. 시제에 관한 자세한 설명은 제10장의 설명을 참조하라.
- 둘째 예문은 한국어 원문을 '공부하는 것이 그 소년의 직업이다'로 해석하여 영어 어순 '공부하는 것이(studying) 이다(is) 그 소년의 직업(the boy's work)'으로 되어 주어 동사 보어로 된 문장이다.
- 셋째 예문은 영어 어순 '그 소년이 하는 것은(What the boy does) 이다(is) 공부하는 것(studying)'이 되어 주어 동사 보어로 되어 있다.

5. a. I will give him a present.
   b. He will get a present from me.
   c. A present will be given to him by me.
- '~에게 ~을 주다'는 동사 give 뒤에 간접목적어인 명사구(him)와 직접목적어인 명사구(a present)를 두어 옮긴다.
- '~하겠다'는 말을 하면서 무엇을 하기로 결정하는 것으로 미래를 나타내는 조동사 will 뒤에 동사원형을 두어 옮긴다.
- 둘째 예문은 한국어 원문을 '그는 나로부터 선물을 하나 받을 것이다'로 해석하여 영어 어순 '그는(He) 받을 것이다(will get) 하나의 선물을(a present) 나로부터(from me)'로 옮긴다. 주어 동사 목적어 뒤에 전치사구를 두어 옮긴 것이다.
- 셋째 예문은 첫째 예문에서 동사(give)의 직접목적어(a present)를 화제로 삼기 위해 주어로 두어 옮긴 것이다.

6. a. He is studying now.
   b. Study is what he is doing now.
   c. The work he is doing now is studying.
- '공부하고 있는 중이다'는 동사 study의 현재진행형 is studying으로 옮긴다.
- 첫째 예문은 사람(He)을 둘째 예문은 공부를 셋째 예문은 그가 하는 일을 화제로 삼아 옮긴 것이다.
- 둘째 예문의 what이 이끄는 절(what~now)은 명사절로 동사(is)의 보어이다.
- 셋째 예문의 he~now는 앞의 명사(work)를 수식하는 형용사절로 목적어관계대명사(which, that)가 앞에 생략되어 있다.
- 첫째 예문의 studying은 앞의 be동사(is)와 함께 진행형을 만드는 현재분사이고 셋째 예문의 studying은 바로 앞의 동사(is)의 보어인 동명사이다.

7. a. He has been studying for two hours.
   b. Two hours have passed since he began his studies.
   c. His study began two hours ago and is still going on.
- '두 시간 동안 ~하다'는 두 시간 전인 과거에 시작된 행위가 현재에도 여전히 진행 중이라는 의미로 현재와 과거가 연관성이 있고 현재에도 여전히 과거의 행위가 진행 중이므로 현재완료진행시제(has been studying)로 옮긴다.
- 사람인 '그'(He) '두 시간'(Two hours) '그의 공부'(His study)를 화제로 삼아 옮길 수 있다.
- 둘째 예문의 since는 접속사로 뒤는 단순과거시제(began) 앞은 현재완료시제(have passed)로 옮긴다.
- 셋째 예문은 그의 공부가 시작된 것은 과거이므로 단순과거시제(began)로 옮기고 이것이 현재도 진행 중이므로 현재진행시제(is going)로 옮긴 것이다. go on은 '계속되다'는 의미이다.

8. a. He put down his pencil on the desk.
   b. The pencil was put down on the desk by him.
   c. It was on the desk that he put his pencil down.
- 문장의 주어로 사람(He)이나 사물(The pencil, It)을 두어 옮길 수 있다.
- ~을 내려놓다'는 의미의 put down에서 동사 put은 뒤에 목적어인 명사구가 반드시 나오기를 요구하는 동사이고 down은 '아래로'를 뜻하는 부사이다.
- 둘째 예문은 put down의 목적어인 명사구(the pencil)를 주어자리로 이동하여 나온 수동문이다. 능동문과 수동문에 관해서는 제11장의 설명을 참조하라.
- 셋째 예문은 He put his pencil down on the desk에서 부사구(부사적인 기능을 하는 전치사구) on the desk를 강조하기 위해 It~that~강조구문으로 만든 것이다. 따라서 '그가 그의 연필을 내려놓은 것은 그 책상위에였다'로 해석된다.

9. a. He met a silly fat man.
   b. It was a silly fat man that he met.
   c. A silly fat man was the one that he met.
- '한 어리석은 뚱뚱한 남자'는 a silly fat man으로 옮겨야 하며 부정관사(a) 뒤의 두 형용사가 놓이는 순서는

주관적 판단에 따른 형용사(silly)가 객관적 판단에 따른 형용사(fat) 보다 앞에 온다. a fat silly man이라고 하지 않는다.

- 둘째 예문은 첫째 예문의 동사(met)의 목적어인 명사구(a silly fat man)를 It와 that 사이에 넣어 It~ that~강조구문으로 만든 것이다. 따라서 '그가 만난 것은 한 어리석은 뚱뚱한 남자였다'로 해석된다.
- 둘째 예문과 셋째 예문의 that은 목적격관계대명사이다.

10. a. He will be reading a book this time tomorrow.
b. I am sure that he will be reading a book this time tomorrow.
c. This time tomorrow, he will be in the middle of reading a book.

- '내일 이맘때'는 this time next year로 옮긴다.
- 그가 내일 이맘때 독서를 하는 행위는 미래의 일시적으로 진행 중에 있을 행위이므로 미래진행시제(will be reading)로 옮긴다.
- 첫째 예문은 '그'(He)를 화제로 삼아 옮긴 것으로 그에 관해 이야기하는 문장인데 반해 둘째 예문은 말하는 사람인 '나'(I)를 화제로 삼아 옮긴 것이다.
- 셋째 예문은 미래진행시제(will be reading) 대신 미래시제(will be) 뒤에 '~하고 있는 중인'을 뜻하는 전치사구 in the middle of를 사용한 것이다.
- 첫째와 둘째 예문의 reading은 be동사 뒤에 나와 진행의 의미를 전하는 현재분사이고 셋째 예문의 reading은 명사구(a book)를 목적어로 취하면서 전치사 of의 목적어로 쓰인 동명사이다.

제2장 구

II. 기본연습

1. d

a : 셀 수 있는 명사가 앞에 한정사도 없고 뒤에 복수어미(-s, -es)도 붙지 않아 명사이지만 명사구는 아니다.
b : 전치사(on)와 한정사의 하나인 관사(the)로 되어 있다. 관사 뒤에 명사구가 오지 않아 전치사구가 아니다.
c : 동사(love) 뒤에 대명사의 목적격(her)이 아닌 주격(she)이 와서 동사구가 될 수 없다.
d: 형용사(beautiful) 앞에 부사(very)가 나와 있는 형용사구이다.

2. b

a : 한정사의 하나인 양화사(any)와 셀 수 있는 명사의 단수형(boy)으로 되어 있는 명사구
b : 셀 수 없는 명사(music) 앞에 한정사의 하나인 부정관사(a)가 와서 명사구가 아니다. 부정관사가 앞에 오지 않으면 명사구
c : 한정사의 하나인 소유격(her)과 셀 수 있는 명사의 단수형(boyfriend)으로 되어있는 명사구
d : 한정사의 하나인 양화사(no)와 셀 수 없는 명사(music)로 이루어진 명사구

3. c

a : 동사 walk는 뒤에 어떤 요소가 오지 않아도 '걷다'는 의미를 완전하게 전할 수 있는 동사구이다.
b : 동사 like는 '~을 좋아하다'는 의미를 전하는 동사로 뒤에 목적어인 명사구(him)가 와 있으므로 완전한 동사구이다.
c : 동사 put은 '~을 ~에 두다'는 의미를 뒤에 목적어인 명사구(a book)와 장소를 나타내는 전치사구를 두어 전한다. 목적어 뒤에 장소를 나타내는 전치사구가 오지 않아 동사구가 아니다.
d : 동사 give는 '~에게 ~을 주다'는 의미를 뒤에 간접목적어인 명사구(my daughter)와 직접목적어인 명사구(a doll)를 두어 전한다. 뒤에 나올 요소가 모두 와 있어서 완전한 동사구이다.

4. c

a, b : 하나의 부사로 되어있는 부사구
c : 부사(very)와 형용사(careful)로 되어있는 형용사구
d : 부사(extremely)와 부사(hard)로 되어있는 부사구. 앞 부사가 뒤의 부사를 수식

5. b

a : 하나의 형용사(good)로 되어 있는 형용사구
b : 하나의 부사(strongly)로 되어 있는 부사구
c : 부사(very)와 형용사(strong)로 되어 있는 형용사구
d : 부사(very)와 형용사(good)로 되어 있는 형용사구

6. b

a : 전치사(on)와 명사구(foot)로 되어 있는 전치사구
b : 전치사(on)가 명사구(the desk) 앞이 아니라 뒤에 와서 전치사구가 아니다.
c : 전치사(in)와 명사구(your mouth)로 되어 있는 전치사구
d : 전치사(between)와 명사구(you and me)로 되어 있는 전치사구

7. a

a : 셀 수 있는 명사(boy)가 앞에 한정사도 없고 뒤에 복수어미(-s, -es)도 없으므로 명사구가 아니라 명사이다. 따라서 주어가 될 수 없다.
b : 한정사의 하나인 부정관사(a)와 셀 수 있는 명사의 단수형(boy)으로 되어 있는 명사구
c : 셀 수 있는 명사(boy) 뒤에 복수어미(-s)가 붙어 있으므로 명사구
d : 한정사의 하나인 지시사(this)의 복수형(these) 뒤에 셀 수 있는 명사의 복수형(boys)이 와서 명사구

8. d

a : 부사(very)와 형용사(young)로 되어 있는 형용사구이므로 보어가 될 수 있다.

b : 형용사(attractive)만으로 되어 있는 형용사구이므로 보어가 될 수 있다.
c : 한정사의 하나인 부정관사(a) 뒤에 형용사(young)와 명사(girl)가 와 있는 명사구. 명사구는 일반적으로 보어가 될 수 있다.
d : 동사(walk) 뒤에 부사(fast)가 나와 있는 동사구로 보어가 될 수 없다.

9. a

a : 대명사의 주격(he)은 명사구로 주어가 될 수 있지만 목적어가 될 수 없다.
b : 고유명사(Tom)는 목적어가 될 수 있다.
c : that-절은 목적어가 될 수 있다.
d : 명사구(the teacher)와 명사구(his students)가 접속사(and)에 의해 연결되어 있으며 이 전체가 명사구이므로 목적어가 될 수 있다.

10. a

a : 주어(We)와 동격인 명사구(my friend and me)는 주격이 되어야 한다. my friend는 주격인데 me가 목적격이어서 비문. me는 주격(I)이 되어야 한다.
b : 전치사(between)의 목적어(us)와 동격인 명사구(the foreigner and me)가 모두 목적격이어서 정문
c : 전치사(to)의 목적어(us)와 동격인 명사구(my brother and me)가 모두 목적격이어서 정문
d : 동사(met)의 목적어(the two foreigners)와 동격인 명사구(Teresa and him)가 모두 목적격이어서 정문

III. 응용연습

1. a

동사 grow는 '~하게 되다'는 의미를 뒤에 형용사구(dark)인 보어를 두어 전한다.

b : 부사는 일반적으로 동사의 보어가 될 수 없다.
c : 동사원형(darken)은 동사(grow)의 보어로 올 수 없다.
d : 명사구는 동사 grow의 보어가 될 수 없다.

2. c

동사 make는 '~을 ~되게 하다'는 의미를 뒤에 목적어인 명사구(her boyfriend)와 보어인 형용사구(angry)로 전한다.
a : 부사는 이 동사의 보어가 될 수 없다.
b, d : 명사구는 이 동사가 이와 같은 의미를 전할 때 보어로 쓰일 수 없다.

3. a

동사(meet)의 목적어인 명사구(all the people)와 동격인 명사구는 목적격으로 온다. 동사의 목적어 자리에 있는 고유명사는 목적격을 가지고 있다.

a : 고유명사(Jung-He, Mi-He)와 인칭대명사(him)가 모두 목적격으로 되어 있어 문법적이다.
b : 인칭대명사가 목적격(him)이 아닌 주격(he)으로 와서 비문법적이다.
c : 인칭대명사가 목적격(him)이 아닌 소유격(his)으로 와서 비문법적이다.
d : 인칭대명사가 목적격(them)이 아닌 주격(they)으로 와서 비문법적이다.

4. c

동사 see는 '~가 ~하고 있는 중인 것을 보다'는 의미를 뒤에 목적어인 명사구(two couples)와 보어인 현재분사(walking)로 전한다.

a : 동사의 목적어 자리에 인칭대명사가 목적격(them)이 아닌 주격으로 올 수 없다.
b : 수를 나타내는 양화사(two) 뒤에 셀 수 있는 명사(couple)가 난수형으로 올 수 없나.
d : 동사의 목적어 자리에 인칭대명사의 목적격(them)이 아닌 소유격(their)이 올 수 없다.

5. a

동사 push는 '~을 밀어 ~되게 하다'는 의미를 뒤에 목적어인 명사구(the door)와 보어인 형용사구(open)를 두어 전한다.

b, c : 동사 put과 press는 뒤에 목적어인 명사구와 보어인 형용사구를 두어 이러한 의미를 전할 수 없다.
d : 동사 become은 뒤에 목적어인 명사구와 보어인 형용사구를 가질 수 없고 명사구나 형용사구를 보어로 취한다.

6. c

동사 drive는 뒤에 목적어인 명사구를 가질 수도 있고 이것이 나오지 않을 수도 있다. 예문처럼 목적어인 명사구가 오지 않을 때는 이 동사의 행위가 어떤 모양으로 이루어지는가를 나타내는 양태부사(carefully)가 올 수 있다.

a : 명사구(care)는 동사 drive의 행위가 일어나는 모양을 묘사할 수 없다.
b, d : 동사 drive는 뒤에 형용사구를 보어로 가지지 않는다.

7. b

전치사(between)의 목적어(them)와 동격인 명사구는 목적격으로 온다.

a : 고유명사(Chul-Soo)는 목적격을 가지고 있지만 인칭대명사가 목적격(him)이 아닌 주격(he)으로 와서 비문법적이다.
c : 고유명사(Michael)는 목적격을 가지고 있지만 인칭대명사가 목적격(her)이 아닌 주격(she)으로 와서 비문법적이다.
d : 고유명사(Michael)는 목적격을 가지고 있지만 인칭대명사가 목적격(him)이 아닌 소유격(his)으로 와서 비문법적이다.

8. b

문장의 주어는 명사구가 되어야 한다.

a : 형용사(young)와 셀 수 있는 명사의 단수형(boy)은 앞

에 한정사가 오지 않아 명사구가 아니므로 주어가 될 수 없다.

b : 지시사(this) 뒤에 형용사(young)와 셀 수 있는 명사의 단수형(boy)이 와서 명사구이므로 주어가 될 수 있다.

c : 형용사(young)와 셀 수 있는 명사의 복수형(boys)으로 되어 있는 명사구. 동사가 단수형(was)이므로 예문의 주어가 될 수 없다.

d : 지시사의 복수형(these) 뒤에 형용사(young)와 셀 수 있는 명사의 복수형(boys)이 와 있는 명사구. 동사가 단수형이므로 예문의 주어가 될 수 없다.

9. d

동사 put은 '~을 ~에 두다'는 의미를 뒤에 목적어인 명사구(his car)와 장소를 나타내는 전치사구(in the garage)로 전한다.

a : 셀 수 있는 명사가 앞에 한정사 없이 와서 명사이지만 명사구는 아니다.

b : 명사구이지만 전치사구가 아니어서 이 동사의 목적어 뒤에 올 수 없다.

c : 셀 수 있는 명사의 단수형(garage)이 앞에 한정사 없이 와서 명사구가 아니므로 전치사(in)의 목적어가 될 수 없다.

d : 전치사(in)와 목적어인 명사구(the garage)로 되어 있는 전치사구이다.

10. a

주어(All of the children)와 동격인 명사구는 주격으로 온다.

a : 고유명사(Tom)와 인칭대명사(she, he)가 모두 주격으로 와서 주어와 동격이 될 수 있다.

b : 고유명사(Tom)는 주격이지만 인칭대명사가 목적격(her, him)이어서 주어와 동격이 될 수 없다.

c : 고유명사(Tom, Mary)는 주격이지만 인칭대명사가 목적격(him)이어서 주어와 동격이 될 수 없다.

d : 고유명사(Mary)는 주격이지만 인칭대명사가 목적격(him, her)이어서 주어와 동격이 될 수 없다.

IV. 기본영작

1. a. The girl is pretty.
   b. The girl has good looks.

- '그 소녀'는 화자가 어느 대상을 가리키는지 그의 청자도 알고 있다고 보고 있으므로 정관사(the)가 필요하고 뒤에 셀 수 있는 명사의 단수형(girl)이 온다. The girl은 명사구로 주어가 될 수 있다.
- 첫째 예문은 주어인 명사구(The girl)와 동사구(is pretty)로 되어 있고 동사구는 동사(is)와 형용사구(pretty)로 되어 있다. 형용사구가 동사의 보어이다.
- 둘째 예문은 주어인 명사구(The girl)와 동사구(has good looks)로 되어 있고 동사구는 동사(has)와 그 동사의 목적어인 명사구(good looks)로 되어있다.

2. a. Boys like girls.
   b. Boys are apt to like girls.

- 한국어 원문의 '소년'과 '소녀'는 특정한 소년과 소녀를 뜻하는 것이 아니라 일반적인 의미의 소년과 소녀를 가리킨다. 셀 수 있는 명사(boy, girl)는 앞에 한정사가 붙지 않은 복수형(boys, girls)으로 일반적인 의미를 전한다.
- 한국어 원문의 '~을 좋아하다'는 동사 like나 '~을 좋아하는 경향이 있다'는 의미의 be apt to like, tend to like로 옮긴다.
- 첫째 예문은 주어인 명사구(Boys)와 동사구(like girls)로 되어 있고 동사구는 동사(like)와 그 목적어인 명사구(girls)로 되어 있다.
- 둘째 예문은 주어인 명사구(Boys)와 동사구(are apt to like girls)로 되어 있고 동사구는 동사(are) 뒤에 그 보어인 형용사구(apt)와 to-부정사(to like)가 나오는 구조이다. 명사구 girls는 to-부정사의 목적어이다.

3. a. The boy likes girls.
   b. The boy likes girls in general, not boys.

- 한국어 원문의 '그 소년'은 특정한 한 소년을 뜻하므로 the boy로 옮기고 '소녀'는 일반적인 의미의 소녀를 뜻하므로 girls로 옮긴다.
- 둘째 예문처럼 일반적인 의미의 소녀는 girls in general로 옮길 수도 있다. boys는 일반적인 의미의 소년을 가리킨다.

4. a. The girl likes music.
   b. Music is what the girl likes.

- 한국어 원문의 '음악'은 일반적인 의미의 음악을 뜻하므로 셀 수 없는 명사(music) 앞에 한정사를 붙이지 않고 쓴다.
- 첫째 예문은 주어인 명사구(The girl)와 동사구(likes music)로 되어 있고 동사구는 동사(likes)와 그 목적어인 명사구(music)로 되어 있다.
- 둘째 예문은 주어인 명사구(Music)와 동사구(is what the girl likes)로 되어 있고 동사구는 동사(is) 뒤에 그 보어인 명사구(what the girl likes)로 되어 있다. what은 그 자체에 선행사를 포함하고 있는 관계대명사이다. what the girl likes는 '그 소녀가 좋아하는 것'으로 해석된다.

5. a. A boy likes this girl.
   b. This girl is liked by a boy.

- 한국어 원문의 '한 소년'은 명사구 a boy로 옮기고 '이 소녀'는 한정사의 하나인 지시사가 붙은 명사구 this girl로 옮긴다.
- 각각의 명사구 a boy와 this girl에서 명사(boy, girl) 앞의 부정관사(a)와 지시사(this)를 빼면 명사구가 아니므로 문장의 주어가 될 수 없으며 동사(likes)나 전치사(by)의 목적어가 될 수 없다.
- 첫째 예문은 '한 소년'을 화제로 삼아 옮긴 것이고 둘째 예문은 '이 소녀'를 화제로 삼아 옮긴 것이다.

6. a. The girl likes the music.
   b. The music is liked by the girl.

- 한국어 원문의 '그 소녀'와 '그 음악'은 화자가 그의 청자도 알고 있다고 보는 특정한 한 소녀와 특정한 음악을 뜻하므로 정관사를 붙여 the girl과 the music으로 옮긴다.
- 첫째 예문은 '그 소녀'를 둘째 예문은 '그 음악'을 화제로 삼은 문장이다. 둘째 예문은 동사 like의 행위를 하는 행위자(The girl)가 아닌 행위를 받는 대상(the music)을 화제로 삼게 되어 동사가 능동태(like)가 아닌 수동태(is liked)가 된 것이다.

7. a. A boy likes a girl.
 b. A girl is liked by a boy.

- 한국어 원문의 '한 소년'과 '한 소녀'는 모두 일반적인 의미의 소년과 소녀가 아니다. 화자가 그의 청자는 알고 있지 않다고 보고 있는 한 소년과 소녀를 가리키므로 a boy와 a girl로 옮긴다.
- 셀 수 있는 명사(boy, girl)의 단수형 앞에 한정사(a)를 붙이지 않으면 명사이지만 명사구가 아니어서 문장의 주어가 될 수 없고 동사(likes)나 전치사(by)의 목적어가 될 수 없다는데 유의하라.

8. a. The girl likes any music.
 b. Any music pleases the girl.

- '어떤 음악'은 한정사의 하나인 양화사(any)와 셀 수 없는 명사(music)를 사용하여 명사구 any music으로 옮긴다.
- '~를 좋아하다'는 첫째 예문처럼 동사 like로 옮기거나 둘째 예문처럼 '~를 기쁘게 하다'는 의미의 동사 please로 옮긴다.
- 주어가 3인칭 단수(The girl, Any music)이고 동사가 현재시제일 때 동사에 -s(likes, pleases)가붙는다는데 유의하라.

9. a. The boy likes his friend's girl.
 b. The boy's friend's girl is liked by the boy.

- 한국어 원문의 '친구의 소녀'는 '그의 친구의 소녀'나 '그 소년의 친구의 소녀'를 뜻하므로 각각 명사구 his friend's girl과 the boy's friend's girl로 옮긴다.
- 첫째 예문은 주어인 명사구(The boy)와 동사구(likes his friend's girl)로 되어 있고 동사구는 동사(likes)와 그 목적어인 명사구(his friend's girl)로 되어 있다.
- 둘째 예문의 The boy's friend's girl은 명사구로 동사(is liked)의 주어이다.

10. a. These boys like those girls.
 b. Those girls are liked by these boys.

- 한국어 원문의 '이 소년들'과 '저 소녀들'은 모두 명사구로 소년과 소녀가 여러 명이므로 명사(boy, girl)의 복수형(boys, girls) 앞에 지시사(this, that)의 복수형(these, those)을 두어 각각 명사구 these boys와 those girls로 옮긴다. 지시사의 단수형(this, that)을 사용하지 않도록 주의하라.
- 첫째 예문은 '이 소년들'(these boys)을 둘째 예문은 '저 소녀들'(those girls)을 화제로 삼은 문장이다.

V. 심화영작

1. a. Some students are clever.
 b. Some of them are clever students.
 c. There are some students who are clever.

- 한국어 원문의 '어떤 학생들'은 한정사인 양화사(some)와 셀 수 있는 명사의 복수형(students)을 사용하여 명사구 some students로 옮긴다.
- 첫째 예문은 주어인 명사구(Some students)와 동사구(are clever)로 되어 있고 동사구는 동사(are)와 그 보어인 형용사구(clever)로 되어 있다.
- 첫째 예문과 셋째 예문의 some은 명사를 한정하는 한정사인 양화사이고 둘째 예문의 some은 '어떤 사람들'을 뜻하는 대명사로 명사구이다.

2. a. Very little does the student know.
 b. The student has very little knowledge.
 c. Very little knowledge does the student have.

- 첫째 예문은 부정의 의미를 가진 부사구(Very little)를 강조하기 위해 문장의 첫머리로 이동한 것으로 이것이 뒤의 절 전체를 부정하므로 주어(the student)와 조동사(does)가 도치된 것이다. 이것이 이동하기 전의 문장은 The student knows very little이다.
- 셋째 예문은 부정의 의미를 가진 명사구(Very little knowledge)를 강조하기 위해 문장의 첫머리로 이동하면서 이 부정어가 뒤의 절 전체를 부정함에 따라 주어(the student)와 조동사(does)가 도치된 것이다. 이것이 이동하기 전의 문장은 The student has very little knowledge이다.

3. a. Students should respect knowledge.
 b. Every student should think highly of knowledge.
 c. Knowledge should be thought highly of by students.

- 한국어 원문의 '학생'은 어떤 특정한 학생이 아니라 일반적인 의미의 학생을 가리킨다. 따라서 한정사를 붙이지 않은 복수형(students)으로 옮긴다. 또한 '모든 학생'을 뜻하는 것으로 보아 둘째 예문처럼 명사구 every student로 옮긴다. 양화사 every 뒤는 셀 수 있는 명사가 복수형이 아닌 단수형으로 온다는데 유의하라.
- '지식'(knowledge)은 셀 수 없는 명사이므로 일반적인 의미의 지식을 가리킬 때는 앞에 한정사를 붙이지 않은 형태를 사용한다.
- '~을 중시하다'는 respect~, think highly of~로 옮긴다.
- '~해야 하다'는 당연함이나 의무를 나타내는 조동사 should~로 나타낸다.

4. a. These students respect knowledge.
 b. These are the students who respect knowledge.
 c. Knowledge is thought highly of by these students.

- 한국어 원문의 '이 학생들'은 학생이 여러 명으로 앞의 지시사도 복수형이 되어 명사구 these students로 옮긴다.
- 첫째 예문과 셋째 예문의 these는 모두 명사(students)

를 한정하는 한정사인 지시사이고 둘째 예문의 these는 주어로 쓰인 지시대명사로 '이들, 이 사람들'을 뜻한다.

- 둘째 예문은 These are the students와 They respect knowledge를 관계대명사 who로 연결한 문장이다. These는 주어인 명사구이고 the students는 동사(are)의 보어인 명사구이며 who~ knowledge는 명사 students를 수식하는 형용사절이다.
- 셋째 예문은 These students think highly of knowledge에서 think highly of의 목적어인 명사구 knowledge를 주어로 두어 나온 문장이다.

5. a. The student does his homework carefully.
   b. It is carefully that the student does his homework.
   c. The way the student does his homework is carefully.

- 한국어 원문의 '조심스럽게'는 부사구 carefully나 전치사구 with care로 옮긴다.
- 한국어 원문의 '숙제를 하다'는 동사구 do homework이나 '그의 숙제를 하다'는 의미이므로 동사구 do his homework으로 옮긴다.
- 둘째 예문은 첫째 예문의 부사구 carefully를 강조하기 위해 It~that~강조구문으로 옮긴 것으로 It은 가주어인 명사구이고 that-절은 진주어이다.
- 셋째 예문의 주어인 명사구 The way 뒤에 방법을 나타내는 관계부사 how가 의미상 존재하며 보통 The way나 how 중 하나만 사용한다. the student~homework은 명사 way를 수식하는 형용사절이다.

6. a. Between his teacher and me the student sat.
   b. The student sat between his teacher and me.
   c. It was between his teacher and me that the student sat.

- '~와 ~의 사이에'는 전치사구(between~and~)로 옮긴다.
- 첫째 예문은 보통 동사(sat) 뒤에 오는 전치사구(between~me)가 주어인 명사구(the student) 앞으로 이동된 것이다.
- 둘째 예문은 주어인 명사구(The student)와 동사구(sat~me)로 되어 있고 동사구는 동사(sat)와 전치사구(between~me)로 되어 있다. 명사구 his teacher and me는 전치사(between)의 목적어이다.
- 셋째 예문은 부사적인 기능을 하는 전치사구(between~me)를 강조하기 위해 It~ that~강조구문으로 만든 것이다.

7. a. Any students may enter the classroom.
   b. The classroom is open to any students.
   c. Entrance to the classroom is allowed to all students.

- '어떤 학생이건'은 한정사인 양화사(any)와 셀 수 있는 명사의 복수형(students)을 사용한 명사구 any students로 옮기거나 양화사(all)와 셀 수 있는 명사의 복수형(students)을 사용한 명사구 all students로 옮긴다.
- '~에 들어 올 수 있다'는 허가를 나타내는 조동사를 사용한 may enter~나 '~에게 개방되어 있다'는 의미의 be open to~로 옮기거나 '~이 ~에게 허용되어 있다'는 의미의 be allowed to~로 옮긴다.
- 첫째 예문은 들어오는 행위(enter)를 하는 행위자인 '학생'을 둘째 예문은 장소인 '교실'을 셋째 예문은 어떤 장소에 '들어가는 것'(entrance)을 주어로 옮긴 것이다.
- 둘째 예문의 to any students 셋째 예문의 to the classroom, to all students는 모두 전치사구이다.

8. a. These students want to be famous politicians.
   b. It is these students' hope to be a famous politician.
   c. Famous politicians are the ones whom these students dream of becoming.

- 한국어 원문의 '유명한 정치가'는 일반적인 의미의 유명한 정치가를 가리키는 것으로 보아 한정사를 붙이지 않은 복수형 famous politicians로 옮긴다. 그러나 둘째 예문처럼 '한 유명 정치가가 되는 것이 이 학생들의 희망이다'로 옮길 때는 '한 유명한 정치가'의 뜻으로 a famous politician으로 옮길 수 있다.
- 둘째 예문은 to-부정사(to be)가 진주어이고 It은 이것을 가리키는 가주어이다.
- 셋째 예문의 동사구는 동사(are) 뒤에 보어인 명사구(the ones)가 나오는 구조이다. whom these~becoming은 앞의 ones를 수식하는 형용사절이다.

9. a. These students think that they have little knowledge.
   b. The recognition these students have is that they know little.
   c. It is these students' recognition that they have little knowledge.

- '아는 게 별로 없다'는 동사구 have little knowledge, know little로 옮긴다.
- '~라고 생각하다'는 동사 think 뒤에 목적어인 명사절(that-절)을 두어 옮기거나 '~라는 인식'의 의미이므로 명사구 the recognition~으로 옮긴다.
- 첫째 예문은 행위자인 사람(These students)을 둘째 예문은 행위자가 가지고 있는 인식(The recognition)을 셋째 예문은 진주어인 that-절과 가주어 It을 두어 옮긴 것이다.
- 첫째 예문의 that-절(that~knowledge)은 동사(think)의 목적어이고 둘째 예문의 that-절(that~little)은 동사(is)의 보어이다.

10. a. The student met us, Tom and me, after class.
    b. We, Tom and I, were met by the student after class.
    c. It was us, Tom and me, that the student met after class.

- '수업이 끝난 후'는 전치사구 after class로 옮긴다.
- 한국어 원문의 '우리들 즉 탐과 나'는 '우리들'과 '탐과 나'가 같은 것을 가리키는 동격관계에 있으므로 문장에서 서로 같은 격이 되어야 한다는데 유의하라.
- 첫째 예문에서 '우리들'은 동사(met)의 목적어인 명사구(us)이므로 이것과 동격관계에 있는 '탐과 나'도 역시

목적격(Tom and me)이 된다.

- 둘째 예문에서는 '우리들'이 주어이므로 주격(We)이고 이것과 동격관계에 있는 명사구도 같은 주격(Tom and I)이 된다.
- 셋째 예문은 It~that~강조구문으로 It와 that 사이의 요소(us, Tom and me)가 강조를 받고 있다. '우리들'은 동사(met)의 목적어이므로 목적격(us)이 되고 이것과 동격관계에 있는 '탐과 나'도 같은 목적격(Tom and me)이 된다.

제3장 절

II. 기본연습

1. a

a : 의문사(how)와 to-부정사(to get)와 부사(there)로 되어 있다.
b : 의문사(where) 주어(they) 동사(live)로 되어 있는 절
c : 의문사(when) 주어(I) 동사(have) 뒤에 to-부정사가 나오는 절
d : 접속사(that) 주어(you) 동사(are) 보어(honest)로 되어 있는 절

2. c

a, b : 동사(know)의 목적어인 명사절
c : 동사(is)의 주어인 명사절
d : 부사절

3. b

a : 동사(want)의 목적어인 명사절
b : 동사(is)의 보어인 명사절
c : 동사(call)를 수식하는 부사절
d : 명사(village)를 수식하는 형용사절

4. b

a : 동사(is)의 보어인 명사절
b : 동사(know)의 목적어인 명사절
c : 명사(girl)를 수식하는 형용사절
d : 전치사(in)의 목적어인 명사절

5. b

a : 동사(think)의 목적어인 명사절
b : 전치사(in)의 목적어인 명사절
c : 이유를 나타내는 부사절
d : 동작이나 상태가 계속되고 있는 기간을 나타내는 부사절

6. d

a : 동사(know)의 목적어인 명사절
b : 동사(is)의 주어인 명사절
c : 동사(is)의 주어인 명사절
d : 명사(boy)를 수식하는 형용사절

7. a

a : 동사(made)의 가목적어인 it이 가리키는 진목적어인 명사절
b : 때나 조건을 나타내는 부사절
c : 이유를 나타내는 부사절
d : 양보를 나타내는 부사절

8. a

a : 때나 조건을 나타내는 부사절
b : 명사(boy)를 수식하는 형용사절
c : 명사(time)를 수식하는 형용사절
d : 명사(restaurant)를 수식하는 형용사절

9. a

a : 의문사 뒤에 주어와 동사(where they live)가 나와야 한다.
b : 접속사(that) 뒤에 주어(she) 동사(was) 보어(innocent)가 나와 있는 절
c : 명사(pencil)를 수식하는 형용사절이다. 관계대명사(which) 뒤에 주어(I) 부사(sometimes) 동사(use)가 나와 있다. 명사구 a pencil이 동사 use의 목적어.
d : 명사(time)를 수식하는 형용사절이다. 관계부사(when) 뒤에 주어(we)와 동사(have)가 나오고 to-부정사가 나와 있다.

10. a

a: 동사(made)의 목적어로 that-절이 오고 뒤에 보어(clear)가 올 때는 이 목적어를 가목적어(it)로 두고 진목적어인 that-절은 보어 뒤로 이동시킨다. I made it clear that she was guilty.
b: 전치사(in)의 목적어인 명사절
c. 동사(is)의 주어인 명사절
d: 명사(fountain pen)를 수식하는 형용사절. that은 접속사가 아니라 관계대명사

III. 응용연습

1. b

때나 조건을 나타내는 부사절에서는 미래의 의미를 현재시제로 나타낸다. 따라서 접속사(Before) 뒤에 주어(she)와 동사의 현재형(goes)이 온다.

a : 동사가 현재형(goes)이 아닌 원형(go)이 와서 비문법적이다.
c : 동사가 현재시제가 아닌 미래시제(will go)로 와서 비문법적이다.
d : 접속사(before)가 주어(she) 앞에 와야 한다.

2. a

전체 문장의 동사는 is이므로 그 앞은 주어인 명사절이 와야

한다. 명사절을 이끌 수 있는 것은 관계대명사 what이다.

a : 관계대명사 what 내에 동사 wants의 목적어(the thing)가 내포되어 있다.

b : 동사 wants의 목적어가 없어서 이 자리에 올 수 없다.

c : 접속사 after는 부사절을 이끌 수 있지만 명사절을 이끌 수 없어 이 자리에 올 수 없다.

d : 명사절을 이끌 수 없어서 올 수 없다.

3. b

주동사 know 뒤는 목적어인 명사절이 올 수 있다. 따라 의문부사(why)가 이끄는 간접의문을 나타내는 명사절 온다.

a : 의문대명사 what은 major in에서 전치사(in)의 목적어로 명사구(philosophy)가 이미 나와 있으므로 전치사의 목적어가 될 수 없어서 올 수 없다.

b : 의문부사(why)가 이끄는 간접의문문(why~philosophy)은 명사절이므로 주절동사(know)의 목적어가 될 수 있다.

c : 의문대명사(which, who)는 종속절에서 전치사(in)의 목적어가 될 수 없어서 오지 못한다.

4. d

두개의 절 That is the boy와 His father is a famous sntist는 대명사의 소유격 His 대신에 소유를 나타내는 관대명사 whose를 써서 하나의 문장으로 연결한다.

a, c : 예문에서 종속절을 주절과 연결하는 기능을 할 수 없다.

5. c

가어(it)가 가리킬 수 있는 명사절이 와야 한다.

a : 의문사 how는 명사절을 이끌 수 있지만 예문에서는 전체 문장의 의미와 조화를 이룰 수 없어 올 수 없다.

b : 접속사 as와 while은 부사절을 이끄는 데 쓰이므로 가주어(it)에 대한 진주어가 될 수 없다.

c : 접속사 whether는 가주어(it)의 진주어가 되는 명사절을 이끌 수 있다.

6. b

동작을 나타내는 접속사는 as이다.

a : 동사 walk가 '걷다'는 의미를 전할 때는 목적어를 가지지 않으므로 의문사 why나 how가 이끄는 명사절은 이 동사 뒤에 올 수 없다.

d : 의문사 whose는 예문에서 두 절을 연결할 수 없다.

7. a

가어(it)에 대한 진주어가 되려면 명사절이어야 한다.

that-절은 명사절이어서 가주어의 진주어가 될 수 있다.

b : 동사(study)가 나타내는 행위가 일어나는 모양이 부사구 very hard에 의해 이미 표현되어 있어서 방법을 나타내는 의문사 how를 두면 의미상 문제가 일어난다.

c : 종속절의 주어인 사람(she)이 이미 문장 내에 있어서 의문대명사 who를 쓸 수 없다.

d : 예문에서 가주어(it)의 진주어가 되는 명사절을 이끌 수 없다.

8. d

'~하지 않으면'의 의미를 전하는 접속사는 unless이다.

a : 조건을 나타내는 접속사로 의미상의 문제 때문에 쓰이지 못한다.

b : 이유를 나타내는 접속사로 역시 의미상의 문제로 쓰일 수 없다.

c : 이유를 나타내는 접속사로 의미상의 문제로 쓰이지 못한다. because와 달리 그이유가 이미 상대에게 알려져 있을 때 쓴다.

9. c

장소를 나타내는 명사(mountain) 뒤에서 이 명사가 가리키는 대상을 한정하는 형용사절을 사용하고자 할 때 관계부사 where를 사용할 수 있다.

a, d : 관계대명사 which와 who는 예문에서 명사 mountain을 수식하는 형용사절을 이끌 수 없다.

b : 관계부사 how는 장소가 아니라 방법을 나타낼 때 사용한다.

10. a

양보를 나타내는 접속사는 although이다.

a : 양보를 나타내는 부사절을 이끈다.

b : 명사절을 이끄는 접속사이므로 예문에서 쓰일 수 없다.

c, d : 문장 구조상 쓰일 수 없다.

IV. 기본영작

1. a. The runner is very fast.
   b. The runner runs very fast.

- 한국어 원문의 '그 주자'는 화자가 그의 청자도 알고 있다고 보는 특정한 주자 한 사람을 뜻하므로 명사구 the runner로 옮긴다.
- '매우 빠른'은 형용사구 very fast로 옮기고 '매우 빨리'는 부사구 very fast로 옮긴다. 첫째 예문의 very fast는 보어가 나오기를 요구하는 동사(is)의 보어인 형용사구이다. 둘째 예문의 very fast는 동사(runs)의 행위가 일어나는 모양을 가리키는 양태부사이다.

2. a. He is wearing expensive sportswear.
   b. The sportswear he is wearing is expensive.

- '운동복'을 sportswear로 옮기면 이 명사는 셀 수 없는 명사로 부정관사(a)와 쓰일 수 없으므로 a sportswear로 옮길 수 없다. 따라서 '비싼 운동복'은 명사구 expensive sportswear로 옮기며 an expensive sportswear로 옮길 수 없다.
- '입고 있다'는 일반적인 의미의 입는다는 의미가 아닌 '현재 입고 있다'는 의미로 보아야 하므로 단순현재시제(wears)가 아닌 현재진행시제(is wearing)로 옮긴다.

• 둘째 예문의 주어는 명사구 The sportswear이고 (that) he is wearing은 목적격 관계대명사 that이 이끄는 형용사절로 앞의 명사 sportswear를 수식한다.

3. a. I think he is very fast.
 b. My belief is that he is very fast.

• '매우 빠른'은 형용사구 very fast로 옮긴다. 이 형용사구가 첫째 예문에서는 동사(is)의 보어이고 둘째 예문에서는 종속절 동사(is)의 보어이다.
• '~라고 믿다'는 '~라고 생각하다'는 의미로 첫째 예문처럼 동사구 think~로 옮기거나 둘째 예문처럼 명사구 ~belief로 옮긴다.
• 첫째 예문은 종속절 (that) he~fast가 주절동사(think)의 목적어인 명사절이다. 둘째 예문에서는 종속절 (that) he~fast가 주절동사(is)의 보어이다.

4. a. This is the time for him to work for others.
 b. Now is the time when he has to work for others.

• 첫째 예문의 동사는 is이고 명사구 the time은 보어이며 to-부정사(to work)는 명사구 the time을 수식하며 for him은 전치사구로 for는 to-부정사의 주어(him) 앞에 오는 전치사이다. 전치사 뒤는 그 목적어 자리이므로 대명사(he)가 목적격(him)으로 온다.
• 둘째 예문의 명사구 the time은 동사(is)의 보어이고 관계부사(when)가 이끄는 형용사절(when~others)은 이 명사구를 수식한다.
• for others는 전치사구로 명사구 others가 전치사 for의 목적어이다. others는 '남, 타인'을 의미한다.

5. a. He wants more money.
 b. What he wants is more money.

• 첫째 예문은 한국어 원문이 '그는 더 많은 돈을 원한다'는 의미이므로 주어인 명사구(He)와 동사(wants) 뒤에 목적어인 명사구(more money)를 두어 옮긴다.
• 둘째 예문은 '그가 원하는 것(What he wants)은 더 많은 돈(more money)이다(is)'처럼 전체 문장의 주어를 종속절(What~wants)로 두고 동사(is)와 그 보어인 명사구(more money)를 두어 옮긴 것이다. What은 명사절을 만드는 관계대명사이다.

6. a. Where he lives is not important.
 b. It is not important where he lives.

• '그가 어디 사는가는'을 첫째 예문처럼 종속절인 명사절(Where he lives)로 옮겨 전체 문장의 주어로 만들 수 있다. 첫째 예문의 동사(is) 뒤의 형용사구(not important)는 보어이다. not은 형용사(important)를 수식하는 부사이다.
• 둘째 예문의 where-절(where~lives)은 명사절로 진주어이고 It은 이것을 가리키는 가주어이다.

7. a. This restaurant is where he eats.
 b. This is the restaurant where he eats.

• 첫째 예문은 하나의 주절 내에 하나의 종속절(where~eats)이 내포된 구조이다. 이 종속절은 명사절로 주절동사(is)의 보어이다.
• 둘째 예문은 하나의 주절 내에 장소를 나타내는 관계부사(where)가 이끄는 형용사절 (where~eats)이 주절동사(is)의 보어인 명사구 the restaurant 내의 명사 restaurant를 수식하는 구조이다.
• 종속절 동사(eat)가 현재진행시제(is eating)가 아닌 단순현재시제(eats)이므로 '말을 하고 있는 상황에서 현재 식사를 하고 있는 중인'을 뜻하는 것이 아니라 '보통 식사하는'의 의미이다.

8. a. It interests me how fast he is.
 b. I am interested in how fast he is.

• 첫째 예문은 하나의 주절(It interests me) 내에 종속절(how fast he is)이 내포되어 있는 구조이다. It은 가주어이고 명사절인 how fast he is가 진주어이다. 따라서 전체 문장은 주어인 명사구(It)와 동사구(interests me)로 되어 있고 동사구는 동사(interests)와 그 목적어인 명사구(me)로 되어 있다.
• 둘째 예문은 명사절(how~is)이 주절의 전치사(in)의 목적어로 내포되어 있는 구조이다.
• 첫째 예문은 '~이 ~의 관심을 갖게 하다'는 의미의 동사 interest~로 둘째 예문은 '~에 관심이 있다'는 표현(be interested in~)으로 옮긴 것이다.

9. a. He is very fast, and this is wellknown.
 b. It is a wellknown fact that he is very fast.

• 첫째 예문은 두 개의 주절로 되어 있는 문장으로 등위접속사(and) 뒷 절의 주어인 대명사 this는 앞 절(He~fast) 전체를 가리킨다.
• 둘째 예문은 명사절인 종속절(that~fast)이 진주어이고 It은 가주어이다. 따라서 주어(It) 동사(is) 보어(a wellknown fact)로 되어 있는 문장이다.

10. a. The coach made it clear that the runner was the fastest.
 b. It was made clear by the coach that the runner was the fastest.

• '그 코치'와 '그 주자'는 화자가 그의 청자도 알고 있다고 보는 특정한 대상을 가리키므로 정관사를 붙여 각각 the coach와 the runner로 옮긴다.
• '~을 분명히 하다'는 동사 make 뒤에 목적어인 명사구(it)와 보어인 형용사구(clear)를 두어 옮긴다. 첫째 예문의 it은 동사(made)의 가목적어이고 that-절(that~fastest)이 진목적어다.
• 둘째 예문은 첫째 예문의 가목적어 it을 주어로 두어 파생된 문장으로 It은 가주어이고 that-절(that~fastest)이 진주어이다.
• '가장 빠른'은 형용사의 최상급(fastest) 앞에 정관사(the)를 두어 옮긴다.

V. 심화영작

1. a. The dancer goes to work, drinking milk.

b. While drinking milk, the dancer goes to work.
c. Both drinking milk and going to work occur at the same time to the dancer.

- '~을 마시면서'는 첫째 예문처럼 현재분사 drinking~이나 둘째 예문처럼 종속절(while (she is) drinking~)로 옮기거나 셋째 예문처럼 both drinking~and~로 옮긴다.
- '출근하다'는 go to work으로 옮긴다.
- 첫째 예문과 둘째 예문의 명사구 milk는 현재분사 drinking의 목적어이고 셋째 예문의 그것은 동명사 drinking의 목적어이다.
- 셋째 예문은 두 동명사(drinking, going)가 주어이다.

2. a. Upon getting home, she takes a shower.
b. She takes a shower as soon as she returns home.
c. Immediately after she gets home, she takes a shower.

- '집에 도착하다'는 get home으로 '집으로 돌아오다'는 return home으로 옮긴다. return은 '돌아오다'는 동사이고 home은 '집으로'라는 부사이다.
- '~하자마자'는 시간의 접촉을 나타내는 전치사 upon을 사용한 전치사구(upon getting)나 as soon as~, immediately after~로 옮긴다.
- 첫째 예문의 getting은 동명사로 전치사(upon)의 목적어이다.
- 둘째 예문의 앞의 as는 '그 정도로, 그 만큼'을 뜻하는 부사이고 뒤의 as는 종속절(as she ~ home)을 앞의 주절과 연결하는 접속사이다.
- '샤워를 하다'는 take a shower로 옮긴다.

3. a. She became a dancer because she liked dancing.
b. Dancing interested her, so she became a dancer.
c. Her job was dancing, because she liked to dance.

- '~해서'는 '~했기 때문에'의 의미로 이유를 나타내는 종속접속사(because)가 이끄는 종속절(because-절)로 옮기거나 둘째 예문처럼 ~, so~로 옮긴다. so는 부사가 아니라 앞 절과 뒷 절을 연결하는 접속사이다.
- '그녀'(She) '춤'(dancing) '그녀의 직업'(her job)을 화제로 삼아 주어로 만들어 옮길 수 있다.
- 첫째 예문의 명사구 a dancer는 동사 became의 보어이고 셋째 예문의 명사구 dancing은 동사 was의 보어이다.

4. a. She dances while singers sing.
b. Her job is to dance while singers sing.
c. What she does is dance while singers sing.

- 한국어 원문은 현재의 사실을 말하므로 단순현재시제(dances, sing, is, does, is) 로 옮긴다.
- 첫째 예문과 둘째 예문은 주절에 종속접속사(while)가 이끄는 종속절(while-절)이 내포된 문장이다.
- 셋째 예문은 전체 문장의 주어로 명사절인 종속절(What she does)이 나오고 또 하나의 부사절인 종속절(while-절)이 나온 문장이다. is 뒤의 dance는 to-부정사 to dance에서 to가 생략된 형태이다.

5. a. She will certainly become a good dancer.
b. I am sure that she will become a good dancer.
c. My belief is that she will certainly become a good dancer.

- '멋진 무용수'는 '한 사람의 멋진 무용수'를 뜻하므로 명사구 a good dancer로 옮긴다. 한정사인 부정관사(a)를 빼고 good dancer로 옮길 수 없다.
- '~가 될 것이다'는 미래에 대한 예언이나 예측을 나타내므로 will과 동사원형(become)으로 옮긴다.
- 첫째 예문과 셋째 예문의 certainly는 확신부사로 문장 가운데 위치인 조동사 will 뒤에 온다.
- 둘째 예문의 형용사구 sure는 동사(am)의 보어이고 that-절(that~dancer)은 형용사구 sure의 보어이다.
- 셋째 예문의 명사절(that-절)은 동사(is)의 보어이다.

6. a. She wears those boots when she dances.
b. Those are the boots she wears when she dances.
c. Those boots are the ones that she wears when she wears.

- 한국어 원문의 '저것이~부츠'는 '저 부츠'를 뜻하므로 명사구 those boots나 절 those are the boots로 옮긴다.
- 첫째 예문은 주절과 때를 나타내는 부사절인 종속절(when-절)로 되어 있다.
- 둘째 예문은 하나의 주절(Those~boots)에 명사 boots를 수식하는 종속절인 관계대명사(which, that)가 이끄는 형용사절과 또 다른 종속절인 때를 나타내는 부사절(when-절)이 나와 있는 문장이다.
- 셋째 예문도 하나의 주절에 ones를 수식하는 형용사절(that-절)과 때를 나타내는 부사절(when-절)이 종속절로 나온 문장이다.

7. a. She studies English while she takes a rest at home.
b. English is what she studies while she takes a rest at home.
c. Studying English is what she does while she takes a rest at home.

- '쉬다'는 take a rest로 옮긴다.
- 주어로 '그녀'(She) '영어'(English) '영어공부를 하는 것'(Studying English)을 두어 옮길 수 있다.
- 첫째 예문은 하나의 주절(She~English)에 하나의 종속절(while~home)이 내포되어 있다.
- 둘째 예문은 하나의 주절에 주절동사(is)의 보어인 명사절(what~studies)이 내포되어 있을 뿐 아니라 또 하나의 종속절(while~home)이 내포되어 있다.
- 셋째 예문도 하나의 주절에 주절동사(is)의 보어인 명사절(what~does)이 내포되어 있고 또 하나의 종속절(while~home)이 내포되어 있다.

8. a. She is both tall and pretty, but she doesn't have a boyfriend.
b. Both tall and pretty though she is, she doesn't have a boyfriend.

c. Despite the tall height and pretty face, she doesn't have a boyfriend.

- 첫째 예문은 두 개의 주절이 등위접속사(but)로 연결된 문장으로 앞 절은 형용사구(both tall and pretty)가 동사(is)의 보어이고 뒷 절은 명사구(a boyfriend)가 동사(have)의 목적어이다.
- 둘째 예문은 두 개의 절로 되어 있으며 앞 절은 양보를 나타내는 종속절이고 뒷 절이 주절이다. 앞 절은 보통 Though she is both tall and pretty로 쓰지만 문어체에서 동사(is)의 보어(both tall and pretty)를 강조하기 위해 앞으로 이동하여 Both tall and pretty though she is로 쓰기도 한다.
- 셋째 예문의 Despite~face는 전치사구로 명사구 the tall~face가 전치사(Despite)의 목적어이다.

9. a. It is not known that she sings well.
   b. She sings well, and this is not known.
   c. An unknown fact about her is that she sings well.

- '그녀가 노래를 잘 부른다는 사실'은 첫째 예문처럼 명사절인 that she sings well로 옮기거나 둘째 예문처럼 She sings well, and this로 옮긴다.
- 첫째 예문의 that-절(that~well)은 진주어이고 It은 이것을 가리키는 가주어이다.
- 둘째 예문은 두 개의 주절이 등위접속사(and)로 연결되어 있으며 대명사 this는 앞 절 전체(She~well)를 가리킨다.
- 셋째 예문의 about her는 전치사구로 명사구 her가 전치사 about의 목적어이다. 명사절인 that-절(that she sings well)은 동사(is)의 보어이다.

10. a. It matters how well she sings.
    b. What matters is how well she sings.
    c. The important thing is how well she sings.

- '그녀가 노래를 얼마나 잘 부르는가 하는 것'을 명사절(how well she sings)로 옮긴다.
- 첫째 예문은 명사절 how well she sings를 진주어로 하는 가주어(It)를 두어 옮긴 것으로 주어(It)와 '문제가 되다'는 의미의 동사(matter)로 된 문장이다.
- 둘째 예문의 주어는 관계대명사 what이 이끄는 명사절(What~matters)이고 명사절(how~sings)이 동사(is)의 보어이다.
- 셋째 예문은 명사절(how~sings)이 동사(is)의 보어이다. 명사 thing은 셀 수 있는 명사로 일반적으로 수의 개념으로 쓰이므로 한정사인 정관사(the)가 붙지 않은 important thing은 명사구가 아니므로 주어가 될 수 없다는데 유의하라.

제4장 문장

II. 기본연습

1. a

단문은 하나의 주절로 되어 있는 문장을 말한다.

a : [The boy] [finished] [his homework].
(주어) (동사) (목적어)
* 하나의 주절 = 단문

b : [I] [knew] {that [they] [were] [entertainers]}.
(주어)(동사) (종속접속사) (주어)(동사) (보어)
{목적어}
* 하나의 주절과 하나의 종속절 = 복문

c : [The girls] [danced] and [the boys] [sang].
(주어) (동사) (등위접속사) (주어) (동사)
* 두 개의 주절 = 중문

d : [He] [sang] {while [his girlfriend] [played] [the piano]}.
(주어) (동사) (종속접속사) (주어) (동사) (목적어)
* 하나의 주절과 하나의 종속절 = 복문

2. d

중문은 둘 이상의 주절로 되어 있는 문장을 말한다.

a : [I] [saw] [the dog] chasing after a hen.
(주어) (동사) (목적어)
* 하나의 주절 = 단문

b : [I] [found] {that [the dog] [was chasing] [a hen]}.
(주어)(동사) (종속접속사) (주어) (동사) (목적어)
{목적어}
* 하나의 주절과 하나의 종속절 = 복문

c : [The hen] [ran] away {when [the dog] [chased] after it}.
(주어) (동사) (종속접속사) (주어) (동사)
* 하나의 주절과 하나의 종속절 = 복문

d : [The dog] [chased] after a hen and [the hen] escaped].
(주어) (동사) (등위접속사) (주어) (동사)
* 두 개의 주절 = 중문

3. d

중복문이란 둘 이상의 주절과 하나 이상의 종속절로 되어 있는 문장을 말한다.

a : [I] [don't know] {who [you] [are]}.
(주어) (동사) (의문사) (주어) (동사)
{목적어}
* 하나의 주절과 하나의 종속절 = 복문

b : [I] [saw] [them] and [they] also [saw] [me].
(주어)(동사) (목적어)(등위접속사)(주어) (동사) (목적어)
* 두 개의 주절 = 중문

c : [I] [didn't know] {who [he] [was]} {until [he] came] close}.
(주어) (동사) (의문사)(주어)(동사)(종속접속사)(주어) (동사)
* 하나의 주절과 두 개의 종속절 = 복문

d : {Before [the wind] [blew]}, [it] [was] [sunny]
(종속접속사)(주어) (동사) (주어) (동사) (보어)
and [the lake] [was] [calm].
(등위접속사) (주어) (동사) (보어)
* 두 개의 주절과 하나의 종속절 = 중복문

4. c

문장에서 필수적으로 나와야 하는 요소가 나오지 않으면 문장이 될 수 없다.

a : The boy walked fast.
(주어) (동사) (부사)

주어자리에 명사구(The boy)가 오고 목적어가 나오기를 요구하지 않는 동사(walk) 뒤에 이 동사의 행위가 어떤 모양으로 이루어지는가를 나타내는 양태부사(fast)가 와서 완전한 문장.

b : He loved a pretty girl.
(주어) (동사) (목적어)

주어자리에 명사구(He)가 오고 목적어가 나오기를 요구하는 동사(love) 뒤에 목적어로 완전한 명사구(a pretty girl)가 와서 완전한 문장

c : He put book on the desk.
(주어)(동사) (명사) (전치사) (명사구)
(전치사구)

주어자리에 명사구(He)가 와서 주어는 완전한 문장을 만드는데 문제가 없다. 그러나 동사 put은 '~을 ~에 두다'는 의미를 전하기 위해 뒤에 목적어인 명사구와 장소를 나타내는 전치사구가 반드시 나오기를 요구한다. 그러나 목적어자리에 완전한 명사구가 아닌 명사(book)가 나와 완전한 문장을 만들지 못하고 있다. 명사구에 관해서는 제2장의 구에 관한 설명을 참조하라.

d : He was a famous tennis player.
(주어) (동사) (보어)

주어자리에 명사구(He)가 오고 보어가 오기를 요구하는 동사(was) 뒤에 완전한 명사구가 보어로 와서 완전한 문장

5. d

a : [She] [was] so [glad] {that [she] [cried]}.
(주어) (동사) (보어) (종속접속사)(주어) (동사)
* 하나의 주절과 하나의 종속절 = 복문

b : [She] [cried] {because [she] [was] so [glad]}.
(주어) (동사) (종속접속사) (주어) (동사) (보어)
* 하나의 주절과 하나의 종속절 = 복문

c : [He] [was eating] {while [he] [was talking]}.
(주어) (동사) (종속접속사)(주어) (동사)
* 하나의 주절과 하나의 종속절 = 복문

d : [He] [was] so [hungry] and [he] [ate] [the bananas].
(주어) (동사) (보어) (등위접속사)(주어)(동사) (목적어)
* 두 개의 주절 = 중문

6. c

a : [He] [wanted] [something] new.
(주어) (동 사) (목 적 어)

b : [He] [was] [a famous politician].
(주어) (동사) (보 어)

c : [He] [walked] around his house.
(주어) (동 사)

d : [The politician] [became] [famous].
(주 어) (동 사) (보 어)

7. d

a : [He] [had] [a wife and children].
(주어) (동사) (목적어)

b : [He] [made] [them] [basketball players].
(주어) (동사) (목적어) (보어)

c : [He] [taught] [some children] [basketball].
(주어) (동사) (간접목적어) (직접목적어)

d : [The basketball player] [was] [very tall].
(주어) (동사) (보어)

8. c

a : [We] [were] [students].
(주어) (동사) (보어)

b : [We] [made] [each other] [happy].
(주어) (동사) (목적어) (보어)

c : [We] [met] [a few foreigners] there.
(주어) (동사) (목적어)

d : [My friend and I] [walked] on the beach.
(주어) (동사)

9. d

a : [She] [was] [a mere child].
(주어) (동사) (보어)

b : [The door] [opened] slowly.
(주어) (동사)

c : [She] [closed] [the door] then.
(주어) (동사) (목적어)

d : [The girl] [pulled] [the door] [open].
(주어) (동 사) (목적어) (보어)

10. c

a : [She] still [remains] [single].
(주어) (동사) (보어)

b : [She] [makes] [them] [comfortable].
(주어) (동사) (목적어) (보어)

c : [She] [gives] [her patients] [some medicine].
(주어) (동사) (간접목적어) (직접목적어)

d : [Mary] [is] [a nurse] in a university hospital.
(주어) (동사) (보어)

III. 응용연습

1. b

부정의 부사 never는 일반적으로 be동사 뒤, 일반동사 앞, 조동사 뒤에 온다.

a : met이 일반동사이므로 부정의 부사 never는 이 동사 앞에 온다.
b : 부정의 부사 never가 조동사 has 뒤에 와서 문법적이다.
c : 부정의 부사 never가 조동사 has 뒤에 오지 않고 본동사 met 뒤에 와서 비문법적이다.
d : 부정의 부사 never가 조동사와 본동사 뒤에 올 수 없다.

2. b

동사의 목적어는 명사구가 목적격으로 와야 한다.

a : 동사(dated)의 목적어가 주격으로 와서 비문법적이다.
b : 동사의 목적어가 목적격으로 와서 문법적이다.
c : 명사이지만 명사구가 아니어서 비문법적이다.
d : 소유대명사 hers는 명사구이기는 하지만 '그 여자의 것'을 의미하므로 의미상 문제가 있어 올 수 없다.

3. d

동사 put은 '~을 ~에 두다'는 의미를 목적어와 장소를 나타내는 전치사구로 전한다.

a : music book은 명사구가 아니므로 동사 put의 목적어가 될 수 없을 뿐 아니라 뒤에 장소를 나타내는 전치사구가 나오지 않아 완전한 문장을 만들 수 없다.
b : music book이 명사구가 아니어서 동사 put의 목적어가 될 수 없다. 또한 목적어 뒤에 전치사구가 와야 하는데 전치사(on) 뒤에 명사구가 아닌 명사(desk)가 와서 전치사구가 되지 못하여 비문법적이다.
c : 동사 put 뒤에 명사구(a music book)는 나와 있지만 장소를 나타내는 전치사구가 나오지 않아 비문법적이다.
d : 동사 put 뒤에 반드시 와야 하는 필수요소인 명사구(a music book)와 전치사구(on the desk)가 모두 나와 문법적이다.

4. c

전치사 with가 '~을 ~한 채로'의 의미를 전할 때 뒤에 목적어인 명사구와 목적보어로 형용사, 부사, 분사, 전치사구와 같은 요소가 온다.

a : 전치사(with) 뒤에 명사구가 아닌 명사(cap)가 목적어로 올 수 없다.
b : 전치사 뒤에 명사구가 아닌 명사(cap)가 목적어자리에 와서 비문법적이다. 부사(on)는 목적보어이다.
c : 전치사 뒤에 목적어인 명사구(a cap)와 목적보어인 부사(on)가 와서 문법적이다.
d : 전치사 없이 명사구(a cap)가 명사구 lunch 뒤에 올 수 없다.

5. c

전치사구는 전치사와 명사구로 구성되며 전치사의 목적어 자리에 동사가 올 때 동명사로 온다.

a : about이 '~에 관하여'를 뜻할 때는 전치사이므로 동사가 원형(write)으로 올 수 없다.
b : 전치사(about)의 목적어로 to-부정사는 올 수 없다.
c : 동명사(writing)는 전치사(about)의 목적어가 될 수 있다.
d : 동사의 과거형은 전치사의 목적어가 될 수 없다.

6. a

일반적으로 형용사구나 명사구가 목적보어가 될 수 있다.

a : 동사 make는 '~을 ~하게 하다'는 의미를 뒤에 목적어인 명사구(her friends)와 보어인 형용사구(very happy)로 전한다.
b : 부사구는 동사 make의 목적보어가 될 수 없다.
c, d : 명사구는 예문의 경우 의미상으로 문제가 일어나 보어가 될 수 없다.

7. b

동사 become은 일반적으로 명사구와 형용사구 모두 보어로 가질 수 있다.

a : 명사구가 아니어서 동사 become의 보어가 될 수 없다.
b : 명사구이므로 동사 become의 보어가 될 수 있다.
c : 형용사(famous)가 명사(pianist) 앞이 아닌 뒤에 와서 명사구가 아니다.
d : 형용사(famous)가 부정관사(a) 뒤가 아닌 앞에 와서 명사구가 아니다.

8. c

동사 drive는 목적어인 명사구를 가질 수 있지만 목적보어가 오기를 요구하지 않는다.

a : 동사 drive는 목적어(her car)를 가질 수 있지만 목적보어가 오기를 요구하지 않으므로 명사구(care)가 올 수 없다.
b : 동사 drive는 목적어 뒤에 목적보어가 나오기를 요구하는 동사가 아니므로 형용사구(careful)가 올 수 없다.
c : 동사 drive의 목적어(her car) 뒤에 동사의 행위가 어떤 모양으로 이루어지는가를 나타내는 양태부사(carefully)는 올 수 있다.
d : 과거분사(cared)는 원문이 전하려는 내용과 의미상 조화가 되지 않는다.

9. c

둘 중 하나를 one으로 받으면 나머지 다른 하나는 the other로 받는다.

a : '또 하나의 물건이나 사람'을 뜻한다.
b : '다른'을 의미하는 형용사로 쓰인다.
d : 막연하게 '남' 또는 '타인'이란 의미로 쓰인다.

10. c

전치사구에서 전치사의 목적어는 목적격을 가진 명사구이다.

a : 명사구 the relationship과의 관계를 나타낼 수 없다.
b : 전치사(between)의 목적어로 명사구가 주격(they)이 와서 비문법적이다.
c : 전치사의 목적어로 명사구가 목적격(them)으로 와서 문법적이다.
d : 전치사 뒤에 명사구가 목적격으로 와서 문장 구조상으로는 문제가 없지만 의미상 맞지 않아 쓰일 수 없다.

IV. 기본영작

1. a. A foreigner approached me.
   b. A foreigner walked up to me.

• '한 외국인'은 명사구 a foreigner로 옮긴다.

- '~에게 다가오다'는 동사 approach~나 walk up to~로 옮긴다. to는 전치사로 뒤는 그 목적어인 명사구가 온다.

2. a. He approached me and addressed me.
   b. He walked up to me and spoke to me.

- '~에게 다가가다'는 approach~나 walk up to~로 옮긴다.
- '~에게 말을 걸다'는 address~나 speak to~로 옮긴다
- 한국어 원문은 과거의 사실에 관해 이야기하는 것으로 보아 단순과거시제(approached, addressed, walked, spoke)로 옮긴다.

3. a. I showed him the way.
   b. I informed him of the way.

- 한국어 원문의 '~에게 길을 가르쳐 주다'는 show a person the way나 inform a person of the way로 옮긴다. 동사 show는 간접목적어(a person)와 직접목적어(the way)를 가질 수 있다.
- 둘째 예문의 동사 inform은 목적어(him)와 전치사 of로 시작되는 전치사구(of the way)를 두어 '~에게 ~을 알려주다'는 의미를 전한다.

4. a. He nodded his head and went on his way.
   b. After nodding his head, he went on his way.

- '고개를 끄덕이다'는 nod one's head로 옮긴다.
- '길을 계속가다'는 go on one's way로 옮긴다.
- 둘째 예문의 After nodding his head는 전치사구로 전치사(After) 뒤의 동명사(nodding)가 전치사의 목적어인 명사구이고 명사구 his head는 이 동명사의 목적어이다.

5. a. He gave me an opportunity to use English.
   b. I had an opportunity to speak English to him.

- 한국어 원문의 '영어를 사용하다'는 use English로 옮기거나 '영어를 하다'는 의미이므로 speak English로 옮긴다.
- '~를 사용할 기회'는 명사구 뒤에 이것을 수식하는 목적을 나타내는 to-부정사를 두어 an opportunity to use~나 an opportunity to speak~으로 옮긴다.
- 내게 기회를 주다'는 간접목적어와 직접목적어를 가질 수 있는 동사(give)를 사용하여 give me an opportunity로 옮기거나 '내가 기회를 가지다'는 의미이므로 have an opportunity로 옮긴다.

6. a. He asked me if I was familiar with this place.
   b. He said to me, "Are you familiar with this place?"

- '~을 잘 알고 있는'은 familiar with~로 옮긴다. with this place는 전치사구이고 명사구 this place가 전치사 with의 목적어이다.
- 한국어 원문의 '~에게 ~인지(아닌지를) 묻다'는 동사 ask 뒤에 목적어인 명사구와 if-절을 두어 옮기거나 둘째 예문처럼 직접화법으로 옮길 수 있다.

7. a. He suggested that I go up a mountain with him next time.
   b. He suggested my going up a mountain with him next time.

- '등산을 가다'는 보통 go up a mountain으로 옮기며 climb up a mountain은 일반적으로 높고 험한 산을 힘들여 올라갈 때 쓴다. 이 표현에서 mountain은 셀 수 있는 명사이므로 앞에 부정관사(a)가 반드시 필요하다.
- '~하자고 제안하다'는 동사 suggest 뒤에 목적어인 that-절을 두고 이 절 내에 가정법을 써서 옮긴다. 주절 동사(suggest)가 제안을 나타내는 동사여서 종속절에 동사가 가정법(go)으로 온 것이다. 가정법에 관해서는 제12장의 설명을 참조하라.
- 제안을 할 때는 둘째 예문처럼 동사 suggest 뒤에 동명사(going)를 두어 옮길 수도 있다. my는 동명사의 주어이다.

8. a. When I showed him the way, he thanked me and left.
   b. I informed him of the way and then he thanked me and left.

- '~하자'는 '~했을 때'의 의미로 때를 나타내는 부사절인 when-절로 옮기거나 ~, and then~으로 옮긴다.
- '~(에게)고맙다고 하다'는 thank~로 옮긴다. 이 동사 뒤의 목적어는 목적격(me)으로 와야 하며 주격이나 소유격(I, my)을 써서는 안 된다는 데 유의하라.
- 첫째 예문은 하나의 주절과 하나의 종속절로 된 문장이고 둘째 예문은 두 개의 주절로 된 문장이다.

9. a. He saw me and stopped, and then asked me how to get to the subway station.
   b. When he saw me, he stopped and asked me the way to the subway station.

- '나를 보자 멈추고'는 '나를 보았고 멈췄으며 그리고 나서'의 의미로 첫째 예문처럼 saw me and stopped, and then~으로 옮기거나 둘째 예문처럼 종속절인 when-절과 주절로 옮긴다.
- '전철역' subway station은 셀 수 있는 명사로 '한 전철역'은 a subway station이고 화자가 그의 청자도 알고 있다고 보는 '그 전철역'은 the subway station으로 옮긴다. 예문에서는 화자가 가리키는 전철역이 어떤 전철역인지 그의 청자도 알고 있다고 보아 the subway station으로 옮긴 것이다.
- '~에게 어떻게 ~하는 지를 물어보다'는 첫째 예문처럼 동사 ask 뒤에 목적어인 명사구(me)와 의문사(how)와 to-부정사(to get)를 두어 옮기거나 둘째 예문처럼 동사 ask 뒤에 간접목적어(me)와 직접목적어(the way)를 두어 옮긴다.

10. a. He said that he was Tom and added that he was glad to see me.
    b. He introduced himself as Tom and told me that he was glad to meet me.

- '~을 ~라고 하다'는 동사 say that~is~나 introduce oneself as~로 옮긴다.

- '~을 만나서 반가운'은 형용사 glad 뒤에 그 보어로 to-부정사를 두어 glad to see~나 glad to meet~으로 옮긴다.
- 첫째 예문의 add that~은 '~라는 것을 덧붙이다'는 의미이다.
- 둘째 예문의 동사 tell은 뒤에 간접목적어인 명사구(me)와 직접목적어인 명사절(that-절)을 두어 '~에게 ~가 ~하다고 말하다'는 의미를 전한다.

V. 심화영작

1. a. My friend introduced a pretty girl to me.
   b. A pretty girl was introduced to me by my friend.
   c. I met a pretty girl through the introduction of my friend.

- '내 친구'는 my friend나 a friend of mine으로 옮긴다.
- '예쁜 아가씨'는 명사구 a pretty girl로 옮기며 pretty girl은 명사구가 아니므로 주어나 목적어가 될 수 없다.
- '~을 소개하다'는 첫째 예문처럼 동사 introduce 뒤에 목적어(a pretty girl)를 두어 옮기거나 둘째 예문처럼 목적어를 주어로 만들어 주어 수동문으로 옮길 수도 있고 '~의 소개로'의 의미를 가지는 through the introduction of~로 옮길 수도 있다.
- to me, by my friend, through the introduction, of my friend는 모두 전치사구이다.

2. a. My friend knew us, her and me, very well.
   b. We, she and I, were well-known to my friend.
   c. Both she and I, namely we, were well-known to my friend.

- '우리들 즉 그녀와 나'에서 '우리들'과 '그녀와 나'는 같은 것을 가리키는 동격관계에 있으므로 '우리들'과 '그녀와 나'는 같은 격을 가진다. 따라서 첫째 예문에서 동사(knew)의 목적어이므로 us와 같은 목적격인 her and me가 되고 둘째 예문처럼 주어일 때 we가 주어이므로 같은 주격인 she and I가 된다.
- 둘째 예문은 첫째 예문의 동사의 목적어(us, her and me)를 주어로 만들어 주면서 파생된 문장이다.
- 셋째 예문에서도 주어인 she and I와 we는 동격관계에 있으므로 같은 주격이다.

3. a. She and I drank coffee, and took a walk in the park.
   b. I drank coffee with her, and took a walk in the park.
   c. After drinking coffee, she and I took a walk in the park.

- '커피를 마시다'는 drink coffee나 have coffee로 옮기며 coffee는 셀 수 없는 명사이므로 보통 부정관사를 붙여 a coffee라고 하지 않는다. 그러나 '한 잔의 커피'를 가리킬 때는 a cup of coffee의 의미로 a coffee를 '두 잔의 커피'를 two cups of coffee의 의미로 two coffees로 표현하기도 한다.
- '산책을 하다'는 take a walk으로 옮긴다.
- 셋째 예문의 After drinking coffee는 전치사구로 동명사(drinking)가 전치사(After)의 목적어이고 명사구 coffee는 동명사의 목적어이다.

4. a. I saw big fish swimming about in the lake.
   b. There were big fish swimming about in the lake.
   c. Big fish were found swimming about in the lake by me.

- 한국어 원문의 '호수'는 '한 호수'(a lake)라기 보다는 화자가 그의 청자도 알고 있다고 보는 '그 호수'의 의미이므로 the lake로 옮긴다.
- 한국어 원문의 '커다란 물고기'는 '한 마리의 커다란 물고기'(a big fish)라기보다는 일반적인 의미의 '커다란 물고기'를 가리키는 것으로 보아 big fish로 옮긴다.
- 첫째 예문에서 동사 see는 뒤에 목적어인 명사구(big fish)와 보어인 현재분사(swimming)를 두어 '~가 ~하고 있는 중인 것을 보다'는 의미를 전한다.
- 셋째 예문은 능동문 I found big fish swimming about in the lake에서 동사(found)의 목적어(big fish)를 주어로 만들면서 파생된 수동문이다.
- '이리저리 헤엄치다'는 swim about으로 옮기며 swim은 '헤엄치다'는 동사이고 about은 '이리저리'를 의미하는 부사이다.

5. a. Tall trees stood in a row around the lake.
   b. I could see tall trees in a row around the lake.
   c. There were tall trees in a row around the lake.

- 한국어 원문의 '호수 주위에는'에서 '호수'는 화자가 그의 청자도 알고 있다고 보는 특정한 호수를 가리키므로 '그 호수 주위에는'을 뜻하므로 전치사구 around the lake로 옮긴다. 명사구 the lake가 전치사 around의 목적어이다.
- '줄을 지어 있는'은 전치사구 in a row로 옮긴다.
- 첫째 예문은 사물인 '커다란 나무'(tall trees)를 둘째 예문은 화자를 가리키는 '나'(I)를 주어로 옮긴 것이다.
- 셋째 예문은 존재를 나타내는 there-구문으로 옮긴 것이다.

6. a. We walked along the edge of the lake, and chatted on the bench.
   b. After walking along the edge of the lake, we chatted on the bench.
   c. What we did was walking along the edge of the lake and chatting on the bench.

- 한국어 원문의 '호숫가를'은 '호숫가를 따라'의 의미로 along the edge of the lake로 옮긴다. along the edge와 of the lake는 모두 전치사구이다.
- '벤치에 앉아'는 '벤치에서'의 의미로 on the bench로 옮긴다.
- '한가하게 이야기하다'는 동사 chat으로 옮긴다.
- 둘째 예문의 After walking은 전치사구로 동명사(walking)가 전치사(After)의 목적어이다.
- 셋째 예문은 명사절(What we did)이 전체 문장의 주어이고 동명사 walking과 chatting은 동사 was의 보어이다.

7. a. Some people were jogging around the lake for their health.
   b. I saw some people jogging around the lake for their health.
   c. There were some people jogging around the lake for their health.

- 몇몇 사람들'은 some people이나 a few people로 옮긴다.
- 한국어 원문의 '호수주위로'에서 '호수'는 일반적인 의미의 호수나 한 호수도 아닌 화자가 그의 청자도 알고 있다고 보고 있는 '그 호수'(the lake)를 의미하므로 전치사구 around the lake로 옮긴다.
- '건강을 위해'는 전치사구 for their health로 옮긴다.
- 한국어 원문은 과거의 일시적인 행위를 가리키므로 과거진행시제(were jogging)로 옮기거나 둘째 예문처럼 동사(saw)의 목적어(some people) 뒤에 현재분사(jogging)를 두어 조깅하는 행위가 진행 중에 있었다는 의미를 전한다. 현재분사에 진행의 의미가 있다는 점에 주목하라.

8. a. I was sure that they were regular joggers.
   b. It was certain that they were regular joggers.
   c. My strong belief was that they jogged regularly.

- 한국어 원문의 '규칙적으로 조깅을 하는 사람'은 '한 사람의 규칙적으로 조깅을 하는 사람'(a regular jogger)이 아니라 일반적으로 '규칙적으로 조깅을 하는 사람'을 뜻하므로 셀 수 있는 명사(jogger) 앞에 한정사를 붙이지 않은 형태인 regular joggers로 옮긴다. regular는 형용사이며 한정사가 아니다.
- '~을 확신하다'는 be sure that~, be certain, my strong belief is that~으로 옮긴다.
- 첫째 예문의 that-절은 형용사 sure의 보어이고 둘째 예문에서는 가주어 it에 대한 진주어이고 셋째 예문에서는 동사(was)의 보어이다.

9. a. We watched ripples occurring on the lake in the spring breeze.
   b. The spring breeze was causing ripples on the lake, and we watched this.
   c. There were ripples occurring on the lake in the spring breeze, and we watched them.

- '봄바람'은 a spring breeze이며 한국어 원문에서는 화자가 어느 봄바람을 말하는지 그의 청자도 알고 있다고 보아 the spring breeze로 옮긴다.
- '잔물결'은 ripples로 옮긴다.
- '~가 ~하는 것을 지켜보다'는 동사 watch 뒤에 목적어인 명사구(ripples)와 현재분사(occurring)를 두어 옮긴다.
- '잔물결을 일으키다'는 cause ripples로 옮긴다.
- 둘째 예문의 대명사 this는 앞 절 전체(The spring~the lake)를 가리키며 셋째 예문의 대명사 them은 앞의 명사구 ripples를 가리킨다.

10. a. I am planning to find time to chat with her here occasionally.
    b. My intention is to take time off to come here and chat with her from time to time.
    c. It is my intention to take time off to come here and chat with her from time to time.

- 한국어 원문의 '시간을 내다'는 find time이나 take time off로 옮긴다.
- '종종'은 from time to time으로 옮긴다.
- '~와 이야기하다'는 '~와 잡담하다'는 의미로 보아 chat with~로 옮긴다.
- '~할 생각이다'는 am planning to do~, my intention is to do~, ~is my intention으로 옮긴다.
- 셋째 예문의 It은 가주어이고 to-부정사(to take)가 진주어이다.

제5장 말과 말의 연결

II. 기본연습

1. c

질과 절은 일반적으로 섭속사나 관계사에 의해 연결된다.

a : [He was very hungry], so [he ate everything].
절 (등위접속사) 절

b : [This is the reason] why [he married the woman].
절 (관계부사) 절

c : The book was very difficult, I could not understand it.
절 절

두 개의 완전한 절이 접속사 없이 쉼표(,)로만 연결되어 비문법적이다.

d : [The student got a part-time job],
절
because [he needed money].
(종속접속사) 절

2. d

등위접속사는 대등한 구조의 단어, 구, 절을 연결한다.

a : [a boy] and [a girl]
(명사구) (등위접속사) (명사구)

b : [on the table] and [near the vase]
(전치사구) (등위접속사) (전치사구)

c : [ate an apple] and [went out]
(동사구) (등위접속사) (동사구)

d : [very greedily] and [extremely nervous]
(부사구) (등위접속사) (형용사구)

등위접속사 앞은 부사구인데 반해 뒤는 형용사구가 와서 대등한 구조가 아니어서 비문법적이다.

3. d

분사형태로 바뀌기 전의 동사를 고려할 때, 그 동사의 행위를 받는 대상이 분사 바로 뒤에 있을 때는 그 동사는 능동형분사로 바뀌며, 반대로 그 대상이 논리적으로 보아 분사 앞에 존재할 때는 그 동사는 수동형분사로 바뀐다.

a : 동사 see의 행위를 받는 대상(the policeman)이 분사 뒤에 있으므로 능동형분사(seeing)가 쓰여 문법적이다.
b : 동사 surprise의 행위를 받는 대상(the thief)이 이 동사 바로 뒤에 나와 있지 않으므로 분사는 수동의 의미를 가지고 있는 과거분사(surprised)가 된다.
c : 동사 finish의 행위를 받는 대상(his homework)이 이 동사 뒤에 나와 있으므로 분사는 능동의 의미를 가지고 있는 능동형분사(having finished)가 된다.
d : 동사 read의 행위를 받는 대상(the book)이 이 동사 바로 뒤인 전치사 by 앞에 나와 있지 않으므로 분사는 능동형분사(reading)가 아닌 수동형 분사(read)가 되어야 한다.

4 a

a : 등위접속사(and) 앞의 동사는 주어가 3인칭 단수일 때의 현재시제인데 비해 뒤는 현재시제가 아닌 동사원형이므로 같은 주어 뒤에 대등하게 연결될 수 없다.
b, c, d : 등위접속사가 두 개의 동사를 대등하게 연결하여 문법적이다.

5 c

ab, d : 등위접속사(and, or)가 형용사구와 형용사구를 대등하게 연결하여 문법적이다.
c등위접속사 앞은 형용사구이고 뒤는 부사구로 대등한 구조가 아니므로 비문법적이다.

6 a

a : 등위접속사(or) 앞은 형용사구이고 뒤는 부사구여서 대등한 구조가 아니어서 비문법적이다.
b, c, d : 등위접속사(and, or)가 부사구와 부사구를 대등하게 연결하여 문법적이다.

7 b

a : 등위접속사(and)가 세 개의 동사(read, write, speak)를 대등하게 연결하여 문법적이다.
b : 콜론(:) 뒤는 앞에서 언급한 내용의 구체적인 예가 열거되어야 한다. 콜론 대신 세미콜론을 쓴다.
c : 세미콜론(;) 뒤는 앞의 진술에 대한 이유가 나온다.
d : 콜론 뒤에 앞의 진술에 대한 구체적인 예들이 언급되어 좋은 문장이다.

8 b

a : 주격의 대명사가 등위접속사(and)에 의해 대등하게 연결되어 문법적이다.
b : 소유격의 대명사(her)와 주격의 대명사(I)를 등위접속사가 연결하여 비문법적이다.
c : 같은 목적격의 대명사를 등위접속사(or)가 대등하게 연결하여 문법적이다.
d : 같은 소유격의 대명사를 등위접속사가 대등하게 연결하여 문법적이다.

9 c

a : 등위접속사(and)로 연결된 두 개의 셀 수 있는 명사의 단수형(boy, girl)이 양화사(every)의 한정을 받고 있는 구조이다.
b : 등위접속사로 연결된 두 개의 셀 수 있는 명사의 복수형이 정관사(the)의 한정을 받고 있는 구조이다.
c : 등위접속사에 의해 연결된 셀 수 있는 명사의 복수형(boys)과 단수형(girl)이 지시사의 복수형(these)의 한정을 받는 구조이다. 그러나 단수명사 girl은 지시사의 복수형(these)의 한정을 받지 못하므로 비문법적이다.
d : 등위접속사에 의해 연결된 셀 수 없는 명사(milk)와 셀 수 있는 명사의 복수형(hamburgers)이 수와 양 모두를 나타내는 양화사(some)의 한정을 받는 구조이다. 여기서 some은 우유의 양과 햄버거의 수를 나타낸다.

10. d

a : 등위접속사(and)가 두 전치사(by, for)를 대등하게 연결하고 있다. 명사구 the people은 이 두 전치사의 공통의 목적어이다.
b : 등위접속사(or)가 두 전치사(before, after)를 대등하게 연결하고 있다. 명사구 the class는 이 두 전치사의 공통의 목적어이다.
c : 등위접속사가 두 전치사(near, under)를 대등하게 연결하고 있다. 명사구 the table이 이 두 전치사의 공통의 목적어이다.
d : 등위접속사(and)가 두 접속사(before, after)를 대등하게 연결하고 있다.

III. 응용연습

1. b

동사 become은 '~가 되다'는 의미를 뒤에 명사구나 형용사구를 보어로 두어 전한다.
a : 등위접속사 앞은 형용사구이고 뒤는 부사구여서 동사 become의 보어가 될 수 없다.
b : 두 형용사의 비교급이 등위접속사에 의해 대등하게 연결되어 동사 become의 보어가 될 수 있다.
c : 등위접속사에 의해 연결된 두 개의 부사구는 동사 become의 보어가 될 수 없다.
d : 등위접속사에 의해 연결된 두 개의 부사구의 비교급은 동사 become의 보어가 될 수 없다.

2. d

주어가 3인칭 단수(she)이고 동사가 현재형일 때는 동사 뒤에 -s나 -es가 붙는다.
a : 주어가 3인칭 단수여서 등위접속사에 의해 연결된 두 동사의 원형은 올 수 없다.
b : 예문은 현재의 일반적인 사실을 나타내므로 등위접속사에 의해 연결된 두 동사의 과거형은 올 수 없다.
c : 예문은 현재의 일반적인 사실을 나타내므로 등위접속사에 의해 연결된 두 동사가 하나는 현재시제(walks)로 다른 하나는 과거시제(ran)로 올 수 없다.

d : 주어가 3인칭 단수이므로 등위접속사로 연결된 두 동사의 현재형은 모두 -s가 붙는다.

3. b

두 개의 절을 연결할 때는 연결어가 필요하며 앞 절에 이유를 나타내는 명사구(the reason)가 있을 때는 이유를 나타내는 관계부사(why)로 연결한다.

a : 앞 절에 이유를 나타내는 명사구(the reason)가 있어서 방법을 나타내는 관계부사(how)는 올 수 없다.

c : 앞 절의 진술내용에 대해 이유를 가볍게 덧붙일 때 사용한다. 예문의 경우에는 의미상 이것이 불가능하다.

d : 앞 절의 진술에 대해 이유를 강하게 제시할 때 사용한다. 예문의 경우에는 의미상 이것이 불가능하다.

4. a

등위접속사(and)로 연결된 전치사는 뒤에 나오는 전치사의 목적어와 의미상 문제가 없어야 한다.

a : 등위접속사(and)로 연결된 두 전치사(near, by)의 공통의 목적어가 명사구 his house이다.

b, c, d : 등위접속사가 두 전치사를 문장 구조상 바르게 연결하고 있지만 의미상의 문제로 쓰일 수 없다.

5. d

동사(write)가 분사로 바뀌기 전에 이 동사의 행위를 받는 대상(the manuscript)이 이 동사 뒤에 있으면 이 동사는 현재분사가 되고 앞에 있으면 과거분사가 된다.

a : 동사원형은 전치사구(by him)를 뒤에 나오는 주절과 연결하는 역할을 할 수 없다.

b : 동사 write의 행위를 받는 대상(the manuscript)이 이 동사 바로 뒤(by him의 바로 앞)에 나와 있지 않으므로 현재분사가 될 수 없다.

c : 동사의 과거형은 뒤의 전치사구(by him)를 주절과 연결하는 기능을 할 수 없다.

d : 동사 write의 행위를 받는 대상(the manuscript)이 이 동사 바로 뒤에 나와 있지 않으므로 이 동사는 과거분사가 되어 문법적이다.

6. d

지시사의 복수형(those)에 의해 한정을 받는 명사는 복수형으로 온다.

a, b, c : 등위접속사(and)에 의해 연결된 셀 수 있는 명사는 모두 복수형으로 와야 지시사의 복수형의 한정을 받을 수 있다.

d : 등위접속사로 연결된 셀 수 있는 명사가 모두 복수형으로 와서 지시사의 복수형의 한정을 받는데 문제가 없다.

7. c

동사 blow가 '(바람이)불다'는 의미를 전할 때 뒤에 어떤 요소가 반드시 나올 필요는 없지만 이 동사의 행위가 일어나는 모양을 나타내는 양태부사가 올 수 있다.

a, b : 부사와 형용사가 등위접속사에 의해 연결되어 동사 blow 뒤에 올 수 없다.

c : 등위접속사에 의해 대등하게 연결된 두 부사가 의미상으로도 문제를 야기하지 않아 쓰일 수 있다.

d : 등위접속사에 의해 두 부사가 연결되어 문장 구조상으로는 문제가 없지만 문장의 의미상 문제가 일어나 쓰일 수 없다. hardly는 '세게'를 의미하는 부사가 아니라 '거의 ~않다'는 의미의 부정의 부사이다.

8. c

문어체의 동격어를 시작할 때는 콜론(:)을 사용한다.

a : 쉼표(,)는 셋 이상의 대등한 단어나 구나 절을 연결할 때 사용한다.

b : 세미콜론(;)은 문장이 문법적으로는 독립적이지만 의미가 밀접하게 연결되어 있는 경우 마침표 대신 쓴다.

c : 앞에서 언급한 '가을과일(autumn fruit)'의 구체적인 예가 뒤에서 언급되므로 세미콜론(:)을 사용한다.

d: 마침표(.)는 하나의 문장을 완전히 끝낼 때 사용한다.

9. b

동사 paint는 '~을 칠해 ~되게 하다'는 의미를 뒤에 목적어인 명사구(his house)와 보어인 형용사구로 전한다.

a : 동사 be가 등위접속사로 연결된 두 형용사구 앞에 있어서 쓰일 수 없다.

b : 등위접속사로 연결된 두 형용사구가 동사 paint의 목적보어로 쓰여 문법적이다.

c : 등위접속사는 부사구(eagerly)와 형용사구(blue)를 대등하게 연결할 수 없다. 또한 이것이 동사 paint의 목적보어가 될 수도 없다.

d : 등위접속사로 연결된 두 대명사는 형용사구가 아니어서 동사 paint의 목적보어가 될 수 없다.

10. a

앞서 나온 남성명사의 단수형(a boy)과 여성명사의 단수형(a girl)은 대명사의 단수형으로 받는다.

a : 동사(go)의 주어자리에서는 대명사가 주격(he, she)으로 쓰인다.

b : 대명사의 소유격(his, her)은 동사의 주어자리에 올 수 없다.

c : 등위접속사는 대명사의 주격(he)과 소유격(her)을 연결할 수 없을 뿐 아니라 이들의 격이 서로 다르므로 동사(go)의 주어자리에 올 수도 없다.

d : 등위접속사로 연결된 대명사의 목적격(him, her)은 동사(go)의 주어로 쓰일 수 없다.

IV. 기본영작

1. a. Jung-Ah and Jin-Ho are very diligent.
   b. Both Jung-Ah and Jin-Ho are very diligent.

• 한국어 원문은 정아와 진호에 관해 이야기하는 문장이다. 따라서 '정아와 진호'는 명사구의 하나인 고유명사 '정아'와 또 다른 고유명사 '진호'를 등위접속사(and) 로

대등하게 연결하여 주어로 만든 구조이다.

- 둘째 예문의 주어는 두 고유명사(Jung-Ah, Jin-Ho)를 상관접속사 both~and~로 연결한 구조이다. 엄밀하게 말하면 both는 '둘 다'를 뜻하는 부사이고 and가 접속사이다.
- 두 예문 모두 동사(are)의 보어로 형용사구(very diligent)가 와 있다.

2. a. Neighbors like her and him.
   b. Neighbors like both her and him.

- '한 사람의 이웃사람'은 a neighbor라 하고 일반적인 의미의 이웃사람은 한정사를 붙이지 않은 복수형 neighbors로 표현한다. 한국어 원문의 '이웃사람들'은 일반적인 의미의 이웃사람을 뜻하는 것으로 보아 neighbors로 옮긴다.
- '그녀와 그를'은 '좋아하다'는 동사(like)의 목적어이다. 따라서 '그녀'와 '그'는 목적격으로 와야 하며 등위접속사(and)로 대등하게 연결되어 her and him이 된다.

3. a. They are both healthy and good at their studies.
   b. Both of them are healthy and good at their studies.

- '그들은 둘 다'는 첫째 예문처럼 주어(They) 뒤에 '둘 다'를 뜻하는 부사(both)로 옮기거나 둘째 예문처럼 Both of them으로 옮긴다. 첫째 예문의 both는 부사인데 비해 둘째 예문의 both는 주어인 명사구이다. them은 주격 they가 전치사(of)의 목적어 자리에 와서 목적격이 된 것이다.
- '건강하고 공부도 잘하는'은 두 형용사(healthy, good)를 등위접속사(and)로 대등하게 연결하여 healthy and good at one's studies로 옮긴다. at one's studies는 형용사 good의 의미를 보충해주는 전치사구이다.

4. a. He helped her and did errands for her.
   b. He not only helped her, but also did errands for her.

- '그녀를 돕고 그녀의 심부름을 하다'는 '그녀를 돕다'(help her)와 '그녀의 심부름을 하다'(do errands for her)는 두 동사구가 '~고'(and)라는 등위접속사로 연결되어 있는 것으로 볼 수 있다. 따라서 이것을 영어로 옮기면 첫째 예문처럼 동사구 help her and do errands for her가 된다.
- 둘째 예문은 두 동사구 help her와 do errands for her를 상관접속사 not only~but also~로 연결한 것이다.

5. a. They give both her and him presents.
   b. Both she and he receive presents from them.

- 한국어 원문의 '그녀와 그에게'는 동사 '주다'(give)의 간접목적어로 '그녀'와 '그'가 접속사 '와'(and)로 연결되어 있다. 따라서 상관접속사 both~and~로 연결하여 both her and him으로 옮긴다.
- 둘째 예문은 '그녀와 그'를 화제로 삼기 위해 주어로 만들었으므로 주격(she, he)을 사용하여 Both she and he로 옮긴다. from them은 전치사구로 명사구 them이 전치사(from)의 목적어이다.

6. a. All young boys and girls like to play.
   b. Every young boy and girl likes to play.

- 한국어 원문의 '소년 소녀'는 '소년과 소녀'를 뜻하며 앞의 양화사(all)와 형용사(young)의 한정을 받고 있다. 따라서 두 명사구 boys와 girls를 등위접속사(and)로 연결하고 이것이 양화사와 형용사의 한정을 받게 한다.
- 둘째 예문은 한국어 원문의 '모든 어린 소년 소녀'는 '모든 어린 소년과 소녀'를 뜻하고 이것은 '소년'(boy)과 '소녀'(girl)가 접속사 '과'(and)에 의해 연결되어 있을 뿐 아니라 양화사인 '모든'(every)과 형용사인 '어린'(young)의 한정을 받고 있으므로 명사구 every young boy and girl로 옮긴다. 양화사 every의 한정을 받는 명사구가 주어일 때 단수취급을 하므로 동사는 like가 아닌 likes가 된다.

7. a. She ate, did the dishes, and went to school.
   b. She went to school after eating and doing the dishes.

- 한국어 원문의 '밥을 먹다'(eat) '설거지를 하다'(do the dishes) '학교에 가다'(go to school)는 모두 동사구이다. 따라서 이 세 동사구를 등위접속사(and)로 연결하면 첫째 예문이 된다.
- 둘째 예문은 두 동사구(eat, do the dishes)를 전치사(after)의 목적어 자리에서 전치사의 목적어가 되게 하기 위해 동명사(eating, doing)로 바꾸어 등위접속사(and)로 연결한 것이다. after eating and doing the dishes는 전치사구로 두 동명사 eating과 doing은 전치사 after의 목적어이고 명사구 the dishes는 동명사 doing의 목적어이다.

8. a. She not only studies but also works, and she studies hard.
   b. She is both a student and a worker, and she is an eager student.

- '공부도 하고 일도 하다'는 두 동사구 '공부하다'(study)와 '일하다'(work)에 '~도 ~도 하다'는 의미가 덧붙어 있으므로 이 의미를 상관접속사(not only~but also~)로 추가한 not only study but also work으로 옮긴다. 이것은 또한 '한 사람의 학생이자 한 사람의 일하는 사람'의 의미로 '한 사람의 학생'(a student)과 '한 사람의 일하는 사람'(a worker)에 '~이자~인'을 뜻하는 상관접속사 both~and~를 사용한 both a student and a worker로 옮긴다.
- '열심히 공부하다'는 동사구 study hard나 명사구 an eager student로 옮긴다.

9. a. She cooks rice for herself and her younger brother.
   b. She prepares meals for herself and her younger brother.

- '밥'(rice)은 셀 수 없는 명사로 앞에 부정관사(a)를 쓰지 않는다.

- '~와 ~이 먹을 밥'은 명사구 rice for~로 옮긴다.
- '밥을 손수 짓다'는 cook rice for oneself, prepares meals for oneself로 옮긴다.
- '식사' meal은 셀 수 있는 명사로 일반적으로 수의 개념으로 쓰인다. 따라서 '한 끼의 식사'는 a meal '두 끼의 식사'는 two meals 일반적인 의미의 식사는 meals로 표현한다. 둘째 예문에서 한정사를 앞에 붙이지 않은 meals를 쓴 것은 일반적인 의미의 식사를 가리키기 위한 것이다.

10. a. They will be found in or near the school.
 b. You can meet them in or near the school.

- '학교나 학교 근처에서'는 '학교에서(in the school) 그리고(and) 학교 근처에서(near the school)'의 의미로 명사구 the school이 모두 전치사 in과 전치사 near의 목적어이다. 따라서 두 전치사 in과 near를 접속사 or로 연결하고 이 두 전치사의 목적어로 명사구 the school을 두면 in or near the school이 된다.
- 첫째 예문은 능동문 You will find them in or near the school에서 동사 find의 목적어인 them을 주어로 만들어 주면서 파생된 수동문이다.

V. 심화영작

1. a. The young man is a professor and astronomer.
 b. The professor as a young man is an astronomer.
 c. As a professor the young man also works as an astronomer.

- '그 청년'은 화자가 그의 청자도 알고 있다고 보는 특정한 한 청년을 가리키므로 정관사(the)를 붙여 the young man으로 옮긴다.
- '교수이자 천문학자'는 '한 교수이면서 천문학자인 사람'을 뜻하므로 부정관사(a) 뒤에 명사 '교수'(professor)와 명사 '천문학자'(astronomer)를 등위접속사(and)로 연결하여 명사구 a professor and astronomer로 옮긴다.
- 둘째 예문은 '한 청년으로서 그 교수는 천문학자이다'로 옮긴 것이고 셋째 예문은 '한 교수로서의 그 청년은 또한 천문학자로서 일한다'로 옮긴 것이다.

2. a. He is energetic and careful in everything he does.
 b. Whatever he does, he is energetic and careful.
 c. No matter what he does, he is energetic and careful.

- '정력적이며 신중한'은 두 형용사 '정력적인'(energetic)과 '신중한'(careful)을 등위접속사 '이며'(and)로 대등하게 연결하여 energetic and careful로 옮긴다.
- '매사에'는 '그가 하는 모든 일에'의 의미로 in everything he does로 옮기며 대명사인 명사구 everything이 전치사 in의 목적어이고 he does는 everything을 수식하는 형용사절이다. 둘째와 셋째 예문에서는 이것을 '무엇을 하든지'(Whatever he does, No matter what he does)로 재해석하여 옮긴 것이다.

3. a. After his lectures, he observed stars.
 b. He finished his lectures and observed stars.
 c. When he finished his lectures, he observed stars.

- '강의를 끝내고'는 전치사구 after one's lectures나 동사구 finish one's lectures 또는 종속절 when one finishes one's lectures로 옮긴다.
- '별'(star)은 셀 수 있는 명사로 '하나의 별'은 a star '두 개의 별'은 two stars 일반적인 의미의 별은 stars로 옮기므로 한국어 원문에서는 일반적인 의미의 별을 뜻하므로 '별을 관찰하다'는 observe stars로 옮긴다.
- 둘째 예문은 두 동사구(finished his lectures, observed stars)가 등위접속사(and)에 의해 대등하게 연결되어 있다.

4. a. He observes stars in a remote rural village.
 b. A remote rural village is where he observes stars.
 c. His observation of stars is done in a remote rural village.

- '외딴 시골마을'은 '마을'(village)이 셀 수 있는 명사이므로 '한 외딴 시골마을'을 의미하므로 명사구 a remote rural village로 옮긴다. 이 명사구에서 부정관사(a)를 빼면 명사구가 아니므로 일반적으로 문장에서 주어 목적어 보어가 될 수 없다.
- '별을 관찰하다'에서 '별'(star)은 일반적인 의미의 별을 가리키므로 앞에 한정사를 붙이지 않은 복수형 stars를 사용해 observe stars로 옮긴다.
- 첫째 예문은 사람인 '그'(He)를 둘째 예문은 '한 시골마을'(A remote rural village)을 셋째 예문은 '그의 별 관찰'(His observation of stars)을 주어로 만든 것이다.

5. a. He puts the astronomical telescope on the desk near the bed.
 b. You can see his astronomical telescope on the desk near the bed.
 c. The astronomical telescope is put on the desk near the bed by him.

- '천체망원경'(astronomical telescope)은 셀 수 있는 명사로 한국어 원문에서는 화자가 그의 청자도 알고 있다고 보는 특정한 하나의 천체망원경인 '그 천체망원경'을 뜻하므로 the astronomical telescope로 옮긴다.
- '~을 ~에 두다'는 동사 put 뒤에 목적어인 명사구(the astronomical telescope)와 장소를 나타내는 전치사구(on the desk)를 두어 옮긴다.
- '침대 가까이 탁자 위에'는 '침대가까이에' '탁자위에'를 뜻하므로 각각 전치사구 near the bed와 on the desk로 옮긴다.
- 셋째 예문은 첫째 예문을 수동문으로 표현한 것이다.

6. a. His favorite fruit are apples, grapes and pears.
 b. Apples, grapes and pears are his favorite fruit.
 c. He enjoyed eating fruit: apples, grapes, and pears.

- '그는~과일을 즐겨 먹다'는 '그가 매우 좋아하는 과일'

을 뜻하므로 명사구 his favorite fruit으로 옮긴다. fruit은 보통 복수형도 fruit을 쓰므로 예문의 fruit은 복수형이다.

- 첫째 예문의 동사(are) 뒤 등위접속사(and)에 의해 연결된 세 개의 명사구(apples, grapes, pears)는 동사의 보어이다.
- 셋째 예문은 앞부분에서 과일에 관해 언급한 후 과일의 구체적 예들을 콜론(:) 뒤에서 제시하고 있다.

7. a. He observes stars carefully and patiently.
   b. His observation of stars is done carefully and patiently.
   c. Both care and patience are given to his observation of stars.

- '조심스럽게 인내심을 가지고'는 '조심스럽게 그리고 인내심을 가지고'의 의미로 두 개의 부사를 등위접속사(and)로 연결하여 carefully and patiently로 옮긴다.
- 첫째 예문은 주어(He) 동사(observes) 목적어(stars) 뒤에 두 개의 부사구가 등위접속사(and)에 의해 대등하게 연결된 문장이다.
- 셋째 예문은 주어(He) 동사(gives) 목적어(both care and patience) 전치사구(to his observation) 전치사구(of stars)에서 동사의 목적어가 주어가 된 문장이다.

8. a. He bought a four-wheel-drive vehicle with a powerful engine.
   b. The car he bought was a four-wheel-drive vehicle with a powerful engine.
   c. It was a four-wheel-drive vehicle with a powerful engine that he bought.

- '강력한 엔진'은 '엔진'(engine)이 셀 수 있는 명사이므로 원문에서는 '하나의 강력한 엔진'을 뜻하므로 a powerful engine으로 옮긴다.
- '~을 가진'은 전치사 with를 사용한 전치사구로 옮긴다.
- '4륜구동 자동차'는 '자동차'(vehicle)가 셀 수 있는 명사이므로 '한 대의 4륜구동 자동차'는 a four-wheel-drive vehicle로 옮기고 일반적인 의미의 4륜구동 자동차는 four-wheel-drive vehicles로 옮긴다.
- 둘째 예문의 he bought는 앞 명사 car를 수식하는 형용사절로 he 앞에 목적격관계대명사(which나 that)가 생략되었다.
- 셋째 예문은 동사 bought의 목적어(a~engines)를 강조하는 It~that~강조구문으로 옮긴 것이다.

9. a. Surrounded by lots of people, he was talking about stars.
   b. He was talking about stars with lots of people around him.
   c. With lots of people surrounding him, he was talking about stars.

- '많은 사람'은 lots of people, a lot of people로 옮긴다.
- '~로 둘러싸인 채'는 '~을 둘러싸다'는 의미의 동사 surround를 수동의 의미를 전하는 과거분사 형태로 바꾸어 surrounded by~로 옮긴다.
- '이야기하고 있었다'는 과거의 일시적인 행위를 나타내므로 동사를 과거진행시제 was talking으로 옮긴다.
- 둘째 예문의 전치사 with는 뒤에 목적어인 명사구(lots of people)와 목적보어인 전치사구(around him)를 두어 '~을 ~하게 한 채로'의 의미를 전한다.
- 셋째 예문은 전치사 with 뒤에 목적어인 명사구(lots of people)와 보어인 현재분사(surrounding)를 두어 옮긴 것이다. him은 현재분사의 목적어이다.

10. a. Some people were interested in stars, while other people were not.
    b. Stars attracted some people's attention; however, they didn't attract other people's attention.
    c. There were some people who were interested in stars; other people did not show interest in stars.

- '어떤 사람들'은 명사구 some people로 옮기고 '다른 사람들'은 명사구 other people로 옮긴다.
- '~에 관심이 있다'는 be interested in~으로 옮기거나 '~의 주의를 끌다'는 의미이므로 attract one's attention으로 옮길 수 있다.
- 첫째 예문의 were not 뒤는 앞에 나온 interested in stars의 반복을 피하기 위해 생략한 것이다.
- 셋째 예문의 show interest in~은 '~에 관심을 보이다'는 의미이다.
- 첫째 예문은 종속접속사(while)에 의해 둘째와 셋째 예문은 세미콜론(;)에 의해 두 절이 연결되어 있다.

제6장 표현의 반복

II. 기본연습

1. d

앞서 나온 복수명사(thousands of people)를 받는 대명사는 복수형이다.

a : '그들'을 뜻하며 동사(are)의 주어가 될 수 있다.
b : '이 사람들'을 뜻하며 주어가 될 수 있다.
c : '저 사람들'을 뜻하며 지시사의 복수형(those)과 셀 수 있는 명사의 복수형(people)으로 되어 있다.
d : 셀 수 있는 명사의 복수형(people) 앞에 지시사의 단수형(that)이 와서 명사구가 아니어서 동사(are)의 주어가 될 수 없다.

2. a

앞서 나온 절을 가리키면서 뒷 절의 주어로 쓰일 수 있는 주격 관계대명사는 which이다.

a: 앞의 절(He~again)을 받아 뒷 절의 주어로 만들 수 있는 주격 관계대명사이다.
b, c: 앞의 절을 받을 수는 있지만 앞 절과 뒷 절을 연결하는 접속사의 역할은 할 수 없는 대명사이다.

d: 명사절을 이끌 수 있는 관계대명사이지만 앞 절(He~again)을 받아 뒷 절과 연결할 수 없다.

3. c

앞에 나온 셀 수 있는 명사와 같은 종류에 속한 것 하나를 가리키는 대명사는 one이고 이것의 복수형은 ones이다.

a : two cheap caps의 의미를 전해야 하므로 대명사의 단수형 one은 쓸 수 없다.

b : 이미 나온 복수명사를 직접 가리키는 대명사이므로 같은 종류에 속한 것을 가리키는 데 쓸 수 없다.

c : 이미 나온 셀 수 있는 명사(cap)와 같은 종류에 속한 것 둘을 뜻하므로 대명사(one)의 복수형 ones를 쓴다.

d : 앞에 이미 나온 복수가 아닌 명사를 직접 가리킬 때 사용하므로 여기서 복수를 뜻하는 two cheap 뒤에 올 수 없다.

4. d

to-부정사의 주어는 일반적으로 전치사 for와 함께 오며 전치사 뒤에 오는 명사구는 목적격으로 온다.

a : to-부정사(to go)의 주어가 전치사(for)도 없이 대명사의 주격(they)으로 와서 비문법적이다.

b : to-부정사의 주어(them) 앞에 전치사(for)가 오지 않아 비문법적이다.

c : to-부정사의 주어가 전치사(for) 뒤에 목적격(them)이 아닌 주격(they)으로 와서 비문법적이다.

d : to-부정사의 주어가 전치사(for)와 함께 목적격(them)으로 와서 문법적이다.

5. a

대명사 it은 앞 절 전체를 대명사의 선행사로 가질 수 있다.

a : 앞 절 전체(The economy~again)를 가리킬 수 있는 대명사이다.

b : 앞 절 전체를 가리킬 수 있는 대명사로 쓰이지 않는다.

c : 앞 절 전체를 가리키면서 독립된 문장의 주어로 쓰일 수 없다.

d : 앞 절 전체를 가리키면서 독립된 문장의 주어로 쓰일 수 없다.

6. d

앞에 나온 that-절(that he is going to marry her)을 가리킬 수 있는 부사는 so이다.

a, b, c : 대명사 it, this, that은 동사 think 뒤에서 앞서 나온 that-절을 가리킬 수 없다.

d : 동사 think 뒤에서 앞서 나온 that-절을 가리키는 부사로 쓰일 수 있다.

7. c

서로 서로 상대방을 가리키는 대명사는 상호대명사 each other이다.

a : 주어 they가 아닌 어떤 다른 여러 대상을 가리킬 때 쓴다.

b : 주어와 동일한 대상을 가리킬 때 쓴다. 따라서 Tom은 Tom에게 Mary는 Mary에게 사랑에 빠졌다는 의미가 된다.

c : 주어가 서로 서로 상대방에게 사랑에 빠졌다는 의미를 전한다. Tom은 Mary에게 Mary는 Tom에게 사랑에 빠졌다는 의미를 전한다.

d : '그들의 것'을 의미하는 소유대명사로 의미상 적합하지 않다.

8. c

대명사와 그 선행사는 인칭과 수에서 일치해야 한다.

a : 복수를 나타내는 명사구(two pencils)가 복수를 나타내는 대명사(them)의 선행사이다.

b : 남성 단수를 나타내는 명사구(this boy)가 남성 단수를 나타내는 대명사(he)의 선행사이다.

c : 여성 복수를 나타내는 명사구(those women)는 대명사 them의 선행사가 되어야한다. 소유대명사 hers는 '그 여자의 것'을 의미한다.

d : 단수의 명사구(a cell phone)가 단수를 가리키는 대명사 it의 선행사이다.

9. a

대명사와 그 선행사는 수와 인칭이 일치해야 한다.

a : 정관사와 단수명사(the climate)는 단수 대명사(that)로 받는다.

b : 셋 중 하나를 one으로 받으면 '나머지 다른 것들'은 the others로 받는다.

c : 셋 중 하나를 one으로 받고 또 하나를 another로 받을 때 '나머지 다른 하나'는 the third로 받는다.

d : 둘 중 하나를 one으로 받으면 '나머지 다른 하나'는 the other로 받는다.

10. b

동사(found)의 가목적어로 it이 나오고 부정사의 주어(for her)가 있을 때 뒤는 to-부정사가 온다.

a, c : 동사원형이나 동명사는 올 수 없다.

d : 명사구 the examination이 동사 pass의 목적어가 되어야 하므로 to-부정사는 수동형(to be passed)이 아닌 능동형(to pass)이 되어야 한다.

III. 응용연습

1. d

대명사 that은 앞서 말한 'the + 명사' 대신 쓰이며 복수형은 those로 나타낸다.

a : 앞서 말한 'the + 명사' 대신 쓰이는 대명사가 아니다.

b : 'the cars'는 복수이므로 단수형 대명사(that)는 쓰일 수 없다.

c : '~의 그것'이라는 의미로 쓰이는 대명사가 아니다.

d : 앞서 말한 'the + 명사'의 복수형으로 쓰여 those of Japan은 the cars of Japan의 의미로 쓰인다.

2. a

동사(found)의 목적어가 'to-부정사' (to see)이고 목적보어(difficult)가 있을 때 이 to-부정사를 가리키는 가목적어로 대명사 it을 둔다.

a : 진목적어인 to-부정사 to see를 가리키는 가목적어로 쓰일 수 있는 대명사이다.

b, c, d : 동사의 가목적어로 쓰이지 않는다.

3. d

다섯 개 중 하나를 one으로 받을 때 '나머지 다른 것들'은 the others로 받는다.

a : 여러 개 중 하나를 one으로 받을 때 '또 하나의 것'을 가리킬 때 쓴다.

b : 홀로 단수형의 대명사로는 쓰이지 않는다.

c : 둘 중 하나를 one으로 받을 때 '나머지 다른 하나'를 가리킬 때 쓴다.

4. b

앞에 나온 것과 같은 종류에 속한 것 하나를 가리킬 때 대명사 one으로 나타낸다.

a : 앞에 나온 셀 수 있는 명사의 복수형을 가리킬 때 사용한다.

b : 앞에 이미 나온 a car 대신 one을 사용한다. '자동차 한 대'를 의미한다.

c : '이것, 이 사람'의 의미로 쓰이는 대명사이다.

d : '저것, 저 사람'의 의미로 쓰이는 대명사이다.

5. b

특정 동사(say, tell, think, hope, expect, suppose, believe, fear, hear) 뒤에서 that-절을 대신하는 말로 대명사적인 부사 so가 쓰인다.

a, c, d : 앞에 나온 명사구나 절을 가리키는 대명사로 쓰인다.

b : 앞에 나온 that-절(that it will be snowy tomorrow)을 받는 대명사처럼 쓰이는 부사이다.

6. c

앞 절 전체를 뒷 절의 주어나 목적어로 받을 수 있는 대명사는 계속적 용법의 관계대명사 which이다.

a, b : 앞에 나온 절을 받을 수 있는 대명사이지만 이 때 두 개의 완전한 절을 쉼표(,)로 연결할 수는 없다.

c : 앞에 쉼표가 있는 계속적 용법의 관계대명사 which는 앞 절(The professor ~ singer)을 뒷 절의 목적어(동사 like의 목적어)로 받으면서 두 절을 연결한다.

d : 문법상 이 자리에 올 수 없다.

7. b

목적어가 뒤에 오기를 요구하는 동사의 주어와 목적어가 동일한 대상일 때 이 목적어는 재귀대명사가 된다.

a : 동사(killed)의 주어(The actress)와 목적어가 동일한 대상일 때는 이 목적어는 대명사(her)가 되어서는 안 된다.

b : 주어(The actress)의 재귀대명사는 herself이다.

c : 상호대명사는 '서로 서로 상대방'을 가리키므로 주어인 복수명사(이를테면, they)가 있어야 한다.

d : 주어가 여성(The actress)이므로 남성명사의 재귀대명사는 올 수 없다.

8. a

앞에 나온 절 전체를 받을 수 있는 대명사는 this이다.

a : 앞 절 전체(The man ~ politician)를 받을 수 있는 대명사이다.

b, c : 지시대명사(this, that)의 복수형(these, those)은 앞 절 전체를 받을 수 없다.

d : 앞 절 전체를 받으면서 뒷 절의 주어로 쓰일 수 없다.

9. b

목적어가 나오기를 요구하는 동사의 주어와 목적어가 동일한 대상일 때 이 목적어는 재귀대명사가 된다.

a : 동사(lookded at)의 주어(Chul-Soo and Yoon-Ah)와 목적어가 동일한 대상일 때 대명사(them)는 쓸 수 없다.

b : 거울에서 철수는 철수를 윤아는 윤아를 보았다는 의미이다.

c : '남, 타인'을 의미하는 대명사이다.

d : '그 나머지 사람들'을 의미하는 대명사이다.

10. b

가주어로 대명사 it이 나온 문장에서 명사절이나 to-부정사가 진주어로 온다.

a : 동사원형은 가주어(It)의 진주어가 될 수 없다.

b : to-부정사는 가주어(It)의 진주어로 쓰일 수 있다.

c : 동사(write) 뒤에 목적어인 명사구(a satisfactory book)가 나와 있으므로 수동 동명사은 이 자리에 올 수 없다.

d : 과거분사는 가주어에 대한 진주어가 될 수 없다.

IV. 기본영작

1. a. Jung-Soo is a good ping-pong player.
   b. Jung-Soo is a ping-pong player, and he is good at ping-pong.

- '탁구'는 ping-pong이나 table tennis로 옮긴다.
- '탁구를 잘 치다'는 동사구 be a good ping-pong player, be good at ping-pong, be good at playing ping-pong으로 옮긴다.
- 첫째 예문의 명사구 a good ping-pong player에서 명사 player는 셀 수 있는 명사이므로 앞의 한정사인 부정관사(a)를 빼면 명사구가 아니어서 동사(is)의 보어가 될 수 없다는데 유의하라.

2. a. I prefer this ping-pong paddle of his to that one.
   b. I like this ping-pong paddle of his more than that one.

- '그의 이 (탁구)라켓'은 his this ping-pong paddle이나 this his ping-pong paddle로 옮길 수 없다. 영어에서는 같은 한정사에 속하는 소유격(his)과 지시사(this)가 나란히 나와 명사(ping-pong paddle)를 수식하는 구조로 쓰이지 않는다. 따라서 이것을 this ping-pong paddle of his처럼 나타낸다는데 유의하라.
- '~을~보다 더 좋아하다'는 like~more than~나 prefer~to~로 옮긴다.
- 둘째 예문에서 명사구 this ping-pong paddle이 이미 나와 있으므로 뒤에서 명사구 that ping-pong paddle을 사용하려고 할 때 앞서 나온 ping-pong paddle의 반복을 피하기 위해 이것 대신에 대명사 one을 쓴다.

3. a. His belief is that he has no rivals in ping-pong.
   b. He thinks that nobody can beat him in ping-pong.

- '탁구에서'는 전치사구 in ping-pong, in table tennis로 옮기며 전치사(in)의 목적어인 명사구 ping-pong 앞에 부정관사(a)를 붙여 in a ping-pong으로 옮길 수 없다. ping-pong은 셀 수 없는 명사여서 부정관사와 쓰이지 않는다.
- '~을 이길 자가 없다'는 have no rivals나 nobody can beat~으로 옮긴다.
- '~라고 생각하다'는 one's belief is~, ~think that~으로 옮긴다.

4. a. He finds it difficult for him to win games successively.
   b. He knows that it is difficult to win games successively.

- 계속 우승을 하다'는 win games successively로 옮긴다.
- ~하는 것이 ~하다는 것을 알다'는 동사 find 뒤에 목적어인 명사구(it)와 보어인 형용사구(difficult)를 두어 전하거나 know that~으로 옮긴다.
- 첫째 예문의 it은 뒤에 나올 to-부정사(to win)를 가리키기 위한 가목적어인 대명사이고 둘째 예문의 it은 뒤에 나올 to-부정사(to win)를 가리키기 위한 가주어인 대명사이다.

5. a. The number of players in Korea is not as great as that in China.
   b. The number of players in Korea is not greater than that in China.

- '한국의 선수층'을 the number of players in Korea로 옮길 때 '중국의 선수층'은 the number of players in China로 옮기지 않고 앞에 이미 나온 명사구 the number of players를 대명사 that으로 두어 that in China로 옮긴다.
- '~보다 두텁지 않다'는 is not as great as~, is not greater than~으로 옮긴다.
- 두 예문의 명사구 players는 '선수'(player)가 셀 수 있는 명사이므로 일반적인 의미를 전하는 형태이다.

6. a. His good ping-pong paddle is expensive.
   b. He has a good ping-pong paddle, and it is expensive.

- '좋은 탁구라켓을 가지고 있으며'는 명사구 one's good ping-pong paddle이나 동사구 have a good ping-pong paddle로 옮긴다.
- 첫째 예문은 탁구라켓이 좋고 비싸다는 것을 형용사 good을 명사 앞에 두고 expensive를 동사 is의 보어로 옮긴 것이다. 이와 달리 둘째 예문은 같은 의미를 등위접속사(and)를 사용해 대등한 두 개의 절로 옮긴 것이다.
- 둘째 예문의 명사구 a good ping-pong paddle이 뒤에서 반복되므로 이것을 대명사 it으로 나타낸 것이다.

7. a. Winning the championship is what every player is interested in, wherever he plays.
   b. Every player is interested in winning no matter where he plays.

- '모든 선수'는 양화사(every)와 명사(player)로 된 every player로 옮긴다. 양화사 every 뒤에 오는 셀 수 있는 명사는 단수형으로 오므로 every players로 표현할 수 없다. 그러나 이 양화사 뒤에 every two seconds, every twenty minutes, every two hours처럼 시간 표현(second, minute, hour)이 올 때는 복수로 올 수 있다.
- '어디서 경기를 하건'은 양보를 나타내는 부사절 wherever one plays, no matter where one plays로 옮긴다.
- '우승을 하다'는 win the championship이나 win으로 옮긴다.
- 첫째 예문의 주어는 동명사 winning이고 둘째 예문의 동명사 winning은 전치사 in의 목적어이다.

8. a. He bought a new pair of running shoes, and they were to his liking.
   b. He bought a pair of new running shoes, and he liked them.

- '새 운동화 한 켤레'는 a new pair of running shoes, a pair of new running shoes로 옮긴다. 형용사 new가 명사 pair를 수식하는 전자보다 형용사 new가 명사 running shoes를 수식하는 후자가 해석이 더 용이한 표현이다.
- '마음에 들다'는 be to one's liking이나 like~로 옮긴다.
- 둘째 예문의 명사구 a pair of new running shoes가 뒤에서 다시 반복되므로 이것을 대명사 them으로 나타낸 것이다.

9. a. He doesn't tell his girlfriend lies, so she confides in him.
   b. He doesn't tell his girlfriend lies, and this makes her confide in him.

- '~에게 거짓말을 하다'는 동사 tell 뒤에 간접목적어인 명사구(his girlfriend)와 직접목적어인 명사구(lies)를 두어 전한다. '거짓말 하나'는 a lie로 전하고 일반적인 의미의 거짓말은 lies로 전한다.
- '~여서'는 이유를 나타내므로 ~, so~로 옮기거나 ~, and this~로 옮긴다.
- 둘째 예문에서 앞 절 전체(He~lies)가 뒤에서 다시 반복되므로 이것을 대명사 this로 나타낸다. 대명사 this는 앞 절 전체를 가리킬 수 있다는데 특히 유의하라.

10. a. Two ping-pong paddles he has. One is light and the other is a little heavy.
b. He has two ping-pong paddles; one is light and the other a bit heavy.

- '두 개의 탁구라켓'은 two ping-pong paddle이 아닌 two ping-pong paddles이다. 둘 중 하나를 대명사 one으로 언급할 때 '나머지 다른 하나'는 the other로 나타낸다.
- 첫째 예문의 명사구 Two ping-pong paddles는 He has two ping-pong paddles에서 동사(has)의 목적어(two ping-pong paddles)를 화제로 삼기 위해 문장 첫머리로 이동한 것이다.
- '약간'은 부사 a little이나 a bit으로 옮긴다.
- 둘째 예문의 등위접속사(and)로 연결된 두 절에서 뒤 절의 주어 the other 뒤에 이미 앞 절에서 나온 동사(is)의 반복을 피하기 위해 이것을 생략한 것이다.

V. 심화영작

1. a. As the president of a company, the man has lots of employees.
b. Lots of employees work for the man, the president of a company.
c. The man is the president of a company, and has lots of employees.

- '회사'(company)는 셀 수 있는 명사로 일반적으로 수의 개념으로 쓰인다. 따라서 '한 회사'는 a company이므로 company로 옮겨서는 안 된다.
- '그 남자는 한 회사 사장이고'는 '한 회사 사장으로서의 그 남자'(As the president of a company, the man~)로 옮기거나 동격관계를 이용한 the man, the president of a company로 옮기거나 하나의 완전한 절(The man~a company)로 옮긴다.
- '많은 사원'은 a lot of employees, lots of employees, many employees로 옮긴다.
- 첫째 예문의 as는 '~로서'의 의미를 가진 자격을 나타내는 전치사이다.

2. a. He made it clear that diligence was the key to success.
b. What he made clear was that diligence was the key to success.
c. The thing that he made clear was that diligence was the key to success.

- '근면'(diligence)은 셀 수 없는 명사로 일반적인 의미는 한정사를 앞에 붙이지 않은 형태인 diligence로 전한다.
- '~을 분명히 하다'는 동사 make 뒤에 목적어인 명사구(it)와 보어인 형용사구(clear)를 두어 전한다. 첫째 예문의 it은 뒤의 명사절인 that-절(that~success)을 가리키는 가목적어이다.
- 둘째 예문의 동사 made의 목적어는 관계대명사 what 내에 있는 명사구 the thing이고 보어는 형용사구 clear이다.
- 셋째 예문의 The thing은 made의 목적어이고 형용사구 clear는 목적보어이다.

3. a. He and his wife love and take care of each other very much.
b. He loves and takes care of his wife very much, and vice versa.
c. Between him and his wife exist great love and mutual understanding.

- '서로 사랑하다'는 '서로를 사랑하다'는 의미로 love each other로 옮긴다. each other는 '서로서로 상대방'을 뜻하는 상호대명사이다.
- 첫째 예문의 상호대명사 each other는 동사 love와 take care of의 공통의 목적어이다.
- 둘째 예문의 and vice versa는 '역도 또한 같다'는 의미이다.
- 셋째 예문의 주어는 동사(exist) 뒤의 명사구(great~understanding)이다. 기능상 위치부사이고 형태상 전치사구인 Between him and his wife가 문장 앞으로 이동하여 주어와 동사가 도치되었다.

4. a. He has a beautiful wife and two healthy children.
b. His wife is beautiful, and his two children are healthy.
c. A beautiful wife and two healthy children he has.

- '아름다운 아내'에서 '아내'(wife)는 셀 수 있는 명사로 수의 개념으로 쓰이므로 a beautiful wife로 옮기며 beautiful wife로 옮길 수 없다.
- '건강한 두 아이'는 healthy two children이 아닌 two healthy children으로 옮겨야 한다. 한정사의 하나인 양화사(two)가 형용사(healthy)보다 앞에서 명사(children)를 수식해야 한다는 점에 유의해야 한다.
- '~가 있다'는 '~을 가지고 있다'는 의미이므로 동사 have~로 옮긴다. 셋째 예문의 명사구 A beautiful~children은 동사 has의 목적어 자리에서 이것을 화제로 삼기 위해 문장 첫머리로 이동한 것이다.

5. a. The blue one, of the two, is his car.
b. Of the two cars, the blue one is his.
c. His car is the blue one of the two cars.

- '그 두 자동차 중에서'는 전치사구 of the two cars나 of the two로 옮긴다.
- '푸른색 자동차'는 두 대의 자동차 중 '그 푸른 자동차'를 뜻하므로 '자동차'(car)를 대명사(one)로 바꾸고 정관사(the)를 붙여 the blue one으로 옮긴다.
- 첫째 예문에서 '그 두 자동차'를 the two cars가 아닌 the two로 옮긴 것은 뒤의 명사구 his car에 이미 명사 car가 나와 있으므로 반복을 피하기 위한 것이다.
- 둘째 예문의 his는 '그의 것'을 뜻하는 소유대명사이다.

6. a. Diligence brought him his success.
b. His success was possible because he was very diligent.
c. He was very diligent, and this was the key to

his success.

- '부지런하며'는 명사구 diligence로 옮기거나 be diligent로 옮긴다.
- '부지런하며 이것이 그의 성공의 열쇠'는 '부지런함이 그에게 성공을 가져오다'는 의미로 첫째 예문처럼 동사 bring 뒤에 간접목적어(him)와 직접목적어(his success)를 두어 옮기거나 둘째 예문처럼 His success was possible because~diligent로 옮기거나 셋째 예문처럼 was diligent, and this was the key to his success처럼 옮긴다.

7. a. I think that he will succeed and I hope so.
   b. He will succeed, I think. I hope that he will succeed.
   c. My belief is that he will succeed, and I hope that this is so.

- '~할 것이라고 생각하다'는 think that~will~로 옮기거나 one's belief is that~will~로 옮긴다.
- '~이기를 바라다'는 바람을 나타내는 동사 hope 뒤에 앞서 나온 that-절을 가리키는 부사 so로 옮긴다. 그러나 셋째 예문처럼 이 동사 뒤에 that-절을 두어 옮길 수도 있다.
- 둘째 예문의 He will succeed는 I think he will succeed에서 동사 think의 목적어인 명사절을 강조하기 위해 문장 첫머리로 이동한 것이다.

8. a. It is obvious that it is not easy to succeed in business.
   b. Nobody denies that it is not easy to succeed in business.
   c. Succeeding in business is not easy, and this is an undeniable fact.

- '사업에 성공하다'는 succeed in business로 옮긴다.
- '쉬운 일이 아니다'는 be not easy로 옮긴다.
- '~은 분명하다'는 be obvious, nobody denies that~, ~be an undeniable fact로 옮긴다.
- 첫째 예문은 that-절이 진주어이고 It은 이것을 가리키는 가주어이다. that-절 내에서는 to-부정사(to succeed)가 진주어이고 it은 이것을 가리키는 가주어이다.
- 셋째 예문의 this는 앞 절 전체(Succeeding~easy)를 가리키는 대명사이다.

9. a. His too much confidence in others makes his wife uneasy.
   b. He confides in others too much, and this makes his wife uneasy.
   c. His wife feels uneasy because he has too much confidence in other people.

- 한국어 원문의 '사람'은 '남'을 뜻하므로 others나 other people로 옮긴다.
- '~을 신뢰하다'는 명사구 one's confidence로 옮기거나 동사구 confide in~, have confidence in~으로 옮긴다.
- '~을 불안하게 하다'는 동사 make 뒤에 목적어인 명사구(his wife)와 보어인 형용사구(uneasy)를 두어 전한다. 셋째 예문처럼 ~feel uneasy because~로 옮길 수도 있다.

10. a. I believe that he will be a famous political leader in the future, and everybody thinks so.
    b. My belief is that he will be a famous political leader in the future, and everybody thinks so.
    c. He will be a famous political leader in the future, I think and everybody thinks so.

- '장차'는 전치사구 in the future로 옮긴다.
- '유명 정치지도자'에서 '지도자'(leader)는 셀 수 있는 명사로 '한 사람의 유명정치지도자'를 뜻하므로 a famous political leader로 옮기며 부정관사(a)를 빼고 famous political leader로 옮길 수 없다.
- '그렇게 생각하다'는 동사 think 뒤에 앞서 나온 that-절을 가리키는 부사 so를 두어 옮긴다.
- 대명사 everybody는 단수 취급하므로 동사 think에 s가 붙은 것이다.
- 셋째 예문의 and 앞은 I think that he will~in the future에서 동사 think의 목적어인 that-절을 강조하기 위해 문장 첫머리로 이동한 것이다.

제7장 앞 요소와 뒤 요소

II. 기본연습

1. d

동사 뒤는 그 동사가 가진 의미를 완전하게 전하는데 필요한 요소가 와야 하며 필요하지 않은 요소가 오면 비문이 되기도 한다.

a : 동사 sing은 어떤 요소의 도움을 받지 않고도 '노래하다'는 의미를 완전하게 전할 수 있다. 따라서 이 동사 뒤는 노래하는 행위가 어떻게 이루어지는지를 나타내는 양태부사(well)가 올 수 있지만 오지 않아도 여전히 문법적이다.

b : 동사 eat은 뒤에 목적어인 명사구(lunch)를 두어 '~을 먹다'는 의미를 전한다.

c : 동사 teach는 뒤에 간접목적어인 명사구(a boy)와 직접목적어인 명사구(Korean)를 두어 '~에게 ~을 가르치다'는 의미를 전한다.

d : 동사 make는 뒤에 목적어인 명사구(a boy)와 목적보어인 형용사구(merry)를 두어 '~을 ~하게 하다'는 의미를 전하므로 목적보어자리에 부사구(merrily)가 올수 없다.

2. d

셀 수 있는 명사의 복수형으로 일반적인 의미를 전할 때 앞에는 정관사를 붙일 수 없다.

a, b, c : 화자가 그의 청자도 알고 있다고 보는 대상 앞에 정관사(the)를 붙인다.

d : 셀 수 있는 명사의 복수형 앞에 정관사를 붙이면 일반적인 의미가 없어지며 특정한 복수의 대상을 가리키게 된다.

3. a

형용사 뒤는 형용사의 한정을 받는 명사나 형용사의 보어인 전치사구, that-절, to-부정사가 오기도 한다.

a : 정관사는 한정사의 하나로 일반적으로 형용사와 명사 앞에 온다.
b : 형용사의 한정을 받는 명사는 일반적으로 형용사 뒤에 오며 형용사 앞에 오는 경우도 있다.
c, d : 형용사에 따라 그 형용사의 보어로 전치사구나 to-부정사가 뒤에 오기도 한다.

4. d

전치사는 언제나 전치사구로 존재하므로 전치사 뒤에 그 목적어인 명사구가 와야 전치사구가 된다.

a : 명사는 명사구의 형태로 오며 명사구의 자격을 가진 명사만이 올 수 있다. 명사구와 명사구가 아닌 것에 관해서는 제2장의 구에 관한 설명을 참조하시오.
b : 동명사는 명사구의 일종으로 전치사의 목적어가 될 수 있다.
c : 대명사는 명사구의 일종으로 목적격으로 올 때만 전치사의 목적어가 될 수 있다.
d : to-부정사는 전치사의 목적어가 될 수 없다.

5. c

부정관사(a, an)는 '하나의, 한 사람의'를 뜻하므로 뒤에 셀 수 있는 명사의 단수형이 온다.

a, d : 셀 수 없는 명사는 수가 아닌 양의 개념이므로 부정관사 뒤에 올 수 없다.
b : 부정관사는 셀 수 있는 것의 하나를 의미하므로 셀 수 있는 명사의 복수형과 쓰일 수 없다.

6. a

부사는 동사, 형용사, 부사를 수식하거나 문장 전체를 수식한다.

a : 부사는 전치사를 직접 수식하지는 않는다.
b, c, d : 부사는 동사, 형용사, 부사를 직접 수식할 수 있다.

7. c

지시사의 단수형(this, that) 뒤는 셀 수 있는 명사의 단수형이나 셀 수 없는 명사가 온다.

a, b, d : 지시사의 단수형의 한정을 받을 수 있다.
c : 지시사의 복수형(these, those)의 한정을 받는다.

8. c

지시사의 복수형 뒤는 셀 수 있는 명사의 복수형이 온다.

a : 셀 수 없는 명사는 양의 개념이므로 수의 개념인 지시사의 복수형 뒤에 올 수 없다.
b : 지시사의 복수형과 수가 일치하지 않아 올 수 없다.
d : 한정사 중 관사, 소유격, 지시사는 이 셋 중 어느 둘이 나란히 나와 명사를 직접 수식하는 구조로 쓰일 수 없다.

9. a

수를 나타내는 양화사 뒤는 일반적으로 셀 수 있는 명사의 복수형이 온다.

a : 셀 수 없는 명사는 수를 나타내는 양화사와 쓰이지 않는다.
b : 셀 수 있는 명사의 단수형이 쓰이기도 한다.
c, d : 셀 수 있는 명사의 복수형이나 셀 수 있는 명사의 복수형 앞에 형용사가 있을 때도 수를 나타내는 양화사가 올 수 있다.

10. d

양을 나타내는 양화사는 같은 양의 개념인 셀 수 없는 명사와 쓰인다.

a, b, c : 셀 수 없는 명사와 쓰이거나 셀 수 없는 명사 앞에 형용사나 소유격이 있어도 쓰일 수 있다.
d : 셀 수 있는 명사의 단수형이나 복수형과는 쓰이지 않는다.

III. 응용연습

1. d

형용사 interested는 보어로 전치사구를 가지고 있다.

a : 형용사 interested의 보어로 명사구는 올 수 없다.
b, c : 형용사 interested의 보어로 to-부정사나 that-절은 올 수 없다.
d : 형용사 interested의 보어로 전치사 in으로 시작되는 전치사구는 올 수 있다. 명사구 flower arrangements가 전치사 in의 목적어이다.

2. c

양을 나타내는 양화사(little) 뒤는 양의 개념을 가진 셀 수 없는 명사가 온다.

a : 셀 수 있는 명사의 단수형(dollar)은 수의 개념이므로 올 수 없다.
b : 셀 수 있는 명사의 복수형(dollars)은 수의 개념이므로 올 수 없다.
c : 셀 수 없는 명사이므로 올 수 있다.
d : '거의 없는'을 의미하는 양을 나타내는 양화사 little 뒤에 '약간의'의 의미를 가진 양을 나타내는 양화사 some이 오면 의미가 서로 상충하게 된다.

3. a

부정관사 뒤는 셀 수 있는 명사의 단수형이 온다.

b : 셀 수 있는 명사의 복수형은 올 수 없다.
c, d : 셀 수 없는 명사나 양화사가 붙어 있는 셀 수 없는

명사도 올 수 없다.

4. c

셀 수 있는 명사(teacher)는 앞에 한정사가 붙지 않은 복수형으로 일반적인 의미를 전한다.

a : 셀 수 있는 명사가 복수어미(-s)가 붙지 않아 일반적인 의미를 전할 수 없다.

b : 부정관사가 붙은 셀 수 있는 명사는 특정적인 의미를 전한다.

c : 일반적인 의미의 선생을 뜻하며 선생이 여러 명이라는 의미가 아니라 분류상의 개념으로서의 선생을 뜻한다.

d : 셀 수 있는 명사의 복수형이 정관사(the)와 쓰이면 일반적인 의미가 아닌 특정적인 의미를 전할 뿐 아니라 복수의 대상을 의미한다. '그 선생들'을 뜻한다.

5. b

수를 나타내는 양화사 a few의 한정을 받을 수 있는 것은 셀 수 있는 명사의 복수형이다.

a : 셀 수 있는 명사의 단수형은 양화사 a few의 한정을 받을 수 없다.

c : 대명사 them은 양화사 a few의 한정을 받을 수 없다.

d : 형용사가 붙어있는 셀 수 있는 명사의 단수형 역시 양화사 a few의 한정을 받을 수 없다. 양화사 a few는 '몇 개의, 몇 사람의'의 의미를 가지고 있기 때문이다.

6. c

전치사(on)의 뒤는 전치사의 목적어인 명사구가 오는 자리로 동사는 동명사(doing)로 온다.

a : 전치사(on) 뒤는 동사(do)가 원형으로 올 수 없다.

b : to-부정사(to do)는 전치사(on)의 목적어가 될 수 없다.

c : 동명사(doing)가 전치사(on)의 목적어이고 명사구 exercise는 동명사의 목적어이다.

d : 전치사(on) 뒤는 전치사의 목적어인 명사구가 와야 하므로 또 다른 전치사구(for doing)가 올 수 없다.

7. c

동사 push는 '~을 밀다'는 의미를 뒤에 목적어인 명사구를 두어 전한다. 목적어 뒤는 동사의 행위가 어떤 모양으로 이루어지는가를 나타내는 양태부사(hard)가 올 수 있다.

a : 형용사구는 동사의 행위가 어떤 모양으로 이루어지는가를 나타내는데 쓰이지 않는다.

b, d : 동사 push는 목적어 뒤에 명사구가 나오기를 요구하는 동사가 아니므로 올 수 없다.

c : 동사 push뒤는 미는 모양이 어떻게 이루어지는가를 나타내는 양태부사(hard)는 올 수 있다.

8. a

셀 수 있는 명사의 단수형은 지시사의 단수형(this, that)으로 복수형은 지시사의 복수형(these, those)으로 수식한다.

a : 셀 수 있는 명사의 단수형(country)은 지시사의 단수형(this)으로 수식한다.

b, c : 셀 수 있는 명사의 단수형을 지시사의 복수형으로 수식할 수 없다.

d : 셀 수 있는 명사의 복수형(countries)은 지시사의 복수형(those)으로 수식한다.

9. d

동사 make는 '~에게 ~을 만들어주다'는 의미를 뒤에 간접목적어인 명사구(her son)와 직접목적어인 명사구를 두어 전한다.

a : 동사 make는 '~을 ~하게 하다'는 의미를 뒤에 목적어인 명사구와 보어인 형용사구(happy)를 두어 전한다. 따라서 목적어 뒤에 부사구(happily)는 올 수 없다.

b : 동사 make는 '~을 ~로 만들다'는 의미를 뒤에 목적어인 명사구와 보어인 명사구(a good boy)로 전한다. good boy는 명사구가 아니므로 보어가 될 수 없다.

c : 동사 make는 '~가 ~하게 하다'는 의미를 뒤에 목적어인 명사구와 원형부정사(work)로 전한다. to-부정사(to work)는 올 수 없다.

d : 동사 make는 '~에게 ~을 만들어주다'는 의미를 뒤에 간접목적어인 명사구와 직접목적어인 명사구로 전한다. 명사구 a sweater가 직접목적어인 명사구이다.

10. b

지시사의 복수형(these)은 셀 수 있는 명사의 복수형을 수식한다.

a : 셀 수 있는 명사의 단수형(present)은 지시사의 복수형의 수식을 받을 수 없다.

c : 지시사 these는 양화사(all) 뒤에 오므로 all these presents가 되어야 한다.

d : 양화사 all은 지시사 these 앞에 오므로 all these presents가 되어야 한다.

IV. 기본영작

1. a. A stranger is coming up to me.
   b. A stranger is walking up to me.

- '한 낯선 사람'은 사람이나 물건의 하나를 뜻하는 부정관사 a뒤에 셀 수 있는 명사의 단수형 stranger를 써서 명사구 a stranger로 옮긴다.
- '~에게 걸어오다'는 come up to~나 walk up to~로 옮긴다.
- '걸어오고 있다'는 걸어오는 행위가 현재 일시적으로 진행 중에 있다는 것을 나타내므로 현재진행시제(is coming up, is walking up)로 옮긴다.

2. a. He asked a child the way in English.
   b. He asked a child for directions in English.

- '~에게 길을 묻다'는 동사 ask뒤에 간접목적어인 명사구(a child)와 직접목적어인 명사구(the way)를 두어 옮긴다. 둘째 예문처럼 동사 ask뒤에 목적어(a child)와 전치사구(for directions)를 두어 옮길 수도 있다.

- '영어로'는 전치사구 in English로 옮긴다. 명사구 English가 전치사 in의 목적어이며 English는 셀 수 없는 명사이다.

3. a. He drank a little water during his talk.
b. He drank some water while he was talking.

- '이야기하는 동안'은 전치사구 during one's talk이나 부사절 while one is talking으로 옮긴다. during은 전치사이므로 뒤는 명사구(his talk)가 와야 한다.
- '물을 약간'은 '약간의 물'을 가리키므로 양을 나타내는 양화사(a little) 뒤에 셀 수 없는 명사(water)를 두어 a little water로 옮기거나 양을 나타내는 양화사(some) 뒤에 셀 수 없는 명사(water)를 두어 명사구 some water로 옮긴다.

4. a. A few children surrounded him.
b. Some children got together around him.

- '몇 명의 아이들'은 '아이들'(children)이 셀 수 있는 명사의 복수형이므로 '몇 명의'(a few)는 수를 나타내는 양화사가 되어야 하므로 명사구 a few children이나 some children으로 옮긴다. 양화사 some 역시 '몇 명의'를 뜻한다.
- '~의 주위로'는 '~의 주위에'를 뜻하는 전치사(around) 뒤에 목적어(him)를 두어 전치사구로 옮기거나 '~을 둘러싸다'는 의미의 동사 surround~로 옮긴다.
  - '모이다'는 get together로 옮긴다.

5. a. He was listening to some music through his headphones.
b. It was some music that he was listening to through his headphones.

- '헤드폰으로'는 전치사구 through one's headphones로 옮긴다.
- '약간의 음악'은 셀 수 없는 명사인 '음악'(music) 앞에 음악의 양을 나타내는 양화사인 '약간의'(some)가 나온 것으로 명사구 some music으로 옮긴다.
- '듣고 있었다'는 듣는 행위가 과거에 일시적으로 진행 중에 있었다는 것을 나타내므로 과거진행시제(was listening)로 옮긴다.
- 둘째 예문은 전치사 to의 목적어인 명사구 some music을 강조하는 It~ that~강조구문이다.

6. a. Any children were able to speak English with him.
b. It was possible for any children to use English with him.

- '어떤 아이들도'는 명사구 any children으로 옮긴다. 양화사 any는 셀 수 있는 명사의 복수형(any children)과 쓰이며 셀 수 없는 명사 앞(any water)에 올 수도 있다.
- '~할 수 있다'는 be able to do~, be possible로 옮긴다.
- '영어를 사용하다'는 speak English, use English로 옮긴다.
- 둘째 예문의 It은 뒤의 진주어인 to-부정사(to use)를 가리키는 가주어이고 전치사구 for any children의 for는 to-부정사의 주어(any children) 앞에 오는 전치사이다.

7. a. They realize the necessity to speak English with him.
b. They feel that they need to talk with him in English.

- '그와'는 전치사구 with him으로 옮긴다.
- '영어로 이야기하다'는 speak English, talk in English로 옮긴다.
- '~할 필요성'은 the necessity to do~, need to do~로 옮긴다.
- '~을 깨닫다'는 realize~나 feel that~으로 옮긴다.

8. a. He thinks that he may make friends with these people.
b. It occurs to him that he may make friends with these people.

- 한국어 원문의 '이들'은 '이 사람들'을 의미하므로 '사람들'(people)이 셀 수 있는 명사의 복수형이므로 앞의 '이'는 지시사의 복수형(these)을 써야 한다. 따라서 양화사와 명사로 된 명사구 these people로 옮긴다.
- '~와 친구가 되다'는 make friends with~로 옮긴다.
- '~일지도 모르다'는 추측을 나타내는 조동사 may~로 옮긴다.
- '~라고 생각하다'는 think that~이나 it occurs to a person that~으로 옮긴다.
- 둘째 예문의 It은 진주어인 that-절(that he~these)을 가리키는 가주어이다.

9. a. All these children addressed him in poor English.
b. All of these children spoke to him, using their poor English.

- '이 아이들 모두'는 셀 수 있는 명사의 복수형인 '아이들'(children) 앞에 한정사인 지시사 '이'(these)가 있으며 '모든'(all)을 의미하는 양화사가 있다. 지시사와 양화사가 나란히 나와 같은 명사를 수식할 때는 양화사가 지시사보다 앞에 오므로 all these children으로 옮기며 these all children으로 옮기지 않는다.
- '서투른 영어로'는 전치사구 in poor English나 분사구 using one's poor English로 옮긴다. English는 셀 수 없는 명사이므로 in a poor English로 옮길 수 없다.
- '~에게 말을 걸다'는 address~, speak to~로 옮긴다.

10. a. It pleased him to meet the children, and he became their friend.
b. He was glad to meet the children, and he made friends with them.

- '~를 만나 기쁘다'는 '~를 만나는 것이 ~을 기쁘게 하다'는 의미로 첫째 예문처럼 가주어 It와 진주어인 to-부정사(to meet)를 두어 옮기거나 be glad to meet~으로 옮긴다.
- '~와 친구가 되다'는 become one's friend, make friends with~로 옮긴다.
- 둘째 예문의 them은 앞서 나온 명사구(the children)의

반복을 피하기 위해 사용한 대명사이다.

V. 심화영작

1. a. Sun-Ah's marriage is near at hand.
   b. Sun-Ah is going to get married sooner or later.
   c. I hear Sun-Ah is going to get married sooner or later.

- '선아는 결혼할'은 '선아의 결혼'의 의미로 명사구 Sun-Ah's marriage로 옮긴다.
- '조만간'은 sooner or later로 옮긴다.
- '결혼하다'는 get married로 옮긴다.
- '~할 예정이다'는 be near at hand, be going to do~로 옮긴다. is going to do~는 미래의 의향을 나타낸다.

2. a. She got more interested in arranging flowers.
   b. Flower arrangements came to attract her attention more.
   c. Her interest in flower arrangements gradually increased.

- '꽃꽂이하다'는 동사구 arrange flowers로 옮기고 '꽃꽂이'는 arranging flowers, flower arrangements로 옮긴다. arranging은 명사구 flowers를 목적어로 가진 동명사이다.
- '관심이 많아지다'는 get more interested, come to attract one's attention more, one's interest gradually increases로 옮긴다. come to do~는 '~하게 되다'는 의미이다.

3. a. She went out with the door unlocked yesterday.
   b. The door was left unlocked when she went out yesterday.
   c. It turned out that she did not lock the door when she went out yesterday.
   - '~을 ~한 채'는 전치사 with 뒤에 목적어인 명사구(the door)와 목적보어인 형용사구(unlocked)를 두어 전한다.
   - '외출하다'는 go out으로 옮긴다.
   - 둘째 예문의 주절은 She left the door unlocked에서 동사(left)의 목적어인 명사구(the door)를 화제로 삼기 위해 주어로 만들면서 수동문 The door was left unlocked가 나온 것이다.
   - 셋째 예문의 It은 진주어인 that-절(that she~yesterday)을 가리키는 가주어이다. turn out은 '드러나다'는 의미이다.

4. a. She is going to be absorbed in housekeeping after marriage.
   b. When she gets married, she is going to do only housekeeping.
   c. Housekeeping is going to be her only concern after she gets married.
   - 한국어 원문의 '결혼하면'은 '결혼 후에'의 의미로 전치사구 after marriage나 종속절 when one gets married나 after one gets married로 옮긴다.
   - '가사'(housekeeping)는 셀 수 없는 명사로 부정관사(a)를 붙여 a housekeeping으로 옮기지 않는다.
   - '~에 전념하다'는 be absorbed in~, do only~, be one's only concern으로 옮긴다.
   - '~할 계획이다'는 미래의 계획이나 의향을 나타내는 is going to do~로 옮긴다.

5. a. She feels excited when she thinks of her upcoming wedding day.
   b. Her heart flutters whenever she thinks of her upcoming wedding day.
   c. Her upcoming wedding day makes her heart flutter whenever she thinks of it.

- 한국어 원문의 '결혼식 날'은 앞으로 있을 결혼식 날을 뜻하는 것으로 보아 one's upcoming wedding day로 옮긴다.
- '~을 생각하다'는 think of~로 옮기며 전치사 of 뒤는 목적어인 명사구가 온다.
- '마음이 설레다'는 feel excited, one's heart flutters, ~ makes one's heart flutter로 옮긴다.
- 셋째 예문의 it은 앞서 나온 명사구 Her upcoming wedding day의 반복을 피하기 위해 사용한 대명사이다. 사역동사 makes 뒤에서 to-부정사(to flutter)는 원형부정사(flutter)가 된다.

6. a. She wants to get married with everybody's blessing.
   b. Her hope is that she gets married with everybody's blessing.
   c. The marriage of which she dreams is the one with everybody's blessing.
   - '모두의 축복'은 명사구 everybody's blessing으로 옮긴다.
   - '모두의 축복을 받는 결혼식'은 '모두의 축복과 함께 결혼하다'는 의미로 get married with everybody's blessing으로 옮긴다.
   - '~하고 싶다'는 want to do~, one's hope is that~, dream of~로 옮긴다.
   - 셋째 예문의 주어인 명사구 The marriage는 전치사 of의 목적어이다. dream of~는 '~을 꿈꾸다'는 의미이다. one은 대명사로 앞에 나온 명사 marriage의 반복을 피하기 위해 쓰인 것이다.

7. a. Her song was finished, and she handed her friend the mic.
   b. The mic was handed to her friend when she finished singing.
   c. She handed her mic to her friend when she finished her song.

- '노래가 끝나다'는 one's song is finished, finish singing, finish one's song으로 옮긴다.
- '마이크'(mic)는 셀 수 있는 명사로 일반적으로 수의 개념으로 쓰이며 한국어 원문에서는 '그 마이크'를 가리키는 것으로 보아 the mic로 옮긴 것이다.
- '~에게 마이크를 넘기다'는 동사 hand 뒤에 간접목적어인 명사구(her friend)와 직접목적어인 명사구(the

mic)를 두어 옮기거나 둘째 예문처럼 직접목적어(the mic)를 화제로 삼기 위해 주어로 만들면서 간접목적어는 전치사구(to her friend)의 형태로 옮길 수도 있다.

8. a. She danced gracefully while her friend was singing.
b. Her graceful dance was added to her friend's singing.
c. Her friend was singing, and she danced gracefully to the singing.

- '~하는 동안 춤추다'는 dance while~, one's dance is added to~로 옮긴다.
- 둘째 예문의 동사 added의 목적어였던 명사구 Her graceful dance가 주어자리로 이동하여 능동동사 added가 수동동사 was added가 된 것이다.
- 셋째 예문의 dance to~는 '~에 맞춰 춤추다'는 의미로 to가 전치사이므로 뒤는 목적어인 명사구(singing)가 온다.
- '그녀'(She) '그녀의 매력적인 춤'(Her graceful dance) '그녀의 친구'(Her friend)를 화제로 삼아 옮길 수 있다.

9. a. She sometimes tries cooking various dishes at home.
b. Various dishes are sometimes cooked as a trial by her at home.
c. There are some occasions when she tries cooking various dishes at home.

- '때때로'는 sometimes, at times로 옮기며 셋째 예문은 명사구 some occasions로 옮긴 것이다.
- '집에서'는 전치사구 at home으로 옮긴다.
- '여러 가지 요리'는 '요리'(dish)가 셀 수 있는 명사이므로 명사구 various dishes로 옮긴다. 형용사 various 뒤에 셀 수 있는 명사의 복수형 dishes가 와 있으므로 일반적인 의미의 다양한 요리를 뜻한다.
- '~을 만들어 보다'는 '시험 삼아 ~을 만들다'는 의미로 try cooking~, cook as a trial로 옮긴다.

10. a. She practiced singing in a singing room with her friend after shopping.
b. Her singing practice began in a singing room with her friend when she finished shopping.
c. After she finished her shopping, she practiced singing in a singing room with her friend.

- '쇼핑이 끝나고'는 전치사구 after shopping이나 부사절인 when one finishes shopping이나 after one finishes one's shopping으로 옮긴다.
- '노래방'(singing room)은 셀 수 있는 명사로 일반적으로 수의 개념으로 쓰이므로 한국어 원문에서 '한 노래방'의 의미로 쓰인 것으로 봐서 명사구 a singing room으로 옮긴다.
- '노래연습을 하다'는 동사구 practice singing으로 옮기거나 명사구 one's singing practice로 옮긴다.

제8장 일관성의 문제

II. 기본연습

1. b

부정관사 뒤는 셀 수 있는 명사의 단수형이 온다.

a : 셀 수 없는 명사는 오지 못한다.

c : 셀 수 있는 명사의 복수형은 올 수 없다.

d : 부정관사와 소유격은 모두 한정사로 나란히 나와 명사를 직접 수식할 수 없다.

2. d

주어와 동사는 수와 인칭이 일치해야 한다.

a: 주어가 3인칭 단수(The cat)이고 동사가 현재시제이므로 동사 뒤에 -s(eats)가 붙는다.

b: 주어가 3인칭 복수(These students)이므로 동사의 현재시제는 -s가 붙지 않는다.

c : 주어가 3인칭 복수(Those)이므로 동사의 현재시제는 -s가 붙지 않는다.

d : 주어가 3인칭 단수(The woman)이므로 동사의 현재시제는 -es(teaches)가 붙어야 한다.

3. b

수를 나타내는 양화사 뒤는 셀 수 있는 명사의 복수형이 오고 양을 나타내는 양화사 뒤는 셀 수 없는 명사가 온다.

a : 수를 나타내는 양화사(a few) 뒤에 셀 수 있는 명사의 복수형(pencils)이 와서 문법적이다.

b : 양을 나타내는 양화사(much) 뒤에 셀 수 있는 명사의 복수형(dollars)이 와서 비문법적이다.

c : 양화사 a lot of는 수와 양에 모두 쓰인다.

d : 양을 나타내는 양화사(a little) 뒤에 셀 수 없는 명사(information)가 와서 문법적이다.

4. d

지시사와 명사는 서로 수에서 일치한다.

a : 지시사(this)는 단수이고 수식을 받는 명사(boys)는 복수여서 수가 불일치하여 비문법적이다.

b : 지시사(these)는 복수이고 수식을 받는 명사(book)는 단수여서 수가 불일치하여 비문법적이다.

c : 지시사(that)는 단수이고 수식을 받는 명사(boys)는 복수여서 수가 불일치하여 비문법적이다.

d : 지시사(those)와 수식을 받는 명사(books)가 모두 복수로 일치하여 문법적이다.

5. d

대명사와 그 선행사는 수와 인칭이 일치한다.

a : 일반인을 나타내는 대명사 one은 보통 one으로 받지만 he로 받기도 한다.

b : 선행사 every boy는 대명사 he로 받는다.

c : 선행사 the pet dog은 대명사 it으로 받는다.

d : 선행사가 복수명사(two rats)일 때 대명사는 복수형(they)으로 받는다.

6. a

동사는 그것이 가진 의미를 완전하게 전하는데 필요한 요소가 뒤에 나오기를 요구한다.

a : 동사 put은 '~을 ~에 두다'는 의미를 뒤에 목적어인 명사구와 그 목적어가 놓이는 장소를 나타내는 전치사구로 전한다. 동사 뒤에 목적어인 명사구(milk)만 오고 이것이 놓이는 장소를 나타내는 전치사구가 오지 않아 비문법적이다.

b : 동사 eat은 뒤에 목적어인 명사구를 두어 '~을 먹다'는 의미를 전한다. 동사 뒤에 목적어인 명사구(the banana)가 나와 문법적이다.

c : 동사 smile은 그 자체만으로도 '미소 짓다'는 의미를 완전하게 전한다. 그러나 '~에게 미소 짓다'는 의미는 동사 뒤에 전치사구(at its mother)를 두어 전한다.

d : 동사 teach는 '~에게 ~을 가르치다'는 의미를 뒤에 간접목적어와 직접목적어인 명사구를 각각 두어 전할 수도 있고 직접목적어 뒤에 간접목적어를 전치사구(to his students)의 형태로 두어 전할 수도 있다.

7. b

주절과 종속절은 시제가 일치한다.

a : 주절동사(knew)와 종속절 동사(could earn)가 모두 과거로 시제가 일치한다.

b : 주절동사(said)는 과거이고 종속절 동사(will visit)는 미래로 시제가 서로 일치하지 않는다.

c : 주절동사(was raining)와 종속절 동사(took) 모두 과거로 시제가 일치한다.

d : 주절동사(was getting)와 종속절 동사(started) 모두 과거로 시제가 일치한다.

8. d

형용사 뒤는 그 형용사가 가지고 있는 보어가 온다.

a : 형용사 likely는 보어로 to-부정사(to resign)를 가진다.

b : 형용사 pleased는 보어로 that-절(that~come)을 가진다.

c : 형용사 afraid는 보어로 전치사구(of meeting)를 가진다.

d : 형용사 subject는 보어로 간접의문문(what~ get)을 직접 취할 수 없다. 이 형용사 뒤에 전치사 to로 시작되는 전치사구가 보어로 온다.

9. c

전치사 뒤는 전치사의 목적어인 명사구가 목적격으로 온다.

a : 전치사구(between two boys)에서 전치사(between) 뒤에 목적어로 명사구(two boys)가 와서 문법적이다.

b : 전치사구(with her sunglasses on)에서 전치사(with)의 목적어인 명사구(her sunglasses) 뒤에 목적보어로 부사구(on)가 와서 문법적이다.

c : 전치사구는 전치사(with) 뒤에 목적어인 명사구가 와야 하는데 셀 수 있는 명사 cigarette 앞에 한정사도 없고 뒤에 복수어미(-s)도 없으므로 명사이지만 명사구가 아니다. 그 결과 전치사의 목적어가 될 수 없으므로 비문법적이다.

d : 전치사구(Between you and me)에서 전치사(Between) 뒤에 목적어로 인칭대명사가 목적격(you, me)으로 와서 문법적이다.

10. b

등위접속사는 대등한 지위의 요소를 연결한다.

a : 등위접속사 and가 명사 professor와 명사 politician을 연결한다.

b : 등위접속사(and)로 연결된 두 요소가 동사(meet)의 목적어일 때 모두 목적격으로 온다. 명사구 his children은 목적격인데 명사구 he가 목적격(him)이 아닌 주격(he)이어서 비문법적이다.

c : 종속접속사(before) 앞과 뒤 모두 완전한 절이 나와 문법적이다.

d : 등위접속사(and)가 완전한 두 개의 절을 대등하게 연결하고 있다.

III. 응용연습

1. d

등위접속사는 대등한 구조의 요소를 연결한다.

a : 등위접속사(and) 앞과 뒤 모두 같은 구조인 전치사구가 와야 한다. 그러나 앞도 전치사(on) 뒤에 명사구가 아닌 명사(grass)가 오고 뒤도 전치사(by) 뒤에 명사구가 아닌 명사(lake)가 와서 비문법적이다.

b : 등위접속사 앞과 뒤는 대등한 구조가 와야 하는데 앞은 전치사(on) 뒤에 명사구(the grass)가 아닌 명사(grass)가 와서 비문법적이고 뒤는 전치사(by)가 명사구(the lake) 앞이 아닌 뒤에 와서 역시 비문법적이다.

c : 등위접속사 앞은 전치사구가 문법적이지만 뒤는 전치사(by) 뒤에 명사구(a lake, the lake)가 아닌 명사(lake)가 와서 비문법적이다.

d : 등위접속사 뒤에 모두 완전한 전치사구가 와서 문법적이다.

2. a

부정관사(a) 뒤는 셀 수 있는 명사의 단수형이 온다.

a : 셀 수 있는 명사의 단수형(gentleman)이 와서 문법적이다.

b : 셀 수 있는 명사의 복수형은 올 수 없다.

c : 부정관사(a)와 정관사(the)가 나란히 나와 명사를 직접 수식할 수 없다.

d : 부정관사(a)와 지시사(this)가 나란히 나와 명사를 직접 수식할 수 없다.

3. c

양화사 all 뒤에 오는 셀 수 있는 명사는 보통 복수형으로 온다.

a : 개개의 것을 모두 지칭하는 뜻으로는 셀 수 있는 명사의 단수형(present)은 오지 않는다.

b : 지시사의 복수형(these) 뒤에 셀 수 있는 명사의 복수형(presents)이 아닌 단수형이 와서 비문법적이다.

c : 양화사 all과 정관사(the) 뒤에 셀 수 있는 명사의 복수형(presents)이 와서 문법적이다.
d : 양화사 all 뒤에 셀 수 있는 명사의 복수형(presents)이 아닌 단수형이 와서 비문법적이다.

4. c

주절과 종속절은 시제가 일치한다.

a : 주절동사(told)는 과거시제이고 종속절 동사(can introduce)는 현재시제로 시제가 일치하지 않는다.
b : 주절동사는 과거시제인데 종속절 동사(introduces)는 현재시제로 시제가 일치하지 않는다.
c : 주절동사(told)와 종속절 동사(would introduce) 모두 과거시제로 일치한다. would introduce는 과거에서 보아 미래를 뜻한다.
d : 주절동사는 과거시제인데 종속절 동사(may introduce)는 현재시제로 시제가 일치하지 않는다.

5. d

동사 push는 목적어와 목적보어를 두어 '~을 밀어 ~되게 하다'는 의미를 전한다.

a, b, c : 목적어와 목적보어를 두어 '~을 밀어~되게 하다'는 의미를 전할 수 없다.
d : 동사 push는 목적어인 명사구(the heavy door)와 목적보어인 형용사구(open)를 두어 '~을 밀어 ~되게 하다'는 의미를 전한다.

6. c

형용사 likely 뒤는 보어로 to-부정사나 that-절이 온다.

a : 원형부정사는 형용사 likely의 보어가 될 수 없다.
b : 현재분사는 형용사 likely의 보어가 될 수 없다.
c : to-부정사는 형용사 likely의 보어가 될 수 있다.
d : 일반적으로 that-절은 형용사 likely의 보어가 될 수 있다. 그러나 예문의 경우 that-절은 쓰일 수 없다. 예문의 뒷절 She is likely to marry him은 It is likely that she will marry him에서 종속절 주어인 she가 주절의 가주어 It 자리로 이동하여 파생된 문장으로 본다. 따라서 She is likely 뒤는 that-절은 올 수 없고 to- 부정사만 올 수 있다.

7. b

지시사의 복수형의 수식을 받는 명사는 셀 수 있는 명사의 복수형이다.

a : 지시사의 복수형(these) 뒤에 셀 수 있는 명사가 단수형(person)으로 와서 비문법적이다.
b : 지시사의 복수형 뒤에 셀 수 있는 명사가 복수형(people)으로 와서 문법적이다.
c, d : 지시사(these) 뒤에 같은 한정사인 소유격(their, his)이 와서 비문법적이다. 이와 관련하여 제7장 <기본연습> 8번 문항의 해설을 참조하시오.

8. b

선행사와 그 대명사는 수가 일치한다.

a : 선행사가 복수인 a few books이므로 대명사의 단수형(this)은 올 수 없다.
b : 선행사가 복수여서 대명사의 복수형(they)이 온다.
c : 주어(these)와 동사(were)가 도치될 수 없다.
d : 선행사가 복수이므로 대명사가 단수형(it)으로 올 수 없다.

9. b

주어와 동사는 수가 일치한다.

a, c, d : 전체 문장의 주어가 복수(Those)이므로 동사는 단수형(is, has, was)이 올 수 없다.
b : 복수인 주어(Those)와 수가 일치하는 복수형 동사(are)가 와서 문법적이다.

10. c

셀 수 있는 명사는 복수의 의미를 복수형으로 전한다.

a : 전치사(on) 뒤는 명사구가 목적어로 와야 한다. 그러나 셀 수 있는 명사의 단수형(back)은 한정사나 복수어미(-s, -es)가 붙지 않으면 명사구가 아니므로 목적어가 될 수 없다.
b : 의미상 '그들 공통의 등 하나'를 뜻하므로 쓰일 수 없다. 등은 그들(mothers)이 모두 하나씩 가지고 있기 때문이다.
c : 의미 뿐 아니라 문장 구조상 문제가 없다.
d : 선행사(mothers)가 복수이므로 their backs가 되어야 한다.

IV. 기본영작

1. a. A spaceship was coming down.
   b. I saw a spaceship coming down.

- '우주선 한 대'는 '한 대의 우주선'으로 '한 대의'는 부정관사 a로 나타내고 부정관사는 뒤의 명사와 수가 일치하므로 셀 수 있는 명사의 단수형 spaceship이 온다.
- '내려오다'는 come down으로 옮기며 '오다'를 의미하는 동사 come과 '아래로'를 의미하는 부사로 되어 있다.
- 한국어 원문은 과거의 일시적인 행위를 나타내므로 과거진행시제(was coming)로 옮긴다.
- '~하고 있었다'는 '~하고 있는 중인 것을 보았다'는 의미로 동사 saw 뒤에 목적어인 명사구(a spaceship)와 보어인 현재분사(coming)를 두어 전한다.

2. a. An alien got out of the spaceship.
   b. Out of the spaceship came an alien.

- '한 외계인'은 '한 사람의'를 뜻하는 부정관사 a 뒤에 셀 수 있는 명사의 단수형 alien을 두어 옮긴다.
- '그 우주선'은 우주선이 하나이며 화자가 그의 청자도 알고 있다고 보는 특정한 우주선을 가리키므로 정관사 the를 붙여 the spaceship으로 옮긴다.
- '~밖으로 나오다'는 get out of~으로 옮긴다.
- 둘째 예문은 An alien came out of the spaceship에서

위치부사 out of the spaceship이 문장 첫머리로 이동하여 주어(an alien)와 동사(came)가 도치된 것이다.

3. a. He smiled at other aliens.
 b. He gave other aliens a smile.

- '다른 외계인들'은 양화사 '다른'(other)의 한정을 받는 복수명사 aliens로 옮긴다.
- '~에게 미소 짓다'는 smile at~으로 옮기거나 give 뒤에 간접목적어(other aliens)와 직접목적어(a smile)를 두어 옮긴다.
- 한국어 원문은 단순한 과거의 사실에 관해 이야기하는 것으로 단순과거시제(smiled, gave)로 옮긴다.

4. a. All aliens had their own spaceships.
 b. Every alien had his or her own spaceship.

- '모든 외계인'은 양화사인 '모든'(all) 뒤에 수를 나타내는 명사의 복수형(aliens)을 두어 옮기거나 양화사인 '모든'(every) 뒤에 수를 나타내는 명사의 단수형(alien)을 두어 명사구 all aliens나 every alien으로 옮긴다.
- '각자의 우주선'은 첫째 예문처럼 주어가 복수명사(all aliens)일 때는 their own spaceships로 옮기며 둘째 예문처럼 주어가 단수명사(every alien)일 때는 his or her own spaceship으로 옮긴다.

5. a. A few other aliens followed him.
 b. He was followed by a few other aliens.

- '몇 명의 다른 외계인들'은 양화사 '몇 명의'(a few)와 또 다른 양화사 '다른'(other) 뒤에 셀 수 있는 명사의 복수형(aliens)을 두어 옮긴다.
- '~를 뒤따르다'는 follow~, be followed by~로 옮긴다.
- 둘째 예문은 첫째 예문의 동사 followed의 목적어인 명사구 him을 주어로 만든 수동문이다.

6. a. He turned his head aside when a strong wind blew.
 b. A strong wind blew, and it made him turn his head aside.

- '바람'(wind)은 셀 수 있는 명사로 쓰이지만 셀 수 없는 명사로 쓰이기도 한다.
- '강한 바람'은 바람의 한 종류나 유형을 나타내므로 부정관사 a 뒤에 단수명사 wind를 두어 명사구 a strong wind로 옮긴다.
- '(바람이)불다'는 동사 blow로 옮긴다.
- '고개를 옆으로 돌리다'는 turn one's head aside로 옮긴다. aside는 '옆으로'를 의미하는 부사이다.

7. a. He was standing near the spaceship and before his companions.
 b. The place where he was standing was near the spaceship and before his companions.

- '우주선 가까이'는 '한 우주선 가까이'가 아닌 '그 우주선 가까이'를 의미하는 것으로 보아 정관사(the)를 붙여 전치사구 near the spaceship으로 옮긴다.
- '그의 동료들 앞에'는 전치사구 before his companions로 옮긴다.
- 둘째 예문의 관계부사 where가 이끄는 형용사절(where~standing)이 앞의 명사 place를 수식하고 있다.
- 등위접속사(and)는 대등한 구조를 연결하므로 앞의 전치사구 near the spaceship과 전치사구 before his companions를 연결하고 있다.

8. a. Those aliens didn't seem to come to conquer the Earth.
 b. It seemed that those aliens didn't come to conquer the Earth.

- '저 외계인들'은 지시사 '저' 뒤에 오는 명사가 셀 수 있는 명사의 복수형(aliens)이므로 지시사도 복수형 those가 와야 한다.
- '지구'는 the Earth로 옮긴다.
- '~인 것 같지는 않다'는 don't seem to~, seem that~not~으로 옮긴다.
- 둘째 예문의 It은 가주어로 뒤의 진주어인 that-절(that~the Earth)을 가리킨다.

9. a. I think that one of the aliens will lead the rest.
 b. It seems to me that one of the aliens will lead the rest.

- '그 외계인들'은 화자가 그의 청자도 알고 있다고 보는 특정한 외계인 여러 명을 가리키므로 정관사(the)와 셀 수 있는 명사의 복수형(aliens)으로 옮긴다.
- '그 외계인들 중 한 사람'은 one of the aliens로 옮겨야 하며 one of aliens로 옮길 수 없다는 점에 특히 유의하라.
- '나머지 사람들을 이끌다'는 lead the rest로 옮긴다.
- 둘째 예문의 It은 가주어이고 that-절이 진주어이다.

10. a. The spaceships will vanish into the sky the moment the mission is completed.
 b. As soon as the mission is completed, the spaceships will vanish into the sky.

- '임무'(mission)는 셀 수 있는 명사로 화자가 그의 청자도 알고 있다고 보는 특정한 임무 하나를 가리키는 것으로 보아 명사구 the mission으로 옮긴다.
- '임무가 끝나다'는 the mission is completed로 옮긴다.
- '~하자마자'는 the moment (that)~, as soon as~로 옮긴다. the moment~와 as soon as~가 이끄는 절이 미래의 의미를 가지고 있다고 하더라도 미래시제를 쓰지 않고 현재시제(is completed)를 쓴다는데 유의하라.
- '창공으로 사라지다'는 vanish into the sky로 옮긴다.

V. 심화영작

1. a. A cat was chasing after a rat.
 b. I found a cat chasing after a rat.
 c. A rat was being chased after by a cat.

- 한국어 원문의 '쥐'는 일반적인 의미의 쥐나 여러 마리의 쥐를 뜻하기 보다는 '한 마리의 쥐'를 뜻하는 것으로 보아 명사구 a rat으로 옮긴다.

- '~을 뒤쫓다'는 chase after~로 옮기며 after가 전치사이므로 뒤는 그 목적어인 명사구(a rat)가 온다.
- 둘째 예문은 '~가 ~하고 있는 중인 것을 발견하다'는 의미를 동사 find 뒤에 목적어와 보어인 현재분사로 전한다.
- 셋째 예문은 첫째 예문에서 chase after의 목적어인 a rat을 화제로 삼아 주어로 만든 문장이다.

2. a. All cats are apt to chase after rats.
   b. Rats are apt to be chased after by cats.
   c. There's a tendency for all cats to chase rats.

- '모든 고양이'는 '모든'을 의미하는 양화사 all과 셀 수 있는 명사의 복수형 rats를 사용해 명사구 all rats로 옮기거나 일반적인 의미의 '고양이'를 뜻하므로 한정사를 붙이지 않은 복수형 cats로 옮긴다.
- '~하는 경향이 있다'는 be apt to do~, be a tendency to do~로 옮긴다.
- 셋째 예문은 존재를 나타내는 there-구문으로 옮긴 것으로 to-부정사(to chase)의 주어가 명사구 all cats이고 for는 부정사의 주어 앞에 오는 전치사이다. for all cats는 전치사구로 명사구 all cats가 전치사 for의 목적어이다.

3. a. Some rats are ambushed by some cats.
   b. Some cats lie in ambush, and make a surprise attack on rats.
   c. After lying in wait, some cats make a surprise attack on rats.

- '어떤 고양이'는 '어떤 고양이들'을 의미하는 것으로 보아 양화사 some과 셀 수 있는 명사의 복수형 rats를 사용해 명사구 some cats로 옮긴다.
- '숨어 있다가 ~을 급습하다'는 be ambushed by~, lie in ambush and make a surprise attack on~이나 after lying in wait, ~make a surprise attack on~으로 옮긴다.
- 예문의 by와 on은 모두 전치사로 뒤는 목적어인 명사구(some cats, rats)가 온다.
  첫째 예문은 '어떤 쥐들'(some rats)을 둘째 예문은 '어떤 고양이들'(some cats)을 화제로 삼은 문장이다.

4. a. The cat felt like eating a rat for breakfast.
   b. What the cat wanted to eat for breakfast was a rat.
   c. A rat was the one that the cat wanted to eat for breakfast.

- 아침식사로'는 목적을 나타내는 전치사(for)를 사용한 전치사구 for breakfast로 옮긴다.
- '~하고 싶다'는 feel like -ing, want to do~로 옮긴다.
- 둘째 예문은 관계대명사 what이 이끄는 명사절(What~breakfast)이 전체 문장의 주어이고 명사구 a rat은 동사(was)의 보어이다.
- 셋째 예문의 that~breakfast는 앞의 대명사 one을 수식하는 형용사절이고 that은 목적격관계대명사이다. the one은 '그것'을 뜻한다.

5. a. It is not easy for a cat to catch a rat.
   b. Catching a rat is not an easy thing for a cat.
   c. You may find it difficult for a cat to catch a rat.

- '고양이'는 '어떤 고양이든 고양이는'의 의미로 명사구 a cat으로 옮긴다.
- '쥐를 잡다'는 catch a rat으로 옮긴다.
- '쉬운 일은 아니다'는 be not easy, be not an easy thing, find it difficult to do~로 옮긴다.
- 둘째 예문의 Catching은 동명사로 문장의 주어이고 명사구 a rat은 이 동명사의 목적어이다.
- 셋째 예문의 it은 동사 find의 가목적어이고 to-부정사(to catch)가 진목적어이며 형용사구(difficult)가 목적보어이다.

6. a. The cat had catcn a fow ratc.
   b. A few rats the cat had eaten.
   c. There were a few opportunities for the cat to eat a few rats.

- '먹어 본 적이 있었다'는 과거의 경험을 나타내므로 과거완료시제(had eaten)로 옮기거나 셋째 예문처럼 단순과거시제로 옮길 수도 있다.
- 둘째 예문은 첫째 예문의 동사(had eaten)의 목적어인 명사구 a few rats를 화제로 삼아 문장 첫머리로 이동한 것으로 이 명사구는 여전히 뒤의 동사(had eaten)의 목적어이다.
- 셋째 예문은 명사구 a few opportunities를 to-부정사(to eat)가 수식하는 구조이다.

7. a. On seeing a rat, the cat ran forward as soon as it could.
   b. Forward ran the cat at full speed as soon as it saw a rat.
   c. The cat dashed forward at full speed as soon as it saw a rat.

- 한국어 원문의 '쥐'는 '한 마리의 쥐'를 뜻하므로 a rat으로 옮긴다.
- '~하자마자'는 시간의 접촉을 나타내는 전치사 on이 이끄는 전치사구 on -ing나 as soon as~로 옮긴다.
- '전속력으로 뛰어나가다'는 run forward as soon as~can~, run forward at full speed, dash forward at full speed로 옮긴다.
- 둘째 예문의 Forward는 The cat ran forward에서 동사(ran) 뒤의 방향부사 forward를 강조하기 위해 문장 첫머리로 이동한 것이다. 그 결과 주어(the cat)와 동사(ran)가 도치된 것이다.

8. a. People referred to the cat as one of the best mouse catchers.
   b. The cat was one of the best rat catchers.
   c. It was known to be one of the cats that caught rats the best.

- '그 고양이'는 the cat으로 옮기고 '쥐를 가장 잘 잡는 고양이들'은 the best mouse catchers, the best rat catchers, the cats that catch rats the best로 옮긴다.
- 첫째 예문은 '~을 ~로 언급하다'는 의미의 refer to~as~로 옮긴 것이다.

- 셋째 예문의 that은 주격관계대명사로 형용사절(that~ the best)이 앞의 명사 cats를 수식한다.
- 셋째 예문은 '~는 ~인 것으로 알려져 있다'는 의미를 be known to be~로 옮긴 것이다.

9. a. The cat was waiting for a rat to appear, hiding itself behind a sack.
   b. Hiding itself behind a sack, the cat was waiting for a rat to pass by.
   c. Lying in ambush behind a sack, the cat was waiting for a rat to go by.

- '자루 뒤에'는 '한 자루 뒤에'를 뜻하는 것으로 보아 전치사구 behind a sack으로 옮긴다.
- '숨다'는 hide oneself, lie in ambush로 옮긴다.
- 첫째 예문과 둘째 예문의 hiding 그리고 셋째 예문의 lying은 모두 현재분사이다. 예문의 waiting은 모두 진행형을 만드는 현재분사이다.
- 예문의 itself는 모두 명사구 the cat을 가리키는 재귀대명사이다.

10. a. Even though a cat chases after a rat to live, the rat also runs away from the cat to live.
    b. A cat chases after a rat to live; however, the rat also runs away from the cat to live.
    c. A rat runs away from a cat to live, while the cat chases after it to live.

- '고양이'는 '어떤 고양이든 고양이는'을 뜻하는 것으로 보아 a cat으로 옮긴다.
- '살기 위해'는 목적을 나타내는 to-부정사 to live로 옮긴다.
- '도망가다'는 run away로 옮기며 '달리다'는 의미의 동사 run과 '멀리'를 의미하는 부사 away로 되어 있다.
- '~지만'은 양보를 나타내는 though-절로 옮기거나 ~; however, ~로 옮길 수도 있고 while-절로 옮길 수도 있다.

제9장 일반적인 어순과 예외적인 어순

II. 기본연습

1. b

부정어가 문장 첫머리로 전치되어 문장 전체를 부정할 때 주어와 조동사의 도치는 의무적이다.

a, c, d : 도치가 의무적인 것은 아니며 선택적으로 일어날 수 있다.

2. c

부정의 의미를 가진 접속사 nor 뒤, 부정의 부사 neither 뒤, 그리고 so 뒤에서 주어와 조동사가 의무적으로 도치된다.

a, b, d : 주어와 조동사의 도치가 의무적이다.

c : 주어와 조동사의 도치가 선택적이다.

3. b

의문문이나 부정명령문을 만들 때 주어와 조동사가 도치되며 부정어를 문장 첫머리로 이동시켜 부정어를 강조할 때도 주어와 조동사가 도치된다.

a, c, d : 주어와 조동사의 도치가 의무적이다.

b : 동사를 강조할 때는 도치가 일어나지 않는다.

4. d

부정어를 강조하기 위해 문장 첫머리로 이동하는 경우 이 부정어가 문장 전체를 부정할 때는 주어와 조동사가 의무적으로 도치된다. 그러나 문장 첫머리로 이동한 부정어가 그 부정어 뒤의 특정 단어나 구만을 부정하고 문장 전체를 부정하지 않을 때는 도치가 일어나지 않는다.

a : 문장 첫머리로 이동한 부정어(Under no circumstances)가 문장 전체를 부정함으로 주어(they)와 조동사(may)가 도치된다.

b : 문장 첫머리로 이동한 부정어(Not only)가 바로 뒤의 절 전체를 부정하여 주어(I)와 조동사(have)가 도치된다.

c : 문장 첫머리로 이동한 부정어(Hardly)가 뒤의 절 전체를 부정하여 주어(I)와 조동사(had)가 도치된다.

d : In no time at all에서 부정어 no는 뒤의 문장 전체를 부정하지 않고 바로 뒤의 명사 time만을 부정하므로 주어와 조동사가 도치될 수 없다. 따라서 In no time at all we left for the summer resort가 문법적이다.

5. d

위치부사나 방향부사가 전치될 때 주어와 동사의 도치는 선택적이다.

a : 위치부사(In front of me)의 전치로 주어(a girl)와 동사(sat)가 도치되었다.

b : 방향부사(Down)의 전치로 주어(the fighter plane)와 동사(flew)가 도치되었다.

c : 방향부사(Into the classroom)의 전치로 주어(a boy)와 동사(ran)가 도치되었다.

d : 위치부사(In the doorway)의 전치로 주어(my sister)와 동사(stood)가 도치될 수 있다. 그러나 주어(my sister)와 조동사(did)가 도치되어 비문법적이다.

6. a

보고문에서의 도치, 위치부사 전치에 의한 도치, 방향부사 전치에 의한 도치는 모두 주어와 동사의 도치이다.

a : so 뒤에서 일어나는 도치는 주어와 조동사의 도치이다.

b, c, d : 주어와 동사의 도치이다.

7. b

보고문, 부정어가 문장 첫머리로 전치된 문장, 그리고 조건절에서 도치가 일어날 수 있다.

a : 보고문에서 주어(Mary)와 동사(asked)가 도치된 문장이다.

b : 부정어(never)가 문장 첫머리로 이동하지 않고 원래의

위치에 있으므로 주어(I)와 조동사(have)가 도치되지 않는다.

c : 부정어(Never)가 문장 첫머리로 이동하여 주어(I)와 조동사(have)가 도치된다.

d : 조건절에서 주어(she)와 조동사(Were)가 도치될 수 있다.

8 a

주어와 조동사의 도치는 의문문, 기원문, 부정어가 전치될 때 일어난다.

a : 주어와 동사의 도치이다.

b, c, d : 주어와 조동사가 도치된다.

9. c

동사의 목적어를 문장의 주어 앞으로 이동하여 이것을 화제로 삼을 수도 있고, 동사의 목적어를 주어 앞으로 이동하고 이것을 가리키는 대명사를 대치할 수도 있고, 주어를 문장의 앞으로 이동하고 원래의 주어자리에 이것을 가리키는 대명사를 대치할 수도 있다.

a : 명사구(A UFO)가 동사(saw)의 목적어 자리에서 문장 첫머리로 이동되었다.

b : 명사구(The innocent girl)가 동사(killed)의 목적어 자리에서 문장 첫머리로 이동하고 원래의 자리에 대명사(her)가 대치되었다.

c : 도치가 일어나지 않은 문장이다.

d : 주어인 명사구(His behavior)가 문장 첫머리로 이동하고 원래의 자리에 이것을 가리키는 대명사(it)가 대치되었다.

10. b

형용사는 보통 부정관사(a/an) 뒤에 오지만 as, how, so, too, so의 의미로 쓰인 this나 that 뒤에서는 앞에 온다.

a : a too good singer가 아닌 too good a singer를 쓴다.

b : 형용사구(very good)는 부정관사(a) 뒤에 오므로 a very good singer가 된다.

c : a that expensive car가 아닌 that expensive a car를 쓴다.

d : a as good voice가 아닌 as good a voice를 쓴다.

III. 응용연습

1. a

부정어가 문장 첫머리에 있어도 문장 전체를 부정하지 않고 특정 단어나 구만을 부정할 때는 주어와 조동사가 도치되지 않는다.

a : 부정어(Not)가 바로 뒤의 부사(long)만을 부정하므로 주어와 조동사가 도치되지 않는다.

b : did go는 동사 go의 과거형 went를 강조하는 형태이다.

c : 문장 첫머리의 부정어(Not)가 문장 전체를 부정하지 않으므로 주어와 조동사가 도치될 수 없다.

d : 주어(they)와 동사(went)의 도치는 일어날 수 없다.

2. a

위치부사가 전치되면 주어와 조동사가 도치될 수 있다.

a : 위치부사(On the grass)가 문장 첫머리로 전치되어 주어(an enormous frog)와 동사(sat)가 도치될 수 있다.

b : 조동사(did)와 주어(it)와 본동사(sit)가 올 수 없다. 뒤의 an enormous frog가 주어이기 때문이다.

c : 동사 saw는 뒤에 목적어가 나오기를 요구하는 동사이므로 주어와 조동사의 도치가 일어나는 이 구문에서 쓰이지 않는다.

d : 동사 saw의 조동사(did)와 본동사(see) 형태 역시 쓰일 수 없다.

3. d

방향부사가 문장 첫머리로 전치되면 주어와 동사가 도치될 수 있다.

a : 방향부사(Into the church)가 문장 첫머리로 전치되었지만 목적어가 뒤에 나오기를 요구하는 동사(loved)는 주어와 동사의 도치를 일으킬 수 없다.

b : 방향부사가 전치되었으므로 방향을 향한 동작을 나타내는 동사가 필요하다.

c : 문장 첫머리로 전치된 방향부사는 동사가 나타내는 동작이 향하는 방향을 나타내므로 동사 prayed는 이 부사구를 향한 동작을 나타낼 수 없어 쓰일 수 없다.

d : 동사 ran은 문장 첫머리로 이동한 방향부사(Into the church)가 나타내는 방향을 향한 동작을 나타낼 수 있는 동작동사이다. 따라서 주어(a boy)와 동사(ran)가 도치될 수 있다.

4. c

주어를 화제로 삼기 위해 문장 앞으로 이동할 때 원래의 자리에는 이동한 주어를 가리키는 대명사를 남긴다.

a : 문장 앞으로 이동한 주어(These apples)가 복수이므로 원래 그것이 있던 자리에는 그것을 가리키는 대명사의 복수형이 와야 하며 단수형(it)은 올 수 없다.

b : 대명사의 단수형(it)은 올 수 없으며 이 대명사가 동사와 도치될 수도 없다.

c : 이동한 주어(These apples)가 복수이므로 이것을 가리키는 대명사가 복수형(they)으로 와서 문법적이다.

d : 주어가 동사와 도치될 수 없다.

5. d

문장 첫머리로 이동한 부정어가 문장 전체를 부정하면 주어와 조동사가 의무적으로 도치된다.

a : 문장 첫머리로 부정의 부사(Never)가 이동하여 문장 전체를 부정하므로 주어와 조동사의 도치가 일어나야 한다.

b : 주어와 조동사의 도치(did they see)가 일어나지 않아 비문법적이다.

c : 주어와 조동사의 도치가 일어나지 않아 비문법적이다.

d : 주어(they)와 조동사(have)의 도치가 일어나 문법적이다.

6. a

부정어가 문장 첫머리로 이동하여 문장 전체를 부정하면 주어와 조동사의 도치가 일어난다.

a : 주어(I)와 조동사(had)가 도치되어 있으므로 문장 첫머리에 부정어가 있어서 문법적이다.

b, c, d : 부정어가 아니므로 문장 첫머리에 와서 주어와 조동사의 도치를 일으킬 수 없다.

7. a

동사의 목적어를 화제로 삼기 위해 문장 앞으로 이동시킬 수 있다.

a : 동사 dismiss의 목적어(The politician)를 화제로 삼기 위해 문장 첫머리로 이동한 문장이다.

b : 문장 첫머리로 이동된 동사의 목적어(The politician) 다음에 쉼표(,)가 없으므로 이 동사 뒤에 이동된 선행사를 가리키는 대명사(him)는 오지 않는다.

c, d: 동사(dismiss)의 목적어가 문장 앞으로 이동해 있으므로 이 동사 뒤에 목적어가 올 수 없다.

8. b

동사(killed)의 목적어(The poor woman)를 화제로 삼기위해 문장 첫머리로 이동하고 쉼표(,)로 분리한 경우 원래 그 목적어가 있던 자리에 이것을 가리키는 대명사(her)를 둔다.

a, c, d : 동사(killed)의 이동된 목적어(The poor woman)를 가리킬 수 없으므로 올 수 없다.

b : 대명사 her는 동사의 이동된 목적어를 가리킬 수 있어서 문법적이다.

9. d

부정문 뒤에 이어서 '~도 또한 ~않다'는 의미를 전할 때 부정의 부사(neither) 뒤는 주어(Tom)와 조동사(has)가 도치된 어순으로 온다.

a : 부정문 뒤에서 '~도 또한 ~않다'는 부정의 의미를 전하는데 쓰이지 않는다.

b : 앞에 긍정의 의미를 가진 절이 나오고 이어서 '~도 또한 ~하다'는 의미를 전할 때 쓴다.

c : 부정의 부사(neither)가 절의 첫머리에 오면 뒤의 절 전체를 부정하므로 주어와 조동사가 도치되어야 한다.

d : 부정의 부사(neither) 뒤에서 주어(Tom)와 조동사(has)가 도치되어 문법적이다.

10. d

보통 형용사는 부정관사(a/an) 뒤에 오지만 as, how, so, too, so의 의미를 가진 this나 that 뒤에서는 앞에 온다.

a : 부사 so 뒤에서는 형용사(good)가 부정관사(a) 앞에 온다.

b : 명사 doctor는 셀 수 있는 명사의 단수형이므로 앞에 부정관사(a)가 반드시 필요하다.

c : 형용사 good은 부사 so 뒤에서는 a doctor 앞에 온다.

d : 부사 so의 수식을 받는 형용사(good)가 이 부사 바로 다음에 와서 문법적이다.

IV. 기본영작

1. a. I hurried onto the train.
   b. I got on the train in a hurry.

- '서둘러'는 동사 hurry나 부사적 기능을 하는 전치사구 in a hurry로 옮긴다.
- '기차'(train)는 한국어 원문에서는 '한 대의 기차'(a train)를 가리킨다고 보기보다는 화자가 그의 청자도 알고 있다고 보는 특정한 기차인 '그 기차'를 의미하는 것으로 보아 the train으로 옮긴다.
- '기차를 타다'는 get on the train으로 옮기고 '서둘러 기차를 타다'는 hurry onto the train이나 get on the train in a hurry로 옮긴다.

2. a. We got to our destination safely.
   b. We arrived at our destination without an accident.

- '목적지'(destination)는 셀 수 있는 명사로 일반적으로 수의 개념으로 쓰이며 한국어 원문에서는 '우리의 목적지'인 소유격 '우리의'(our)와 셀 수 있는 명사의 단수형(destination)으로 된 명사구 our destination으로 옮긴다.
- '무사히'는 전치사구 safely나 without an accident로 옮긴다.
- '~에 도착하다'는 get to~, arrive at~으로 옮기며 to와 at은 모두 전치사로 뒤에 목적어인 명사구(our destination)가 온다.

3. a. Ahead sat a child with her mother.
   b. A child sat ahead with her mother.

- '앞쪽에'는 위치를 나타내는 부사구 ahead로 옮긴다.
- '어머니와'는 전치사구 with one's mother로 옮긴다.
- 첫째 예문은 둘째 예문의 동사(sat) 뒤의 위치부사구 ahead를 문장 첫머리로 이동하여 주어(a child~mother)와 동사(sat)가 도치된 문장이다. 영어에서 위치부사나 방향부사가 문장 첫머리로 이동하면 주어와 동사가 도치가 도치될 수 있다. 도치가 의무적인 것은 아니다.

4. a. Into a tunnel at full speed sped the train.
   b. The train sped into a tunnel at full speed.

- '터널 속으로'는 '한 터널 속으로'의 의미로 보아 방향을 나타내는 부사적인 기능을 하는 전치사구 into a tunnel로 옮긴다.
- '전속력으로'는 전치사구 at full speed로 옮긴다.
- 첫째 예문은 The train sped into a tunnel at full speed에서 동사(sped) 뒤의 방향부사구 into~speed를 문장 첫머리로 이동하여 주어(the train)와 동사(sped)가 도치된 것이다.

5. a. The child's mother asked if she had ever traveled by plane.
   b. "Have you ever traveled by plane?" asked the child's mother.

- '그 아이'는 the child로 옮기고 '그 아이의 어머니'는 이

것의 소유격인 '그 아이의'(the child's)와 셀 수 있는 명사의 단수형 '어머니'(mother)로 되어 있으므로 the child's mother로 옮긴다.

- 첫째 예문은 물은 것이 과거이므로 주절동사를 과거시제(asked)로 옮기고 if-절에는 과거이전부터 과거까지의 경험을 묻는 것이므로 과거완료시제(had traveled)로 옮긴다.
- 둘째 예문에서 보듯이 직접화법의 문장에서 인용동사(asked)와 주어(the child's mother)가 도치될 수 있다.

6. a. Hardly had the child and she gotten on the train when it began to rain.
   b. The child and she had hardly gotten on the train when it began to rain.

- '기차에 오르다'는 get on the train으로 옮긴다.
- '~하자마자'는 hardly~when~으로 옮기며 접속사 when 앞은 과거완료시제(had gotten)로 뒤는 과거시제(began)로 나타낸다.
- '거의 ~않다'는 부정의 부사 hardly는 둘째 예문처럼 문장 가운데 있을 때는 주어와 조동사의 도치를 일으키지 않지만 첫째 예문처럼 이것을 강조하기 위해 문장 첫머리로 이동하면 이 부사가 뒤의 절 전체를 부정하게 되어 주어(the child and she)와 조동사(had)가 의무적으로 도치된다.

7. a. "Never have I gotten on the plane." said the child.
   b. The child said that she had never gotten on the plane.

- '비행기를 타다'는 get on the plane으로 옮긴다.
- '결코 ~한 적이 없다'는 부정의 부사 never로 옮긴다.
- 첫째 예문은 직접화법의 문장으로 옮긴 것으로 부정의 부사 Never가 문장 첫머리로 이동하여 주어(I)와 조동사(have)가 도치되었고 직접화법에서 인용동사(said)와 주어(the child)가 도치될 수 있다.
- 둘째 예문은 간접화법의 문장으로 부정의 부사 never가 종속절의 문장 가운데 위치에 있으므로 주어와 조동사의 도치가 일어나지 않는다.

8. a. When the child said, "Mom, I am hungry," her mother said, "So am I."
   b. When the child told her mother that she was hungry, her mother told her that she was hungry too.

- '배고프다'는 be hungry, feel hungry로 옮긴다.
- 첫째 예문은 직접화법의 문장으로 따옴표 내의 문장 I am hungry에 대해 '나도 또한 배고파'라고 할 때 so로 시작되는 문장에서 뒤의 주어(I)와 조동사(am)가 의무적으로 도치된다.
- 둘째 예문은 첫째 문장을 간접화법으로 옮긴 것이다.

9. a. "May all your wishes come true!" said the child's mother.
   b. The child's mother prayed that all her child's wishes might come true.

- '~이 이루어지기를!'은 기원문으로 이 문장 내의 조동사(may)와 주어(all your wishes)가 도치된다. 그리고 이 기원문이 직접화법으로 되어 있으므로 인용동사(said)와 주어(the child's mother)가 도치된 것이다.
- 둘째 예문은 직접화법을 사용하지 않고 기원을 나타내는 동사 pray 뒤에 that-절을 두어 옮긴 것이다.

10. a. When the child told her mother that she had never been to foreign countries, her mother said that she had never been, either.
   b. When the child said, "Mom, I have never been to foreign countries," her mother said, "Neither have I."

- 첫째 예문은 간접화법으로 둘째 예문은 직접화법으로 옮긴 것이다. 한국어 원문은 과거의 시점에서 이야기한 것이므로 말한 것은 단순과거시제(told)로 옮기고 과거이전부터 과거까지의 경험여부는 과거완료시제(had been)로 옮긴 것이다.
- 둘째 예문에서 따옴표 내의 아이가 한 말의 시제가 현재완료(have been)이므로 이에 대한 어머니의 대답도 현재완료시제가 되어야 한다. 부정의 부사 Neither가 문장 첫머리로 이동하여 주어(I)와 조동사(have)가 도치된 것이다. 여기서 have는 현재완료시제를 나타내는 조동사이며 가지고 있다는 뜻을 가진 본동사가 아니다.

V. 심화영작

1. a. Two hunters were hunting.
   b. I saw two hunters hunting.
   c. There were two hunters hunting.

- '두 명의 사냥꾼'은 양화사(two)와 셀 수 있는 명사의 복수형(hunters)을 사용한 명사구 two hunters로 옮긴다.
- '사냥을 하고 있었다'는 과거의 일시적인 행위로 과거진행시제(were hunting)로 옮기거나 둘째 예문과 셋째 예문처럼 현재분사(hunting)로 옮긴다.
- 둘째 예문은 동사 see 뒤에 목적어인 명사구(two hunters)와 보어인 현재분사(hunting)를 두어 '~가 ~하고 있는 중인 것을 보다'는 의미를 전한다.

2. a. The game he saw clearly.
   b. He clearly saw the game.
   c. It was evident that he saw the game.

- '사냥감'(game)은 셀 수 없는 명사로 한국어 원문의 '그 사냥감'은 화자가 그의 청자도 알고 있다고 보는 특정한 사냥감을 뜻하므로 정관사(the)를 붙여 명사구 the game으로 옮긴다.
- '분명히'는 부사구 clearly나 동사구 be evident로 옮긴다.
- 첫째 예문은 동사 saw의 목적어인 명사구 the game을 화제로 삼기 위해 그 동사 바로 뒤에서 문장 첫머리로 이동한 것으로 여전히 이것은 동사 saw의 목적어이다.
- 셋째 예문은 진주어인 that-절(that~the game)을 가리키는 가주어 It을 두어 옮긴 것이다.

3. a. A pheasant one of the two hunters shot down.

b. One of the two hunters shot down a pheasant.
c. Of the two hunters, one shot it down, a pheasant.

- '그 둘 중 한 사냥꾼'은 one of the two hunters나 of the two hunters, one~으로 옮긴다.
- 첫째 예문은 동사(shot down)의 목적어인 명사구 a pheasant를 화제로 삼기 위해 문장 첫머리로 이동한 문장으로 이 명사구는 여전히 그 동사의 목적어이다.
- 셋째 예문의 of the two hunters는 '그 두 사냥꾼 중에서'의 의미이다. 대명사 it은 뒤에서 언급할 명사구 a pheasant를 가리킨다. 동사(shot)의 목적어가 대명사(it)일 때는 이 목적어는 동사(shot)와 부사(down) 사이에 와야 한다. 따라서 shot it down은 가능하나 shot down it은 불가능하다는 점에 특히 유의하라.

4. a. The dead pheasant the hunting dog retrieved.
b. It was retrieved by the hunting dog, the pheasant.
c. The hunting dog ran and retrieved the dead pheasant.

- '사냥개'(hunting dog)는 셀 수 있는 명사로 한국어 원문에서는 '그 사냥개'의 의미로 볼 수 있으므로 the hunting dog으로 옮긴다.
- '달려가 물고 돌아오다'는 '회수하다'는 의미로 동사 retrieve, be retrieved, run and retrieve~로 옮긴다.
- 첫째 예문의 명사구 the dead pheasant는 이것을 화제로 삼기 위해 동사(retrieved)의 목적어 자리에서 문장 첫머리로 이동한 것이다.
- 둘째 예문은 주어자리의 명사구 the pheasant를 대명사 it으로 대치하고 이것을 문장 오른쪽으로 이동하고 쉼표로 분리한 것이다.

5. a. Never had they caught any game.
b. They had never caught any game.
c. No opportunity had they had to catch game.

- '결코~아니다'는 부정의 부사 never로 옮기거나 no opportunity~로 옮긴다.
- 한국어 원문의 '~한 적이 없었다'는 과거 이전부터 과거까지 중에서 없었다는 의미이므로 과거까지의 경험을 나타내는 과거완료시제(had never caught)로 옮긴다.
- 첫째 예문은 둘째 예문의 문장 가운데 위치에 있던 부정의 부사 never를 강조하기 위해 문장 첫머리로 이동하여 주어(they)와 조동사(had)가 도치된 것이다.
- 셋째 예문은 동사(had had)의 목적어인 부정의 명사구 no opportunity를 강조하기 위해 문장 첫머리로 이동하여 주어(they)와 조동사(had)가 도치된 것이다.

6. a. He was too good a man to be blamed.
b. They could not blame him, for he was a good man.
c. It was difficult to blame him, for he was a good man.

- '~하기에는 너무나 ~하다'는 '너무 ~해서 ~하지 못하다'는 의미로 be too~to do~나 not~, for~로 옮기거나 be difficult to do~, for~로 옮긴다.
- 첫째 예문의 부사 too는 자신이 수식할 형용사를 자기 가까이 끌어당기므로 일반적인 어순 a too good man이 아닌 예외적인 어순 too good a man을 쓴다.
- 셋째 예문의 it은 가주어로 이것이 가리키는 진주어는 to-부정사(to blame)이다.

7. a. The dead pheasant the good hunter could not bear to see.
b. The good hunter could not bear to see the dead pheasant.
c. It was hard for the good hunter to see the dead pheasant.

- '죽은 그 꿩을'(the dead pheasant)은 '보다'(see)의 목적어이므로 첫째 예문처럼 이것을 화제로 삼기위해 to see의 목적어 자리에서 문장 첫머리로 이동할 수 있다. 첫째 예문은 보통의 문장인 둘째 예문에서 to-부정사(to see)의 목적어인 명사구 the dead pheasant를 화제로 삼기 위해 문장 첫머리로 이동한 것이다.
- '~을 차마 볼 수가 없다'는 can not bear to see~, be hard to see~로 옮긴다.
- 셋째 예문의 for the good hunter의 명사구 the good hunter는 to see의 주어이고 for는 부정사의 주어 앞에 오는 전치사이다.

8. a. As targets for shooting, he did not include such feeble animals as pheasants and pigeons.
b. He did not include feeble birds such as pheasants and pigeons in his game.
c. Feeble birds like pheasants and pigeons he did not include in his game.

- '그의 사냥감에'는 '그의 사냥의 표적으로서'의 의미로 전치사구 as targets for shooting, in his game으로 옮긴다.
- '꿩이나 비둘기'는 일반적인 의미의 '꿩'(pheasant)과 '비둘기'(pigeon)를 뜻하므로 한정사를 앞에 붙이지 않은 복수형을 써서 pheasants and pigeons로 옮긴다.
- 둘째 예문의 such as~는 '~과 같은'의 의미이다.
- 셋째 예문의 feeble birds는 셀 수 있는 명사(bird)를 복수형(birds)으로 쓰고 앞에 한정사가 없이 형용사(feeble)가 와 있으므로 특정한 여러 마리의 연약한 새들을 뜻하는 것이 아니라 일반적인 의미의 연약한 새를 가리킨다.

9. a. He was so tenderhearted that he couldn't catch any game.
b. Had he not been so tenderhearted, he could have caught some game.
c. If he had not been so tenderhearted, he could have caught some game.

- '마음씨가 여리다'는 be tenderhearted로 옮긴다.
- '사냥감을 좀 잡다'는 catch some game으로 옮긴다.
- '~했다면 ~했을 텐데'는 과거에 '~하지 않아서 ~할 수 없었다'는 의미로 첫째 예문처럼 was so~that~couldn't~로 옮기거나 둘째 예문과 셋째 예문처럼 가정법 과거완료로 옮긴다.

- 둘째 예문의 앞부분은 셋째 예문의 조건절(If he~tenderhearted)에서 접속사 If를 쓰지 않는 대신 주어(he)와 조동사(had)를 도치시킨 것이다.

10. a. So poorly did he shoot that he could not have a chance to shoot properly.
b. He was not good at shooting, so he was not able to shoot satisfactorily.
c. Since he was very poor at shooting, he was not able to have a good chance to shoot.

- '너무나 ~해서 ~하지 못하다'는 so~that~cannot~이나 be not~, so~로 옮기거나 since~, ~be not able to do~로 옮긴다.
- 첫째 예문은 so~that~cannot~구문에서 부사구 so poorly를 문장 앞으로 이동하면서 주어(he)와 조동사(did)가 도치된 것이다.
- 둘째 예문의 be good at~은 '~을 잘하다'는 의미이고 셋째 예문의 be poor at~은 '~을 잘 못하다'는 의미이다. 명사구 shooting은 전치사 at의 목적어이다.
- 화자가 이야기하려는 이유가 이미 그의 청자가 알고 있는 이유일 때는 셋째 예문처럼 because-절이 아닌 since-절을 쓴다.

제10장 영어의 때

II. 기본연습

1. d

과거의 사실은 단순과거시제로 나타내고 과거의 일시적인 행위는 과거진행시제를 쓰며 과거와 현재가 연관성을 가지고 있을 때는 현재완료시제로 나타낸다.

a : 과거의 사실이나 과거의 규칙적 반복적인 행위를 나타낸다.
b : 과거의 일시적인 행위를 나타낸다.
c : 과거의 행위가 현재와 연관성이 있을 때 쓴다.
d : 미래에 대해 예언이나 예측을 하거나 정보를 제공할 때 쓴다.

2. a

일반적인 사실은 단순현재시제로 나타낸다.

a : 일반적인 사실을 나타낼 때 사용한다.
b : 과거의 사실을 나타낼 때 사용한다.
c : 미래에 대해 예언이나 예측을 하거나 정보를 제공할 때 쓴다.
d : 현재의 행위가 과거와 연관성을 가지고 있을 때 쓴다.

3. b

과거의 일시적으로 진행 중인 행위는 과거진행시제로 나타낸다.

a : 과거의 사실이나 과거의 규칙적 반복적 행위를 나타낸다.
b : 과거의 일시적으로 진행 중이었던 행위를 나타낸다.
c : 과거의 행위가 과거 이전과 연관성을 가지고 있을 때 쓴다.
d : 현재의 행위가 과거와 연관성을 가지고 있을 때 쓴다.

4. b

미래의 일시적으로 진행 중에 있을 행위는 미래진행시제로 나타낸다.

a : 미래에 관해 예언이나 예측을 하거나 정보를 제공할 때 쓴다.
b : 미래의 일시적으로 진행 중에 있을 행위를 나타낸다.
c : 미래의 어느 시점까지의 경험이나 행위의 완료를 나타낸다.
d : 과거에 시작된 행위가 현재도 여전히 진행 중일 때 쓴다.

5. b

현재의 일시적으로 진행 중인 행위는 현재진행시제로 나타낸다.

a : 일반적인 사실이나 현재의 규칙적 반복적 행위를 나타낸다.
b : 현재의 일시적으로 진행 중인 행위를 나타낸다.
c : 현재의 행위가 과거와 연관성을 가지고 있을 때 사용한다.
d : 미래의 일시적으로 진행 중에 있을 행위를 나타낸다.

6. c

현재와 과거의 연관성은 현재완료시제로 나타낸다.

a : 현재의 사실을 나타낸다.
b : 과거의 사실을 나타낸다.
c : 현재와 과거의 연관성을 나타낸다.
d : 과거 이전과 과거의 연관성을 나타낸다.

7. d

과거완료시제는 과거의 행위가 과거 이전과 연관성이 있을 때 사용한다.

a, b, c : 현재의 사실과 관계가 있다.
d : 과거의 행위와 과거 이전과의 관련성을 나타낸다.

8. c

미래의 특정 시점까지의 행위의 완료나 경험은 미래완료시제나 미래완료진행시제로 나타낸다.

a : 미래에 관해 예언이나 예측을 하거나 정보를 제공할 때 쓴다.
b : 미래의 일시적으로 진행 중에 있을 행위를 나타낸다.
c : 미래의 특정 시점까지의 행위의 완료나 경험을 나타낸다.
d : 현재와 과거의 연관성을 나타낸다.

9. b

말을 하면서 무엇을 하기로 결정할 때 will 뒤에 동사원형을 두어 나타낸다.

a : 일반적인 사실이나 현재의 사실을 나타낼 때 쓴다.

b : 말을 하면서 무엇을 하기로 결정을 할 때 쓴다.
c : 현재의 어떤 것이 미래에 대한 예측에 이르게 하거나 미래의 의도를 나타낼 때 쓴다.
d : 이미 예정되어 있는 미래의 일을 나타낼 때 쓴다.

10. a
대중교통의 운행시간이나 극장의 영화 상영시간처럼 이미 시간표로 짜인 미래의 일은 단순현재시제로 나타낸다.
a : 시간표, 계획표, 일정표로 이미 결정되어 있는 미래의 일은 단순현재시제로 나타낸다.
b : 미래에 대한 예언이나 예측을 하거나 정보를 제공할 때 쓴다.
c : 현재의 어떤 것이 미래에 대한 예측에 이르거나 미래의 의도를 나타낼 때 쓴다.
d : 이미 예정되어 있는 미래의 일을 나타낼 때 쓴다.

III. 응용연습

1. d
말을 하면서 무엇을 하기로 결정을 내릴 때는 will과 함께 동사원형을 쓴다.
a, b, c : 말을 하면서 무엇을 하기로 결정을 내릴 때는 쓰지 않는다.
d : 말을 하면서 무엇을 하기로 결정을 내릴 때 쓴다.

2. b
불변의 진리나 일반적인 사실은 단순현재시제로 나타낸다.
a, c, d : 일반적인 사실을 나타내는데 쓰지 않는다.
b : 동사의 단순현재시제는 불변의 진리나 일반적인 사실을 나타낸다.

3. b
현재의 규칙적 반복적 행위는 단순현재시제로 나타낸다.
a : 동사 원형은 현재의 사실을 나타낼 수 없다.
b : 단순현재시제이므로 현재의 규칙적 반복적 행위를 나타낼 수 있다.
c, d : 주어가 3인칭 단수이므로 동사의 복수형 have는 올 수 없다.

4. c
현재 일시적으로 진행 중에 있는 행위는 현재진행시제로 나타낸다.
a, b, d : 동사원형, 단순현재시제, 현재완료시제는 현재 일시적으로 진행 중에 있는 행위를 나타낼 수 없다.
c : 부사구(right now)가 현재인 시점에서 동사의 행위가 일시적으로 진행 중이라는 것을 나타내므로 현재진행시제를 쓴다.

5. b
비행기 운항은 미래에 일어날 일이라 하더라도 이미 결정되어 있는 운항 시간표에 따라 일어나므로 단순현재시제를 쓴다.
a, c, d : 시간표로 이미 결정되어 있는 미래의 일은 동사원형, 현재완료, 현재완료진행시제로 나타내지 않는다.
b : 동사의 단순현재시제가 미래의 의미를 전한다.

6. d
미래에 일시적으로 진행 중에 있을 행위는 미래진행시제로 나타낸다.
a, b, c : 단순현재시제, 현재완료시제, 단순미래시제는 미래의 일시적으로 진행 중에 있을 행위를 나타낼 수 없다.
d : 미래진행시제는 미래의 일시적으로 진행 중에 있을 행위를 나타낸다.

7. c
과거의 기준시점에서 이미 완료된 행위는 과거완료시제로 나타낸다.
a, b, d : 단순현재시제, 단순과거시제, 단순미래시제는 과거의 기준시점에서 이미 완료된 행위를 나타낼 수 없다.
c : 과거완료시제는 과거의 기준시점에서 이미 완료된 행위를 나타낼 수 있다.

8. c
미래의 기준시점까지의 행위의 완료나 경험은 미래완료시제나 미래완료진행시제로 나타낸다.
a, b, d : 단순미래시제, 미래진행시제, 현재완료진행시제는 미래의 기준시점까지의 행위의 완료나 경험을 나타낼 수 없다.
c : 미래완료진행시제는 미래의 특정 시점까지의 행위의 완료나 경험을 나타낸다.

9. b
과거의 일시적으로 진행 중이었던 행위는 과거진행시제로 나타낸다.
a, c, d : 단순과거시제, 현재완료시제, 현재완료진행시제는 과거의 일시적으로 진행 중에 있었던 행위를 나타낼 수 없다.
b : 과거진행시제는 과거의 일시적으로 진행 중에 있었던 행위를 나타낸다.

10. d
과거부터 현재까지의 경험은 과거와 현재가 연관성을 가지고 있으므로 현재완료시제로 나타낸다.
a, b, c : 동사원형, 단순현재시제, 현재진행시제는 과거부터 현재까지의 경험을 나타낼 수 없다.
d : 현재완료시제는 과거부터 현재까지의 경험을 나타낼 수 있다.

IV. 기본영작

1. a. Frogs eat insects.
   b. Frogs feed on insects.
- 한국어 원문은 일반적인 사실에 관해 이야기하므로 '개구리'(frog)와 '벌레'(insect)를 일반적인 의미를 전하는 형태인 한정사를 붙이지 않은 복수형(frogs, insects)으로 나타낸다.
- 한국어 원문은 일반적인 의미를 전하므로 단순현재시제(eat, feed)로 이 의미를 전한다.
- '~을 먹다'는 eat~, feed on~으로 옮기며 feed on은 '~을 먹고 살다'는 뜻이다.

2. a. The frog is eating a dragonfly.
   b. A dragonfly is being eaten by the frog.
- '그 개구리'는 명사구 the frog로 옮긴다.
- '잠자리'(dragonfly)는 셀 수 있는 명사로 한국어 원문에서 '한 마리의 잠자리'를 가리키는 것으로 보아 명사구 a dragonfly로 옮긴다.
- '먹고 있다'는 현재 먹는 행위가 일시적으로 진행 중에 있다는 것을 뜻하므로 현재진행시제(is eating, is being eaten)로 옮긴다.
- 둘째 예문은 첫째 예문의 동사(is eating)의 목적어인 명사구 a dragonfly를 화제로 삼아 주어로 만들면서 동사가 현재진행수동태(is being eaten)가 된 것이다.

3. a. Where do frogs sleep when it gets cold?
   b. Do you know where frogs sleep when it gets cold?
- '날씨가 추워지다'는 it gets cold로 옮기며 형용사구 cold가 동사 gets의 보어이다. it은 날씨를 가리키는 대명사이다.
- '어디서'는 의문부사 where로 옮긴다.
- 한국어 원문은 일반적인 사실에 관해 이야기하는 문장이므로 단순현재시제(sleep, gets, know)로 옮긴다.

4. a. Do you know what the frog did last year?
   b. What do you think the frog did last year?
- '그 개구리'는 화자가 그의 청자도 알고 있다고 보는 특정한 개구리 한 마리를 가리키므로 명사구 the frog로 옮긴다.
- '작년'은 last year로 옮긴다.
- '작년에 무엇을 했는지'는 과거의 사실을 이야기하므로 단순과거시제(did)로 옮기고 '아니'는 '(현재)알고 있느냐'는 의미로 현재의 사실을 말하므로 단순현재시제(know, think)로 옮긴다.

5. a. Never has the frog eaten any hamburgers.
   b. The frog has never eaten any hamburgers.
- '결코~않다'는 부정의 부사 never로 옮긴다.
- 한국어 원문의 '햄버거'는 '어떤 햄버거든지'의 의미이므로 양화사 any와 셀 수 있는 명사의 복수형 hamburgers로 옮긴다.
- '~한 적이 없다'는 과거부터 지금까지의 경험을 나타내므로 현재완료시제(has eaten)로 옮긴다.
- 첫째 예문은 둘째 예문의 조동사(has) 뒤의 부정의 부사 never를 강조하기 위해 문장 첫머리로 이동하여 주어(the frog)와 조동사(has)가 도치된 문장이다.

6. a. The frog will go into hibernation sooner or later.
   b. It will not be long before the frog goes into hibernation.
- '조만간'은 sooner or later, not be long before~로 옮긴다.
- '동면'(hibernation)은 셀 수 없는 명사이므로 일반적인 의미의 동면은 앞에 한정사를 붙이지 않은 그 형태 그대로 쓴다.
- '동면상태로 들어가다'는 go into hibernation으로 옮긴다.
- 한국어 원문은 미래에 대해 예언이나 예측을 하는 문장이므로 will 뒤에 동사원형(will go, will be)을 두어 옮긴다.

7. a. The wind is blowing so hard that the frog is going to go into the water.
   b. Because of the strong wind, the frog is going to go into the water.
- '바람이 세게 불어'는 '바람이 세게 불고 있는 중이어서'의 의미이므로 현재진행시제를 써서 The wind is blowing so hard나 because of the strong wind로 옮긴다.
- 한국어 원문의 '물'(water)은 화자가 그의 청자도 알고 있다고 보는 특정한 물을 가리키는 것으로 보아 the water로 옮긴다.
- '들어가려고 하다'는 바람이 세게 불어 현재 그 개구리가 견디기 어려워하는 모습이 화자에게 보이고 있으므로 현재의 어떤 것이 미래에 대한 예측을 가능하게 하는 상황이므로 is going to go into~로 미래를 나타낸다.

8. a. Frogs are sometimes to come out of the water to breathe.
   b. Frogs should sometimes come out of the water in order to breathe.
- 한국어 원문의 '개구리'(frog)는 특정한 개구리가 아니라 일반적인 의미의 개구리를 뜻하므로 frogs로 옮긴다.
- 때때로'는 부사 sometimes로 옮기며 이 부사는 막연한 빈도를 나타내는 부사로 문장의 첫머리위치, 가운데 위치, 끝 위치 모두 올 수 있다. 첫째 예문처럼 be동사(are) 뒤나 둘째 예문처럼 조동사(should) 뒤가 가운데 위치이다. 일반동사 앞도 가운데 위치이다.
- 한국어 원문의 '~하게 되어있다'는 예정을 나타내는 형식(are to do~)으로 옮기거나 둘째 예문처럼 당연함을 나타내는 조동사 should를 써서 옮긴다.

9. a. The frog will have eaten the worms in a few minutes.
   b. The worms will have been eaten by the frog in a few minutes.
- 몇 분 후면'은 전치사구 in a few minutes로 옮긴다.
- 한국어 원문의 '다 먹어버렸을 것이다'는 미래의 기준 시점까지의 완료를 나타내므로 미래완료시제(will have

eaten, will have been eaten)로 옮긴다.

- 첫째 예문은 먹는 행위(eating)를 하는 행위자(The frog)가 주어이므로 동사의 목적어가 동사 뒤에 있는 미래완료능동태(will have eaten)의 문장이 되는데 반해 둘째 예문은 행위를 받는 대상(The worms)이 주어이므로 동사는 수동태가 되어 미래완료수동태(will have been eaten)가 된 것이다.

10. a. When you go to the pond, a few frogs will be waiting for you.
    b. You will find a few frogs waiting for you when you go to the pond.

- 한국어 원문에서 '연못'(pond)은 셀 수 있는 명사로 화자가 그의 청자도 알고 있다고 보는 특정한 연못 하나를 가리키므로 명사구 the pond로 옮긴다.
- 한국어 원문의 '기다리고 있을 것이다'는 기다리는 행위가 일시적으로 진행 중에 있을 것이라는 의미이므로 미래진행시제(will be waiting)로 옮긴다.
- 둘째 예문은 동사 find를 미래시제(will find)로 쓰고 목적어(a few frogs) 뒤에 현재분사(waiting)를 두어 기다리는 행위가 진행 중에 있다는 것을 전한다.

V. 심화영작

1. a. He is a famous movie actor.
   b. We call him a famous movie actor.
   c. His job is a movie actor, and he is wellknown.

- 한국어 원문의 '유명 영화배우'는 '한 유명 영화배우'를 뜻하는 것으로 보아야 하므로 명사구 a famous movie actor로 옮긴다. famous movie actor가 아니다.
- 현재의 사실을 이야기하는 문장이므로 단순현재시제(is, call)로 옮긴다.
- '그'(He) '우리'(We) '그의 직업'(His job)을 화제로 삼아 주어로 만들 수 있다.
- 둘째 예문의 동사 call은 '~을 ~라고 부르다'는 의미를 뒤에 목적어인 명사구(him)와 보어인 명사구(a famous movie actor)로 전한다.

2. a. He was not so popular among people last year.
   b. Never did he gain much popularity last year.
   c. Last year did not give him so much popularity.

- 그렇게 유명한'은 형용사구 so popular나 동사구 gain much popularity, give~so much popularity로 옮긴다.
- 한국어 원문은 과거의 사실에 관해 이야기하므로 단순과거시제(was, did gain, did give)로 옮긴다.
- 둘째 예문은 He never gained much popularity last year에서 부정의 부사 never를 강조하기 위해 문장 첫머리로 이동하여 주어(he)와 조동사(did)가 도치된 것이다.
- 셋째 예문은 때를 나타내는 명사구 last year를 주어로 옮긴 것이다.

3. a. He will have been married by this time next year.
   b. This time next year will show us that he will have been married.
   c. I am sure that he will have gotten married by this time next year.

- '내년 이맘때'는 this time next year나 by this time next year로 옮긴다.
- 한국어 원문은 내년 이맘때라는 미래의 기준시점까지의 행위의 완료를 나타내므로 미래완료시제(will have been married, will have gotten married)로 옮긴다.
- '그'(He) '내년 이맘때'(This time next year) '나'(I)를 주어로 옮길 수 있다.
- 둘째 예문은 '~에게 ~가 ~하다는 것을 보여주다'는 의미를 동사 show 뒤에 간접목적어(us)와 직접목적어인 that-절로 옮긴 것이다.

4. a. As a child, he had never eaten a raw egg.
   b. Never had he eaten a raw egg when he was a child.
   c. He had never eaten a raw egg when he was a young boy.

- '어렸을 때'는 전치사구 as a child나 부사절 when he was a child, when he was a young boy로 옮긴다.
- '날계란'(raw egg)은 셀 수 있는 명사로 한국어 원문에서는 '어떤 날계란이건 날계란'을 뜻하므로 any의 의미를 가진 부정관사(a)를 두어 a raw egg로 옮긴다.
- '먹어 본 적이 없었다'는 과거의 시점에서의 경험을 가리키므로 과거완료시제(had never eaten)로 옮긴다.
- 둘째 예문은 부정의 부사 never를 강조하기 위해 문장 가운데 위치에서 첫머리로 이동하여 주어와 조동사가 도치된 것이다.

5. a. His plane for America leaves at ten in the morning tomorrow.
   b. He is going to leave for America on a ten o'clock plane in the morning tomorrow.
   c. I know that his plane for America is to leave at ten in the morning tomorrow.

- '미국행'은 전치사구 for America로 옮긴다.
- '내일 오전 10시에 떠난다'는 미래를 나타내지만 운행시간표에 의해 움직이는 대중교통은 현재시제(leaves)로 나타낸다.
- 둘째 예문은 사람(He)을 주어로 하여 미래의 계획이나 의도를 표현하므로 is going to leave~로 옮긴 것이다.
- 셋째 예문은 예정을 나타내는 be to-부정사(is to leave~)로 옮긴 것이다.

6. a. He has never drunk so much liquor so far.
   b. Never has he drunk so much liquor so far.
   c. I have never seen him drink so much liquor so far.

- '지금까지'는 so far로 옮긴다.
- 그렇게 많은 술'은 so much liquor로 옮긴다.
- ~한 적이 없다'는 현재 시점에서의 경험을 나타내므로

현재완료시제(has never drunk)로 옮긴다.
- 둘째 예문은 첫째 예문의 부정의 부사 never를 강조하기 위해 문장 첫머리로 이동하여 그 결과 주어(he)와 조동사(has)가 도치된 것이다.
- 지각동사(see) 뒤에서 to-부정사(to drink)는 원형부정사(drink)가 된다.

7. a. He is going to work in his convertible sports car.
   b. Toward his workplace he is driving his convertible sports car.
   c. The convertible sports car driven by him is running for his workplace.

- '무개스포츠카'(convertible sports car)는 셀 수 있는 명사로 한국어 원문에서는 '그의 무개스포츠카'를 가리키므로 his convertible sports car로 옮긴다.
- '무개스포츠카를 몰고'는 '무개스포츠카를 타고'의 의미로 in his convertible sports car나 drive his convertible sports car나 The convertible sports car driven by him~으로 옮긴다.
- '~하고 있는 중이다'는 행위가 현재 일시적으로 진행 중에 있다는 것을 나타내므로 현재진행시제(is going, is driving, is running)로 옮긴다.
- 전치사구 Toward~workplace는 문장 끝에서 첫머리로 이동한 것이다.

8. a. When you call him now, he will be shooting a film.
   b. Your phone call to him now will reveal that he will be making a film.
   c. You may find that he will be in the middle of making a film when you call him now.

- '그에게 전화하다'는 동사구 call him이나 명사구 one's phone call to him으로 옮긴다.
- 영화를 촬영하다'는 shoot a film, make a film으로 옮긴다.
- ~중일 것이다'는 미래의 일시적으로 진행 중인 행위를 뜻하므로 미래진행시제 (will be shooting, will be making)나 will be in the middle of~로 옮긴다.
- 둘째 예문은 '네가 그에게 전화하면'을 명사구 your phone call to him으로 옮긴 것이다.

9. a. He is tipsy now. I'll take him to his house.
   b. I'll take him to his house, since he is tipsy now.
   c. It seems that he is drunk now. He must be taken to his house by me.

- '취해 있다'는 is tipsy, is drunk로 옮긴다.
- ~을 ~으로 데려다 주다'는 take~to~로 옮기므로 '그를 집으로 데려다 주다'는 take him to his house로 옮긴다.
- ~하겠다'는 화자가 말을 하면서 무엇을 하기로 결정을 내리는 것으로 will 뒤에 동사원형(will take)을 두어 옮긴다.
- 셋째 예문의 두 번째 문장은 I must take him to his house에서 동사 take의 목적어인 명사구 him을 화제로 삼아 주어로 만들면서 나온 문장이다.

10. a. He is to do another film with a famous actress sooner or later.
    b. Another film is going to be done by him with a famous actress sooner or later.
    c. It will not take long before he does another film with a famous actress.

- '한 유명 여배우와'는 전치사구 with a famous actress로 옮긴다.
- '또 다른 영화'는 '영화'(film)가 셀 수 있는 명사이므로 양화사 another와 셀 수 있는 명사의 단수형 film을 써서 명사구 another film으로 옮긴다.
- ~할 예정이다'는 예정의 be to-부정사(is to do~)나 미래의 의도를 나타내는 is going to do~나 미래에 대한 예측을 나타내는 will과 동사원형으로 옮긴다.
- 셋째 예문의 before-절의 동사는 단순현재시제(takes)를 쓴다.

제11장 행위자와 행위를 받는 대상

II. 기본연습

1. b

분사가 되기 전의 그 동사의 행위를 받는 대상이 그 동사 뒤에 나와 있으면 그 동사가 능동형분사가 되고 앞에 있으면 수동형분사가 된다.

a : 동사 beat의 행위를 받는 대상(the boy)이 동사 앞에 있으므로 이 동사는 수동형분사(beaten)가 된다.
b : 동사 paint의 행위를 받는 대상(a house)이 동사 앞에 있으므로 이 동사는 수동형분사(painted)가 되어야 한다.
c : 동사 carry의 행위를 받는 대상(a doll)이 동사 뒤에 있으므로 이 동사는 능동형분사(carrying)가 된다.
d : 동사 look after의 행위를 받는 대상(the children)이 동사 앞에 있으므로 이 동사는 수동형분사(being looked after)가 된다.

2. a

동사의 행위를 하는 행위자가 그 동사 앞에 있을 때 행위자가 주어인 문장이 된다.

a : 동사(do)의 행위자는 이 동사 앞의 주어(He)이다.
b : 동사(do)의 행위를 받는 대상(The work)이 주어이다.
c : 동사(do)의 행위를 받는 대상(The work)이 주어이다.
d : 동사(read)의 행위를 받는 대상(The book)이 주어이다.

3. c

동사가 능동형으로 쓰이고 있을 때 그 동사 앞에 오는 명사구가 그 동사의 행위자인 주어이다.

a : to-부정사(to do)의 행위를 받는 대상(The homework)이 주어인 문장이다.
b : to-부정사(to do)의 행위를 받는 대상(The speech)이

주어인 문장이다.

c : 동사(finish)의 행위를 하는 행위자(The writer)가 주어인 문장이다.

d : 동사(write)의 행위를 받는 대상(the book)이 주어인 문장이다.

4. d

동명사가 되기 전 그 동사의 행위를 받는 대상이 그 동사 뒤에 있으면 그 동사는 능동형동명사가 되고 앞에 있으면 수동형동명사가 된다.

a : 동사(beat)의 행위를 받는 대상(others)이 그 동사의 뒤에 있으므로 그 동사는 능동형동명사(beating)가 된다.

b : 동사(blame)의 행위를 받는 대상(others)이 그 동사 뒤에 있으므로 그 동사는 능동형동명사(blaming)가 된다.

c : 동사(blame)의 행위를 받는 대상(He)이 그 동사의 앞에 있으므로 그 동사는 수동형동명사(being blamed)가 된다.

d : 동사(punish)의 행위를 받는 대상(her son)이 그 동사 앞에 있으므로 동사가 능동형동명사(punishing)가 아닌 수동형동명사(being punished)가 되어야 한다.

5. b

완료분사가 되기 전 그 동사의 행위를 받는 대상이 그 동사 뒤에 있으면 능동형완료분사가 되고 앞에 있으면 수동형완료분사가 된다.

a : 동사(wash)의 행위를 받는 대상(the car)이 그 동사 바로 뒤에 없으므로 그 동사는 수동형이 되어야 하므로 수동형완료분사(Having been washed)가 된다.

b : 동사(beat)의 행위를 받는 대상(they)이 그 동사 바로 뒤에 없으므로 그 동사는 수동형이 되어야 하므로 수동형완료분사(Having been beaten)가 되어야 한다.

c : 동사(write)의 행위를 받는 대상(three books)이 그 동사 뒤에 있으므로 그 동사는 능동형이 되어야 하므로 능동형완료분사(having written)가 된다.

d : 동사(eat)의 행위를 받는 대상(a bowl of rice)이 그 동사 뒤에 나와 있으므로 그 동사는 능동형완료분사(Having eaten)가 된다.

6. d

동사의 행위를 받는 대상이 동사 뒤에 있으면 동사 앞의 명사구가 그 동사의 행위자인 주어이다.

a : 동사(read)의 행위를 받는 대상(a novel)이 동사 뒤에 있으므로 동사 앞 명사구(He)가 그 동사의 행위자인 주어이다.

b : 동사(study)의 행위를 받는 대상(English)이 동사 뒤에 있으므로 그 동사 앞 명사구(The student)가 그 동사의 행위자인 주어이다.

c : 동사(finish)의 행위를 받는 대상(makeup)이 동사 뒤에 있으므로 그 동사 앞 명사구(The girl)가 그 동사의 행위자인 주어이다.

d : 동사(write)의 행위를 받는 대상(The book)이 동사 뒤에 있지 않고 앞에 있으므로 동사의 행위를 받는 대상이 주어인 문장이다.

7. a

to-부정사의 행위를 받는 대상이 그 부정사 뒤에 있으면 그 부정사는 능동형부정사가 되고 그것이 앞에 있으면 수동형부정사가 된다.

a : to-부정사(to marry)의 행위를 받는 대상(you)이 그 부정사 뒤에 있으므로 부정사 앞의 명사구(I)가 부정사의 행위자인 부정사의 주어이다.

b : to-부정사(to speak)의 행위를 받는 대상(English)이 그 부정사 뒤에 있지 않고 앞으로 이동하여 이것(English)이 전체 문장의 주어이며 부정사의 주어이다.

c : 완료부정사(to have used)의 행위를 받는 대상(The car)이 그 부정사 앞으로 이동하여 이것(The car)이 전체 문장의 주어이며 부정사의 주어이다.

d : to-부정사(to read)의 행위를 받는 대상(The book)이 그 부정사 앞으로 이동하여 이것(The book)이 전체 문장의 주어이며 부정사의 주어이다.

8. b

동명사가 되기 전 그 동사의 행위를 받는 대상이 그 동사 뒤에 있으면 그 동사는 능동형동명사가 되고 앞에 있으면 수동형동명사가 된다.

a : 동사(beat)의 행위를 받는 대상(The boy)이 그 동사 뒤에 있지 않고 앞에 있으므로 그 동사는 수동형동명사(being beaten)가 된다.

b : 동사(punish)의 행위를 받는 대상(his son)이 그 동사 뒤에 있으므로 그 동명사 앞의 명사구(She)는 그 동명사의 행위자인 주어이며 전체 문장의 주어이다.

c : 동사(blame)의 행위를 받는 대상(He)이 그 동사 뒤에 있지 않고 앞에 있으므로 동사는 능동형동명사(blaming)가 아닌 수동형동명사(being blamed)가 되며 동명사의 행위자가 아닌 행위를 받는 대상이 주어인 문장이 된다.

d : 동사(insult)의 행위를 받는 대상(The student)이 그 동사 뒤가 아닌 앞에 있으므로 그 동사는 수동형동명사가 된다. 따라서 주어인 The student는 동명사의 행위자가 아니라 행위를 받는 대상이다.

9. a

현재분사의 행위자는 그 분사 앞에 오고 과거분사의 행위자는 그 분사 뒤에 온다.

a : 현재분사(reading)의 행위를 받는 대상(a comic book)이 그 분사 뒤에 있으므로 그 분사 앞은 그 분사의 행위자(a boy)가 온다.

b : 과거분사(Written)의 행위자는 그 분사 뒤에 있는 전치사구(by him) 내의 him이다.

c : 과거분사(Read)의 행위자는 그 분사 뒤에 있는 전치사구(by lots of people) 내의 lots of people이다.

d : 완료수동분사(having been punished)의 행위자는 그 분사 뒤의 전치사구(by his teacher) 내의 his teacher이다.

10. d

to-부정사 뒤는 그 부정사의 행위를 받는 대상이 오며 그 대상이 부정사 앞으로 이동하여 부정사의 주어가 되면 부정사는 수동부정사(to be done)가 된다.

a : to-부정사(to use)의 행위를 받는 대상(Korean)이 그 부정사 뒤에 있으므로 능동형부정사가 되며 전체 문장의 주어인 Lots of people이 부정사의 주어이다.

b : 진행부정사(to be living)의 행위자인 주어는 전체 문장의 주어인 They이다.

c : 완료부정사(to have lived)의 주어는 전체 문장의 주어인 They이다.

d : 진행부정사(to be speaking)의 행위를 받는 대상(Korean)이 그 부정사 앞으로 이동하여 부정사의 주어가 되면서 수동진행부정사(to be being spoken)가 되었다.

III. 응용연습

1. c

동명사가 되기 전의 그 동사(blame)의 행위를 받는 대상이 그 동사 바로 뒤에 있으면 그 동사는 능동형동명사가 되고 앞에 있으면 수동형동명사가 된다.

a, b : 동사 regret 뒤에 오는 동사는 동명사로 와야 하며 to-부정사로 올 수 없다.

c : 동사 blame의 행위를 받는 대상(She)이 그 동사 앞에 있으므로 그 동사는 수동형동명사(being blamed)가 된다.

d : 동사 blame의 행위를 받는 대상(She)이 그 동사 앞에 있으므로 그 동사가 능동형완료동명사(having blamed)가 될 수 없다.

2. d

분사가 되기 전의 그 동사의 행위를 받는 대상이 그 동사 뒤에 있으면 그 동사는 능동형분사가 되고 앞에 있으면 수동형분사가 된다.

a, b : 앞에 있는 명사인 patients를 수식해야 하므로 동사원형(look, be)은 이 자리에 올 수 없다.

c : 동사(look after)의 행위를 받는 대상(the patients)이 그 동사의 앞에 있으므로 그 동사는 능동형분사(looking after)가 될 수 없다.

d : 동사(look after)의 행위를 받는 대상(the patients)이 그 동사 앞에 있으므로 그 동사가 분사로 바뀔 때는 수동형분사(being looked after)가 된다.

3. d

동사 admit 뒤에 오는 동사는 동명사로 와야 하고 그 동명사의 행위를 받는 대상이 동명사 뒤에 있으면 능동형동명사가 되고 앞에 있으면 수동형동명사가 된다.

a : 동사(bribe)의 행위를 받는 대상(The politician)이 그 동사 앞에 있으므로 능동형동명사는 쓰일 수 없다.

b : 동사 admit은 뒤에 오는 동사가 to-부정사로 올 수 없다.

c : 동사(bribe)의 행위를 받는 대상이 그 동사 앞에 있으므로 능동형완료동명사는 올 수 없다.

d : 동사(bribe)의 행위를 받는 대상(The politician)이 그 동사 앞에 있으므로 그 동사는 수동형동명사가 된다. 또한 동명사가 나타내는 행위가 주절동사(admitted)가 나타내는 행위보다 먼저 일어난 것이라는 점을 분명히 하기 위해 완료동명사를 쓰므로 완료수동동명사(having been bribed)가 된다.

4. d

동사의 행위를 받는 대상이 그 동사 뒤에 있으면 그 동사는 능동형이 되고 앞에 있으면 수동형이 된다.

a, b, c : 동사(establish)의 행위를 받는 대상(The country)이 그 동사 앞에 있으므로 동사의 능동형은 쓰일 수 없다.

d : 동사(establish)의 행위를 받는 대상(The country)이 그 동사 앞에 있으므로 동사는 수동형이 된다.

5. d

미래의 기준시점까지의 행위의 완료나 경험은 미래완료시제로 나타낸다.

a : 동사원형은 미래완료를 나타낼 수 없다.

b : 동사의 단순미래시제는 미래완료를 나타낼 수 없다.

c : 동사(finish)의 행위를 받는 대상(The construction work)이 그 동사 앞에 있으면 그 동사는 수동형이 된다. 따라서 미래완료능동형은 올 수 없다.

d : 동사(finish)의 행위를 받는 대상(The construction work)이 그 동사 앞에 있으므로 미래완료수동형이 온다.

6. c

동사 seem 뒤는 to-부정사가 오며 이 부정사의 행위를 받는 대상이 부정사 뒤에 있으면 능동형부정사가 되고 앞에 있으면 수동형부정사가 된다.

a, d : 동사원형(use, be)은 동사 seem 뒤에 올 수 없다.

b : to-부정사(to use)의 행위를 받는 대상(Computers)이 이 부정사 앞에 있으므로 능동형부정사가 올 수 없다.

c : to-부정사(to use)의 행위를 받는 대상(Computers)이 이 부정사 앞에 있으므로 수동형부정사가 온다.

7. d

과거부터 현재까지 계속되고 있는 행위는 현재완료시제나 현재완료진행시제로 나타낸다.

a : 일반적인 사실을 나타낼 때 쓴다.

b : 현재의 일시적인 행위를 나타낸다.

c : 수동태인 현재시제는 쓰일 수 없다.

d : 10년 전인 과거부터 현재까지 가르치는 행위가 진행 중에 있으므로 현재완료진행시제로 나타낸다.

8. b

동사 want 뒤는 to-부정사가 올 수 있다.

a : 동사 want 뒤에 동사원형(go)은 올 수 없다.

b : 동사 want 뒤에 to-부정사(to go)는 올 수 있다.

c : 동사 wish 뒤에 동사원형(go)은 올 수 없다.

d : 주어인 Most young villagers가 문장 구조상 동사 wish

의 목적어가 될 수 없으므로 이 동사의 수동형이 올 수 없다.

9. d

명사구(English)를 목적어로 취하면서 앞의 명사(man)를 수식하는 형용사적인 역할을 하는 것은 현재분사(speaking)이다.

a : 뒤의 명사구(English)를 목적어로 취할 수는 있지만 앞의 명사(man)를 수식할 수 없다.

b : 뒤의 명사구(English)를 목적어로 취하면서 앞의 명사(man)를 수식할 수 있지만 의미가 다르다.

c : 과거분사는 이 자리에 올 수 없다.

d : 현재분사 speaking은 명사구(English)를 목적어로 취하면서 앞의 명사 man을 수식하는 형용사적인 역할을 할 수 있다.

10. c

분사가 되기 전 그 동사의 행위를 받는 대상이 그 동사 뒤에 있으면 그 동사는 능동형분사가 되고 앞에 있으면 수동형분사가 된다.

a, b : to-부정사는 의미상 올 수 없다.

c : 동사(beat)의 행위를 받는 대상(three players)이 그 동사 뒤에 있으므로 그 동사는 능동형완료분사(having beaten)가 된다.

d : 동사(beat)의 행위를 받는 대상이 그 동사 앞에 있지 않으므로 수동형완료분사는 올 수 없다.

IV. 기본영작

1. a. She is a university hospital nurse.
   b. She works as a nurse in a university hospital.

- '대학병원 간호사'는 명사구 a university hospital nurse로 옮긴다.
- 한국어 원문은 현재의 사실을 말하므로 단순현재시제(is, works)로 옮긴다.
- '간호사이다'는 is a nurse, work as a nurse로 옮긴다. 전치사구 as a nurse에서 as는 자격을 나타내는 전치사이다.
- 전치사구 in a university hospital에서 전치사의 목적어인 명사구 a university hospital의 부정관사 a를 빼면 안 된다.

2. a. She is looking after lots of patients.
   b. Lots of patients are being looked after by her.

- '많은 환자'는 양화사 lots of와 셀 수 있는 명사의 복수형 patients로 lots of patients로 옮긴다. lots of 대신 a lot of를 써도 좋다.
- '~을 간호하다'는 look after~로 옮기며 after 뒤는 명사구가 목적어로 온다.
- 첫째 예문은 look after의 행위자(She)가 앞에 있고 행위를 받는 대상(lots of patients)이 뒤에 있으므로 동사가 능동태(is looking)이다. 그러나 둘째 예문은 look after의 행위를 받는 대상(lots of patients)이 앞으로 이동해 있으므로 수동태(are being looked after)가 된 것이다. by 뒤의 her가 look after의 행위자이다.

3. a. She lives in a pretty detached house painted blue.
   b. Her residence is a pretty detached house painted blue.

- '집을 푸른색으로 칠하다'는 paint a house blue처럼 동사 뒤에 목적어를 두고 형용사구인 보어를 두어 옮긴다. 그러나 '푸른색으로 칠해진 집'은 a house painted blue가 된다. 동사 paint가 수동의 의미를 가지는 과거분사(painted)로 바뀐 것이다. '예쁜 단독주택'은 a pretty detached house로 옮기고 '푸른색으로 칠해진 예쁜 단독주택'은 a pretty detached house painted blue로 옮긴다.
- '주택'(residence)은 셀 수 있는 명사로 '한 주택'은 a residence이고 '그녀의 주택'은 her residence이다.

4. a. She has been looking after the patient for a few months.
   b. The patient has been looked after by her for a few months.

- '몇 개월 동안'은 전치사구 for a few months로 옮긴다.
- 동사 look after의 행위를 하는 행위자(She)가 이 동사 앞에 있으면 동사가 능동태(has been looking after~)가 되고 행위를 받는 대상(the patient)이 주어가 되면 수동태(has been looked after)가 된다.
- 한국어 원문은 과거와 현재가 연관성이 있고 현재도 여전히 행위가 진행 중에 있으므로 현재완료진행시제(has been looking after)로 옮긴다. 둘째 예문은 현재완료수동태(has been looked after)로 옮겼는데 현재완료진행수동형(has been being looked after)은 일반적으로 쓰지 않기 때문이다.

5. a. She is always afraid of being blamed by her patients.
   b. She is always afraid that she will be blamed by her patients.

- '환자들'은 '그녀의 환자들'을 가리키므로 her patients로 옮긴다.
- '~에게 비난받다'는 be blamed by~로 옮긴다.
- '~을 두려워하다'는 be afraid of~로 옮긴다.
- 한국어 원문은 부사 '언제나'(always)가 보여 주듯이 현재의 반복적인 행위를 나타내므로 단순현재시제(is)로 옮긴다.
- 첫째 예문은 형용사 afraid의 보어로 전치사구(of-구)가 둘째 예문은 that-절이 온 것이다.

6. a. She feels that a doctor loves her.
   b. She thinks that she is loved by a doctor.

- '한 의사'는 명사구 a doctor로 옮긴다.
- '~의 사랑을 받다'는 be loved by~로 옮긴다. 첫째 예문은 동사 love의 행위자(a doctor)가 동사 앞에 있으므

로 동사가 능동태(loves)가 되는데 반해 둘째 예문은 행위를 받는 대상(her)이 동사 앞에 있으므로 수동태(is loved)가 된다.

- '~라고 생각하다'는 feel that~, think that~으로 옮긴다.

7. a. She is so good-natured that she is called a white-robed angel.
   b They call her a white-robed angel, because she is so good-natured.

- 마음씨가 너무나 아름답다'는 be so good-natured로 옮긴다.
- 너무나 ~해서 ~하다'는 so~that~이나 because-절로 옮긴다.
- 백의의 천사'에서 '천사'(angel)는 셀 수 있는 명사이므로 '한 사람의 백의의 천사'를 뜻하므로 a white-robed angel로 옮긴다.
- 첫째 예문의 종속절(that-절)은 they call her a white-robed angel에서 동사 call의 목적어인 명사구 her를 주어(she)로 만들어 주면서 능동동사 call이 수동동사 is called가 된 것이다. 명사구 a white-robed angel은 목적보어이다.

8. a. He has no idea as to whether she will continuously care for him in the future.
   b. He doesn't know whether he will continuously be looked after by her in the future.

- '앞으로도'는 '계속해서'의 의미로 보아 부사구 continuously로 옮긴다.
- '~일지 어떨지'는 whether-절로 옮긴다.
- 첫째 예문의 as to~는 '~에 관해서'라는 관용적인 표현이다.
- 둘째 예문의 종속절의 will look after의 행위를 받는 대상(him)이 동사의 주어자리로 이동하여 주어(he)가 되어 수동태(will be looked after)가 된 것이다.

9. a. She met a young child patient being looked after by his grandparents one day.
   b. One day she met a young child patient, who was being looked after by his grandparents.

- 첫째 예문은 명사구 a young child patient에서 명사 patient를 수식하는 현재분사가 뒤에 와야 하는데 전치사 by 뒤의 명사구 his grandparents가 돌보는 행위를 받는 대상이 명사 patient이므로 이 분사가 능동형현재분사 looking after가 아닌 수동형 현재분사 being looked after가 된 것이다.
- 둘째 예문에서 who was 뒤에 현재분사가 와서 was와 함께 과거진행형을 만들어야 하는데 look after의 행위를 받는 대상(a young child patient)이 동사 앞에 있어서 수동형 현재분사 being looked after가 된 것이다.

10. a. Helped by lots of people, the patient wants to live helping other people in the future.
    b. The patient, who has been helped by lots of people, plans to live helping other people hereafter.

- '장차'는 전치사구 in the future나 부사 hereafter로 옮긴다.
- '남'은 other people, others로 옮긴다.
- '~할 계획이다'는 want to do~, plan to do~로 옮긴다.
- 첫째 예문의 동사 help의 과거분사 helped는 주절동사(wants)가 나타내는 때 보다 앞선 때를 나타내며 수동의 의미를 가지고 있다. 그러나 live 뒤의 현재분사 helping은 능동의 의미를 가지고 있다.
- 둘째 예문의 help의 과거분사 helped 역시 수동의 의미를 가지고 있으며 live 뒤의 현재분사 helping은 능동의 의미를 가지고 있다.

V. 심화영작

1. a. Two girls are dancing merrily on the roadside.
   b. I see two girls dancing merrily on the roadside.
   c. There are two girls dancing merrily on the roadside.

- '길가에서'는 전치사구 on the roadside로 옮긴다.
- '춤을 추고 있다'는 춤추는 행위가 현재 일시적으로 진행 중에 있다는 것을 나타내므로 현재진행시제 are dancing으로 옮기거나 둘째 예문과 셋째 예문에서처럼 현재분사 dancing으로 옮긴다.
- 첫째 예문의 현재분사 dancing은 be동사와 함께 진행형을 만들고 둘째 예문에서는 동사 see의 목적어(two girls) 뒤에 쓰인 보어이며 셋째 예문에서는 앞의 명사 girls를 수식하는 형용사적인 기능을 한다.

2. a. They have been dancing for two hours.
   b. It is two hours since they began dancing.
   c. Two hours have passed since they began dancing.

- '두 시간 동안'은 전치사구 for two hours로 옮긴다.
- 한국어 원문은 두 시간 전인 과거에서 춤을 추기 시작해 현재도 여전히 추고 있는 중이므로 현재완료진행시제(have been dancing)로 옮긴다. 둘째 예문은 주절은 단순현재시제(is)를 쓰고 since-절은 단순과거시제(began)를 써서 같은 의미를 전한다. 셋째 예문은 주절은 현재완료시제(have passed)를 쓰고 since-절은 단순과거시제(began)를 써서 옮긴 것이다.

3. a. I hate them dancing too long.
   b. They dance too long, which I don't like.
   c. Their dancing lasts too long, and I don't like this.

- '너무 오랫동안'은 부사구 too long으로 옮긴다.
- '~이 ~하는 것을 싫어하다'는 첫째 예문처럼 동사 hate 뒤에 목적어(them)와 현재분사인 보어(dancing)를 두어 옮기거나 둘째 예문처럼 ~, which I don't like로 옮길 수도 있고 셋째 예문처럼 ~, and I don't like

this처럼 옮길 수도 있다.

- 둘째 예문의 관계대명사 which는 앞 절(They~long)을 가리킨다.
- 셋째 예문의 대명사 this는 앞 절(Their dancing~long)을 가리킨다.

4. a. They are packing up their things after finishing a day's work.
   b. A day's work is finished, so they are packing up their things.
   c. Having finished a day's work, they are packing up their things.

- '하루의 일'은 명사구 a day's work으로 옮긴다.
- '짐을 꾸리다'는 pack up one's things로 옮긴다.
- '~을 끝내고'는 전치사구 after finishing~이나 ~is finished, so~로 옮기거나 완료분사 having finished~로 옮긴다.
- 둘째 예문은 동사 finish의 행위를 받는 대상(a day's work)이 동사 앞에 있으므로 수동태 is finished가 된 것이다.
- 셋째 예문의 완료분사 Having finished~는 이 분사가 나타내는 행위가 주절동사(are packing)의 행위보다 먼저 일어난 것이라는 것을 분명히 하기 위한 것이다.

5. a. They call those girls sales facilitators.
   b. Those girls are called sales facilitators.
   c. We refer to those kinds of girls as sales facilitators.

- '~을 ~라고 부르다'는 동사 call 뒤에 목적어인 명사구(those girls)와 보어인 명사구(sales facilitators)를 두어 옮기거나 refer to~as~로 옮긴다.
- '홍보도우미'(sales facilitator)는 한국어 원문에서 일반적인 의미의 홍보도우미를 뜻하므로 한정사를 붙이지 않은 복수형 sales facilitators로 옮긴다.
- 둘째 예문은 첫째 예문의 동사 call의 목적어인 명사구 those girls를 화제로 삼아 주어로 만들면서 동사가 수동태(are called)가 된 것이다.
- 셋째 예문처럼 명사 kind의 복수형 kinds를 쓸 때는 지시사는 복수형 those를 쓰며 this kinds로 써서는 안 된다.

6. a. I am sure that they will be exhausted after their dancing.
   b. When they finish their dancing, they will probably be exhausted.
   c. They will find themselves exhausted after they finish their dancing.

- 춤이 끝나면'은 전치사구 after one's dancing이나 부사절 when one finishes one's dancing이나 after one finishes one's dancing으로 옮긴다.
- 지쳐 있게 될 것이다'는 미래에 대해 예언을 하는 것으로 will과 동사원형을 써서 will be exhausted로 옮긴다.
- 셋째 예문의 동사 find는 뒤에 목적어인 명사구(themselves)와 보어인 과거분사(exhausted)를 두어 '~가 ~해 있다는 것을 발견하다'는 의미를 전한다. 과거분사 exhausted는 능동의 의미인 '지치게 하는'이 아니라 수동의 의미인 '지친'을 뜻한다.

7. a. Their rhythmic movements are entertaining lots of spectators.
   b. Lots of spectators are being entertained by their rhythmic movements.
   c. They are entertaining lots of spectators with their rhythmic movements.

- '많은 구경꾼들'은 양화사 lots of와 복수명사를 써서 명사구 lots of spectators로 옮긴다.
- 첫째 예문은 '~을 즐겁게 하다'는 동사 entertain 뒤에 행위를 받는 대상(lots of spectators)이 있으므로 동사가 능동태(are entertaining)인데 반해 둘째 예문에서는 행위를 받는 대상(lots of spectators)이 주어자리로 이동해서 수동태(are being entertained)가 된 것이다. are entertaining은 현재진행능동태인데 비해 are being entertained는 현재진행수동태이다.

8. a. All the bus passengers are watching them merrily.
   b. Even the bus passengers are all watching them merrily.
   c. They are being watched merrily even by all of the bus passengers.

- '버스승객들도'는 '모든 버스승객들'을 뜻하는 것으로 보아 명사구 all the bus passengers나 '그 버스승객들조차도'의 의미로 보아 even the bus passengers로 옮기거나 all of the bus passengers로 옮긴다.
- '~을 지켜보고 있다'는 지켜보는 행위가 현재 일시적으로 진행 중에 있는 것으로 보아 현재진행시제(are watching)로 옮긴다.
- 셋째 예문의 현재진행시제 are watching them의 동사 watch의 행위를 받는 대상(them)이 동사 앞으로 이동하여 현재진행수동태(are being watched)가 된 것이다.

9. a. I think that they should be paid well.
   b. My belief is that they should be paid well.
   c. They should receive good pay, and this is my belief.

- 봉급을 많이 받다'는 be paid well, receive good pay로 옮긴다.
- ~해야 하다'는 당연함을 나타내는 조동사 should~로 옮긴다.
- 첫째 예문과 둘째 예문에서 동사 pay의 목적어인 명사구 them이 동사의 주어자리로 이동(they)하여 동사가 수동태(should be paid)가 된 것이다.
- '~하다고 생각하다'는 think~, one's belief is that~, ~is one's belief로 옮긴다.

10. a. By three o'clock, they will have been dancing for three hours.
    b. Their dancing will last for three hours if they dance until three o'clock.
    c. It is for three hours that they will have been

dancing if they dance until three o'clock.

- '세 시가 되면'은 '세 시까지는'의 의미로 by three o'clock, until three o'clock으로 옮긴다.
- 한국어 원문은 미래의 특정 기준시점까지의 행위의 완료나 경험을 나타내므로 미래완료진행시제(will have been dancing)로 나타낸다.
- 첫째 예문은 춤을 추는 행위자인 '그들'(they)을 둘째 예문은 '그들의 춤'(Their dancing)을 셋째 예문은 부사적인 기능의 전치사구 for three hours를 강조하는 It~that~강조구문으로 옮긴 것이다.

제12장 사실과 사실이 아닌 행위

II. 기본연습

1. a

긍정의 명령은 동사원형을 사용한다.

a : 긍정의 명령을 할 때는 동사원형으로 한다.
b, c, d : 긍정의 명령을 하는데 쓰이지 않는다.

2. b

부정의 명령을 할 때는 조동사 do의 부정형 don't 뒤에 동사원형을 두어 표현한다.

a, c, d : 부정의 명령에 쓰일 수 없다.
b : 일반적으로 부정의 명령을 하는데 쓰인다.

3. b

과거의 일시적 행위는 과거진행시제로 표현한다.

a : 과거의 일반적인 사실이나 과거의 규칙적 반복적 행위를 나타낼 때 쓴다.
b : 과거의 일시적으로 진행 중에 있었던 행위를 나타낸다.
c : 과거의 행위와 과거이전의 행위와의 연관성을 나타낼 때 쓴다.
d : 현재의 행위가 과거와 연관성이 있을 때 쓴다.

4. b

역사적 사실은 일반적으로 단순과거시제로 나타낸다.

a : 불변의 진리나 일반적인 사실 또는 현재의 습관적 반복적인 행위를 나타낸다.
b : 어떤 것을 단지 과거에 일어난 것으로만 볼 때 쓴다.
c : 현재의 행위가 과거와 연관성이 있을 때 쓰며 연관성이 없을 때는 쓰지 않는다.
d : 과거의 행위가 과거이전과 연관성이 있을 때 쓴다.

5. c

가정법 현재는 동사원형으로 나타낸다.

a : 가정법 과거에 쓰인다.
b, d : 가정법 현재에서 쓰이지 않는다.

6. a

가정법 과거에서는 were를 사용한다.

a : 가상의 비실재적 의미를 가지는 were가 가정법 과거에 쓰인다.
b, c, d : 가정법 과거에 쓰이지 않는다.

7. d

이미 약속 등으로 예정되어 있는 미래의 행위는 be동사의 현재형 뒤에 동사의 -ing형으로 표현한다.

a : 미래의 기준시점까지의 행위의 완료나 경험을 나타낸다.
b : 미래에 대해 예언이나 예측을 하거나 말을 하면서 무엇을 하기로 결정할 때 쓴다.
c : 현재의 어떤 것이 미래에 대한 예측에 이르거나 미래의 의향을 나타낼 때 쓴다.
d : 사전의 약속 등에 의해 하기로 예정되어 있는 미래의 행위를 나타내는데 쓴다.

8. d

현재와 과거가 연관성을 가지고 있을 때는 현재완료시제로 표현한다.

a, b, c : 현재와 과거의 연관성을 표현하는데 쓰이지 않는다.
d : 현재와 과거의 연관성을 표현할 때 쓴다.

9. c

현재의 어떤 것이 미래에 대한 예측에 이를 때 be going to-부정사로 나타낸다.

a, b, d : 현재의 어떤 것이 미래에 대한 예측에 이를 때 쓰지 않는다.
c : 현재의 어떤 것이 미래에 대한 예측에 이르게 할 때 쓸 수 있다.

10. a

현재의 습관적 행위, 규칙적 반복적 행위는 단순현재시제로 표현한다.

a : 현재의 규칙적 반복적 행위를 나타낼 때 쓴다.
b, c, d : 현재의 규칙적 반복적 행위를 나타내는데 쓰지 않는다.

III. 응용연습

1. d

'~하지 마라'는 부정 명령문이므로 Don't 뒤에 동사원형으로 나타낸다.

a, b, c : 동사원형 뒤에 부정의 부사를 두거나 동사원형 앞에 부정의 부사를 둘 수 없으며 조동사 do 앞에 부정의 부사를 두어 부정명령문을 만들 수 없다.
d : 조동사 do의 부정형 don't 뒤에 동사원형을 두어 표현한다.

2. d

가정법 과거는 가상의 비실재의 의미를 가지는 were로 표현한다.

a : 동사의 현재시제는 가정법과거에 쓰이지 않는다.
b : 동사원형은 가정법 현재에 쓰인다.
c : 직설법 과거형으로 가정법과거에는 원칙적으로 쓰이지 않는다.
d : 가정법 과거에 쓰인다.

3. c

현재의 어떤 것이 미래에 대한 예측에 이르게 할 때 be going to-부정사를 쓴다.

a : 동사의 현재시제는 쓰이지 않는다.
b : be 동사의 현재형과 함께 쓰는 동사의 -ing형은 이미 예정한 미래의 일을 나타낼 때 쓴다.
c : 현재의 어떤 것이 미래에 대한 예측에 이르게 할 때 쓴다.
d : will 뒤에 동사원형이 나오는 형식은 미래에 대해 예언이나 예측을 하거나 말을 하면서 무엇을 하기로 결정할 때 쓴다.

4. b

과거의 역사적 사실은 일반적으로 단순과거시제로 나타낸다.

a, c, d : 동사원형, 현재완료시제, 과거완료시제는 과거의 역사적 사실을 나타내는데 일반적으로 쓰이지는 않는다.
b : 역사적인 과거를 나타내는데 일반적으로 쓰인다.

5. a

긍정의 명령을 할 때는 동사원형으로 표현한다.

a : 동사원형은 동사의 명령법으로 긍정의 명령을 할 때 쓴다.
b, c, d : 동사의 현재형, 과거형, to-부정사는 일반적으로 긍정의 명령을 할 때 쓰이지 않는다.

6. b

현재의 습관적인 행위나 반복적 규칙적 행위는 단순현재시제로 표현한다.

a, c, d : 동사원형, be동사의 현재형과 동사의 -ing형, will과 함께 오는 동사원형 등은 일반적으로 현재의 습관적 행위를 나타내지 않는다.
b : 현재의 습관적인 행위는 일반적으로 동사의 단순현재시제로 나타낸다.

7. d

현재의 행위가 과거와 연관성이 있을 때는 현재완료시제나 현재완료진행시제로 나타낸다.

a, b, c : 동사원형, 동사의 현재시제, be동사의 현재형과 동사의 -ing형은 과거와 연관성이 있는 현재의 행위를 나타내는데 일반적으로 쓰이지 않는다.
d : 중학교에 다니던 과거에 시작된 행위가 현재도 여전히 진행 중이므로 과거와 현재가 연관성을 가지고 있으므로 현재완료진행시제가 된다.

8. b

명령, 요구, 주장, 제안, 소망을 나타내는 동사나 명사 뒤에 오는 that-절에는 동사가 가정법으로 온다.

a, c, d : 동사의 현재시제, 단순과거시제, 과거분사는 이 구조의 문장에서 쓰이지 않는다.
b : 동사원형은 동사 do의 가정법이므로 쓰일 수 있다. 이 동사원형 앞에 조동사 should가 올 수도 있다.

9. c

과거의 두 사건 중 한 사건이 또 다른 사건의 배경이 될 때 보통 주된 사건은 단순과거시제로 나타내고 그 배경이 되는 사건은 과거진행시제로 나타낸다.

a, b, d : 동사의 현재시제, 과거시제, 현재완료진행시제는 과거의 두 사건 중 배경이 되는 사건을 나타내는데 일반적으로 쓰이지는 않는다.
c : 과거진행시제는 과거의 두 사건 중 주된 사건의 배경이 되는 사건을 나타내는데 일반적으로 쓰인다.

10. b

미래에 무엇을 하기로 이미 약속을 해 놓은 때는 be동사의 현재형 뒤에 동사의 -ing형으로 나타낸다.

a, c, d : 동사의 단순현재시제, be going to-부정사, will과 동사원형 등은 미래에 무엇을 하기로 이미 약속을 해 놓은 경우에 일반적으로 쓰이지 않는다.
b : 이미 무엇을 하기로 예정을 해 놓은 미래의 일을 나타낸다.

IV. 기본영작

1. a. The man teaches English at a university.
   b. It is English that the man teaches at a university.

- '대학에서'는 '한 대학에서'의 의미로 보아 전치사구 at a university로 옮긴다.
- 둘째 예문은 동사 teach의 목적어인 명사구 English를 강조하는 It~that~강조구문이다.
- 한국어 원문은 현재의 일반적인 사실을 이야기하는 문장이므로 단순현재시제(teaches, is)로 옮긴다. 예문의 동사가 단순현재시제(teaches)이므로 과거에도 가르쳤고 현재도 가르치고 있는 중이며 미래에도 어느 기간 동안 가르칠 것이 틀림없다는 의미이다.

2. a. His first lecture began five years ago.
   b. He began to lecture for the first time five years ago.

- '5년 전'은 five years ago로 옮긴다.
- 한국어 원문은 과거의 사실을 이야기하므로 단순과거시제(began)로 옮긴다.
- '처음으로'는 부사구 first나 전치사구 for the first time으로 옮긴다.
- 첫째 예문의 lecture는 명사이고 둘째 예문의 lecture는 '강의하다'는 동사이다.

3. a. If he were really rich, he would live in a nice house.
 b. Were he a really rich man, he would live in a nice house.

- '부자이다'는 be rich, be a rich man으로 옮긴다.
- '집'(house)은 셀 수 있는 명사로 일반적으로 수의 개념으로 쓰이므로 '멋진 집에서'는 '한 멋진 집에서'를 뜻하므로 전치사구 in a nice house로 옮긴다.
- 한국어 원문은 현재 사실이 아닌 것을 가정해 보는 문장이므로 가정법 과거로 옮긴다. 따라서 조건절은 were가 쓰이고 주절은 would와 함께 동사원형이 온다. 둘째 예문은 첫째 예문의 조건절에서 접속사 If를 쓰지 않는 대신 조동사(were)와 주어(he)를 도치한 문장이다.

4. a. He seems to find his lectures worth doing.
 b. It seems that he finds his lectures worth doing.

- '강의에 보람을 느끼다'는 '강의가 할 만한 가치가 있다는 것을 알다'는 의미로 보아 동사 find 뒤에 목적어인 명사구(his lectures)와 보어인 형용사구(worth)를 두어 옮긴다. 형용사 worth는 동명사(doing)와 쓰여 '~할 만한'의 의미를 전한다.
- '~인 것처럼 보이다'는 seem to do~나 it seems that~으로 옮긴다.
- 둘째 예문의 It은 가주어이고 that-절(that he~doing)이 진주어이다.

5. a. Every week he requires that his students submit homework.
 b. He makes his students do homework and submit it every week.

- '매주'는 every week으로 이것은 명확한 빈도를 나타내는 부사로 주로 문장 끝 위치에 오며 문장 첫머리 위치에도 올 수 있다.
- 첫째 예문은 주절동사(requires)가 요구를 나타내므로 뒤의 that-절에서 동사가 가정법(submit)으로 쓰인 것이다.
- 둘째 예문은 주절동사가 사역동사(makes)여서 뒤에 to-부정사(to do, to submit) 대신 원형부정사(do, submit)가 온 것이다.

6. a. He wishes he could take a few days off.
 b. He is sorry that he cannot take a few days off.

- '며칠 동안 푹 쉬다'는 take a few days off로 옮긴다.
- 한국어 원문은 가정을 나타내므로 주절동사 wish를 현재시제(wishes)로 쓰고 뒤의 종속절에 과거시제(could take)를 두어 옮긴다.
- 둘째 예문은 '그가 며칠 푹 쉴 수 없어서 유감이다'는 의미로 be sorry that~으로 옮긴다. that-절(that he~off)이 형용사 sorry의 보어이다.

7. a. He suggested that his students take regular exercise.
 b. His suggestion was that his students do regular exercise.

- 한국어 원문의 '학생들'은 '그의 학생들'을 뜻하므로 명사구 his students로 옮기며 students로 옮기지 않도록 주의하라. students는 일반적인 의미의 학생을 뜻한다.
- '규칙적인 운동'은 명사구 regular exercise로 옮긴다.
- '운동을 하다'는 take exercise, do exercise로 옮긴다.
- '~하도록 권하다'는 제안을 나타내는 동사(suggest)나 명사(suggestion) 뒤에 가정법현재(take, do)를 두어 옮긴다. take나 do 앞에 조동사 should를 쓸 수도 있다.

8. a. Between a paper and a book to write, he has little time to rest.
 b. He has little time to rest, because he has to write both a paper and a book.

- '논문'(paper)은 셀 수 있는 명사로 '한 편의 논문'은 a paper로 옮긴다.
- '논문을 쓰랴 책을 쓰랴'는 전치사구 between a paper and a book to write나 이유의 부사절 because he has to write both a paper and a book으로 옮긴다.
- '쉴 시간이 거의 없다'는 have little time to rest로 옮긴다.

9. a. He is preparing his lectures for next week now.
 b. It is his lectures for next week that he is preparing now.

- '다음 주를 위한'은 전치사구 for next week으로 옮긴다.
- '강의 준비를 하다'는 prepare one's lectures로 옮긴다.
- 한국어 원문은 현재의 일시적인 행위를 뜻하므로 현재진행시제(is preparing)로 옮긴다.
- 둘째 예문은 동사 prepare의 목적어인 명사구 his lectures for next week을 강조 하는 It~that~강조구문이다.

10. a. He forbade the students to play with their cell phones in class.
 b. He didn't allow the students to play with their cell phones in class.

- '수업시간 중'은 전치사구 in class로 옮긴다.
- '학생들'은 '그 학생들'이나 '그의 학생들'을 뜻하므로 the students나 his students로 옮긴다.
- 한국어 원문의 '~을 만지다'는 '~을 가지고 놀다'는 의미로 play with로 옮긴다.
- '~하지 못하게 하다'는 동사 forbid 뒤에 목적어인 명사구(the students)와 to-부정사(to finger)를 두거나 not allow 뒤에 목적어인 명사구(the students)와 to-부정사(to finger)를 두어 전한다.

V. 심화영작

1. a. A pet dog approached me.
 b. I was approached by a pet dog.
 c. Somebody's pet dog walked up to me.

- '애완견 한 마리'는 a pet dog, somebody's pet dog으로 옮긴다.
- '~에게 다가오다'는 approach~, walk up to~로 옮긴다.
- 둘째 예문은 첫째 예문의 동사 approached의 목적어인 명사구 me를 주어(I)로 만들면서 동사가 수동태(was approached)가 된 것이다.
- 한국어 문장은 과거의 사실을 나타내므로 단순과거시제(approached, was approached, walked)로 옮긴다.

2. a. It approached me, the dog, and stopped at my feet.
   b. I was approached by the dog and it stopped at my feet.
   c. The dog walked up to me and stopped near my feet.

- 나의 발 가까이'는 전치사구 at my feet, near my feet으로 옮긴다.
- 첫째 예문은 동사 approached의 주어자리에 올 명사구 the dog을 대명사 It으로 놓고 이것을 목적어(me) 뒤에서 다시 밝혀주는 문장이다.
- 둘째 예문은 동사 approached의 목적어인 명사구(me)를 주어(I)로 만들면서 수동문이 된 것으로 대명사 it은 앞의 명사구 the dog을 가리킨다.

3. a. "Go ahead," said the girl.
   b. The dog was urged to go ahead by the girl.
   c. The girl insisted the dog find its own way.

- 첫째 예문은 직접화법으로 옮긴 것으로 따옴표 내의 문장은 동사의 명령법(go)이 쓰인 명령문이다. 전체 문장은 주어(the girl)와 인용동사(said)가 도치되었다.
- 둘째 예문은 능동문 The girl urged the dog to go ahead의 동사 urged의 목적어인 명사구 the dog을 주어로 만들어 동사가 수동태(was urged)가 된 수동문이다.
- 셋째 예문은 주장을 나타내는 동사(insist) 뒤에 동사의 가정법(find)을 써서 옮긴 것이다.
- find one's own way는 '자기 자신의 길을 찾다'는 의미이다.

4. a. Dogs must smell anything.
   b. It must be true that dogs are apt to smell anything.
   c. I am sure that dogs have a tendency to smell everything.

- 한국어 원문의 '개'(dog)는 특정한 개가 아닌 일반적인 의미의 개를 가리키는 것으로 보아 dogs로 옮긴다.
- '무엇이건 냄새를 맡다'는 smell anything, smell everything으로 옮긴다.
- '~임에 틀림없다'는 must와 동사원형을 쓰거나 be sure that~으로 옮긴다.
- 둘째 예문의 It은 뒤의 진주어인 that-절을 가리키는 가주어이다.
- be apt to do~나 have a tendency to do~는 '~하는 경향이 있다'는 의미이다.

5. a. The dog has been smelling a great many things since its birth.
   b. A great many things the dog has been smelling since it was born.
   c. I suppose that the dog has been smelling a great many things since its birth.

- '태어난 이래'는 전치사구 since its birth나 부사절 since it was born으로 옮긴다.
- '수많은 것들'은 명사구 a great many things로 옮긴다.
- '~이래 ~해 왔다'는 과거부터 현재까지 하고 있는 중이라는 의미로 현재완료진행시제(has been smelling)로 옮긴다.
- '그 개'(The dog) '수많은 것들'(a great many things) '나'(I)를 화제로 삼아 옮길 수 있다.

6. a. The dog smelled my foot and began to lick it.
   b. After smelling my foot, the dog began to lick it.
   c. My foot was smelled by the dog, and it began to lick it.

- '발의 냄새를 맡다'는 smell one's foot, one's foot is smelled로 옮긴다.
- '~을 핥다'는 lick~으로 옮긴다.
- 첫째 예문과 둘째 예문의 대명사 it은 명사구 my foot을 가리키며 셋째 예문의 첫 번째 it은 명사구 the dog을 가리키고 두 번째 it은 명사구 my foot을 가리킨다.
- 둘째 예문의 after는 전치사이고 smelling은 전치사의 목적어인 동명사이며 명사구 my foot은 동명사의 목적어이다.

7. a. The dog owner walked up to the dog and said, "Don't do that!"
   b. When she walked up to the dog, the dog owner ordered it not to do that.
   c. The dog was ordered not to do that by its owner who walked up to it.

- '그 개 주인'은 명사구 the dog owner로 옮긴다.
- '~에게 다가오다'는 walk up to~로 옮기며 to가 전치사이므로 뒤는 명사구(the dog)가 목적어로 온다.
- 첫째 예문은 직접화법으로 따옴표 내는 부정명령문으로 되어 있으며 둘째 예문은 간접화법으로 옮긴 것이다.
- 셋째 예문은 동사 ordered의 목적어인 명사구 the dog을 화제로 삼아 주어(The dog)로 만들면서 동사가 능동태(ordered)에서 수동태(was ordered)로 된 것이다.

8. a. The dog smelled my foot, since the dog was not a human.
   b. Had the dog been a human, it wouldn't have smelled my foot.
   c. If the dog had been a human, it wouldn't have smelled my foot.

- 한국어 원문은 과거의 사실에 반하는 상황을 가정해보는 문장으로 가정법 과거완료로 옮긴다.
- 첫째 예문은 직설법과거(smelled, was)로 옮긴 것이다.

• 둘째 예문은 가정법과거완료의 조건절에서 접속사 If를 쓰지 않는 대신 주어(the dog)와 조동사(Had)를 도치한 것이다.
• 셋째 예문은 가정법과거완료의 조건절에 접속사 If를 사용한 일반적으로 많이 쓰는 문장으로 옮긴 것이다.

9. a. While the dog was walking up to me, a girl, its owner, was following it.
b. A girl, the dog's owner, was following her dog, while it was walking up to me.
c. The dog was walking up to me, and its owner, a girl, was following it.

• '~가 ~하는 동안'은 while-절로 옮긴다.
• '개 주인인 소녀'는 '개 주인'과 '소녀'가 같은 것을 가리키는 동격 관계에 있으므로 a girl, its owner나 a girl, the dog's owner 또는 its owner, a girl로 옮긴다.
• '~을 뒤따르고 있었다'는 과거의 일시적인 행위를 나타내므로 과거진행시제(was following~)로 옮긴다.

10 a. You will find the dog smelling something when you see it.
b. The dog will be found smelling something when you see it.
c. It will turn out that the dog will be smelling something when you see it.

• 한국어 원문은 미래의 일시적인 행위를 말하므로 미래진행시제(will be smelling)로 옮긴다.
• 첫째 예문은 동사 find 뒤에 목적어(the dog)와 보어인 현재분사(smelling)를 두어 '~가 ~하고 중인 것을 발견하다'는 의미를 전한다. 대명사 something은 현재분사(smelling)의 목적어이다.
• 둘째 예문은 첫째 예문의 동사(find)의 목적어인 명사구(the dog)를 주어로 만들면서 동사가 능동태(will find)에서 수동태(will be found)로 된 것이다.
• 셋째 예문의 It은 진주어인 that-절(that the dog~ it)을 가리키는 가주어이다. turn out은 '~으로 드러나다'는 의미이다.

제13장 해석이 용이한 문장

II. 기본연습

1. c

직접화법과 간접화법은 문장에서 일관되게 적용되어야 한다.

a : 간접화법이 일관되게 적용되려면 주절동사가 과거시제(asked)이므로 종속절의 시제도 과거시제(had)로 통일되어야 한다.
b : 간접화법이 일관되게 적용되려면 종속절의 간접의문문은 평서문의 어순이 되어야 한다. 따라서 의문사(whether) 뒤의 did I have는 I had가 되어야 한다.
c : 직접화법이 일관되게 적용된 문장이다.
d : 간접화법이 일관되게 적용되려면 주절동사(said)가 과거시제이므로 종속절의 현재시제(can meet)는 과거시제(could meet)로 통일되어야 한다.

2. a

동사의 법은 한 문장에서 일관되게 적용되어야 한다.

a : 동사의 법이 주절과 종속절에 직설법이 일관되게 적용되어 있다.
b : 등위접속사(and) 앞은 동사가 직설법(is)이고 뒤는 부정명령문으로 명령법이어서 일관성이 없다.
c : 등위접속사(and) 앞은 동사가 명령법(look)이고 뒤는 직설법(should smell)이어서 법이 일관성이 없다.
d : 등위접속사(and) 앞은 동사가 명령법(listen)이고 뒤는 직설법(have)이어서 일관성이 없다.

3. c

화법은 직접화법과 간접화법이 문장에서 일관되게 적용되어야 한다.

a, b : 직접화법이 일관되게 적용된 문장이다.
c : 등위접속사(and) 앞은 간접화법이 적용되고 뒤는 간접화법이 일관되게 적용되지 않았다. 동사 asked가 과거시제이므로 뒤의 종속절 동사의 현재형(want)은 앞의 과거시제와 일치해야 하므로 과거시제(wanted)가 되어야 한다.
d : 간접화법이 일관되게 적용된 문장이다.

4. b

동사 바로 뒤에 그 동사의 목적어가 나와 있으면 능동문이다.

a : 주절동사(found) 뒤는 that-절이 목적어로 나와 있어서 동사가 능동태인데 반해 종속절 내에서는 동사(killed)의 목적어(it)가 이 동사의 주어자리에 있으므로 수동태이다.
b : 주절동사(saw) 뒤에 목적어(them)가 나와 있으므로 주절동사는 능동태이다. 종속절(as-절)의 동사(neared) 뒤에 목적어(them)가 나와 있으므로 이 동사 역시 능동태이다.
c : 주절동사(saw)의 목적어(them)가 주어(They)자리로 이동해 있으므로 이 동사는 수동태이고 종속절동사(neared)의 뒤에 목적어(them)가 있으므로 이 동사는 능동태이다.
d : 주절동사(found) 뒤에 목적어(it)가 나와 있지 않고 이것이 주어(It)자리로 이동해 있으므로 이 동사는 수동태이고, 종속절(when-절)의 동사(neared) 뒤에 그 목적어(it)가 나와 있으므로 이 동사는 능동태이다.

5. c

a : 주절동사는 수동태(is said)이고 종속절동사는 목적어가 없으므로 태가 없다.
b : 주절동사는 능동태(knew)이고 종속절동사는 수동태(was loved)이다.
c : 주절동사(was revealed)와 종속절동사(were destroyed) 모두 수동태이다.

d : 주절동사도 능동태(heard)이고 종속절동사도 능동태(had passed)이다.

6. d

주어의 인칭과 수가 통일되면 해석이 용이한 문장이 된다.

a : 주절주어(You)는 2인칭 단수이고 종속절주어(one)는 3인칭 단수로 서로 인칭이 일치하지 않아 해석이 어려운 문장이다.

b : 종속절 주어(they)는 앞의 선행사(a car)와 같은 3인칭 단수인 대명사(it)가 되어야 한다. 따라서 they were는 it was가 되어야 한다.

c : 종속절 주어(it)는 앞의 선행사(a few bars of chocolate)와 같은 3인칭 복수인 대명사(they)가 되어야 한다. 따라서 it gives는 they give가 되어야 한다.

d : 주절주어(We)와 종속절주어(we)가 모두 2인칭 복수로 통일되어 해석이 용이한 좋은 문장이다.

7. c

한 문장에서 법이 일관성을 가질 때 해석이 용이한 좋은 문장이 된다.

a : 등위접속사(and) 앞과 뒤 모두 동사가 명령법(Open, get)으로 통일되어 해석이 용이한 문장이다.

b : 등위접속사(and) 앞과 뒤 모두 동사가 명령법(Take, take)으로 통일되어 해석이 용이한 문장이다.

c : 등위접속사(and) 앞은 동사가 명령법(Close)이고 뒤는 직설법(should close)이어서 법이 일관성이 없어 해석을 어렵게 하는 좋지 못한 문장이다.

d : 종속절 동사(finish)와 주절동사(should read) 모두 직설법이어서 법이 일관성이 있는 해석이 용이한 문장이다.

8. b

한 문장에서 주어의 인칭과 수가 통일되고 동사의 시제가 일관성을 가질 때 해석이 용이한 문장이 된다.

a : 등위접속사(and) 앞은 동사가 현재시제(gets)로 현재에 관해 이야기하고 있는데 반해 뒤는 과거시제(made)로 과거에 관해 이야기함으로써 관점에 일관성이 없어 해석이 어려운 문장이다.

b : 등위접속사(and) 앞과 뒤 모두 동사가 과거시제(was, slept)로 일관성이 있어 과거에 관해 이야기하는 해석이 쉬운 문장이다.

c : 등위접속사(and) 앞은 동사가 단순현재시제(close)이고 뒤는 현재완료시제(have slept)로 시제에 일관성이 없어 해석이 어려운 문장이다.

d : 등위접속사(and) 앞은 단순현재시제(is born)이고 뒤는 단순과거시제(spent)로 시제가 일관성이 없어 해석을 어렵게 하는 문장이다.

9. a

주어의 인칭과 수가 통일되지 않으면 관점이 일관성이 없어 해석을 어렵게 한다.

a : 선행사(extra pencils)가 복수이므로 이것을 가리키는 종속절의 주어(it)는 대명사의 복수형(they)이 되어야 한다. 따라서 it gives는 they give가 되어야 한다.

b : 주절주어와 종속절주어 모두 3인칭 단수(one)로 일관성이 있어 해석이 용이하다.

c : 주절주어와 종속절주어 모두 3인칭 복수(they)로 통일되어 해석이 용이하다.

d : 등위접속사(and) 앞과 뒤 모두 주어가 3인칭 복수(Some children, they)로 주어의 인칭과 수가 통일되어 관점이 일관성을 가져 해석이 쉽다.

10. d

동사의 시제가 통일되어 일관성을 가질 때 해석이 쉬운 문장이 된다.

a : 등위접속사(and) 앞과 뒤 모두 동사가 단순과거시제(closed, began)로 통일되어 시제가 일관성을 가져 해석이 쉬운 문장이다.

b : 등위접속사 앞과 뒤 모두 단순과거시제(sat, did)로 통일되어 해석이 쉽다.

c : 동사의 시제가 모두 단순과거시제(sat, smoked)로 통일되어 해석이 쉽다.

d : 등위접속사 앞은 단순과거시제(stopped)이고 뒤는 단순현재시제(smiles)여서 시제에 일관성이 없다. 따라서 '과거에 울음을 멈추었으며 일반적으로 그 아이의 어머니에게 미소 짓는다'는 의미가 된다. 따라서 현재는 울음을 멈추고 어머니에게 미소 짓고 있는 중이라는 의미를 전하려면 앞부분은 현재완료시제(has stopped)로 나타내고 뒷부분은 현재진행시제(is smiling)로 옮긴다.

III. 응용연습

1. d

동사 reveal은 '~을 드러내다'는 의미로 뒤에 목적어가 오기를 요구하는 동사이다.

a : that-절의 내용이 진주어이고 앞의 대명사 It은 가주어이므로 동사(reveal)는 수동태가 되어야 한다.

b : that-절이 진주어이고 It이 가주어이므로 동사 reveal의 뒤에 목적어가 없으므로 이 동사가 능동태로 올 수 없다.

c : 주어가 3인칭 단수(It)이므로 조동사 have가 올 수 없다.

d : that-절이 진주어이고 대명사 It은 가주어이다. 동사 reveal의 목적어가 that-절인데 이것이 주어자리로 이동하여 가주어 It이 되었으므로 이 동사는 수동태 (was revealed)가 된다.

2. a

동사의 법을 통일할 때 관점이 일관성을 가지게 되어 해석이 쉬운 문장이 된다.

a : 등위접속사(and) 앞과 뒤가 모두 명령법(look, cherish)이므로 관점이 일치하여 해석이 쉬운 문장이다.

b : 등위접속사 앞은 명령법이므로 뒤를 직설법(cherishes)으로 하면 법이 일관성을 잃어 해석이 어려운 문장이 된다.

c : 동사 cherish의 강조형으로 직설법이므로 앞의 명령법(look)과 법이 일치하지 않아 해석이 어려운 문장이다.

d : 앞은 동사가 명령법(look)인데 뒤는 직설법(will cherish)으로 하면 법이 일관성을 잃어 해석이 어렵게 된다.

3. c

한 문장의 동사가 법이 일관성을 가질 때 해석이 용이한 문장이 된다.

a, b, d : 등위접속사(and) 앞이 동사의 직설법과거(finished)인데 뒤가 명령법(leave)이나 직설법현재(leaves, leaves)가 되면 법이 일관성을 잃어 해석이 어려워진다.

c : 등위접속사 앞과 뒤 모두 직설법 과거(finished, left)로 통일되어 해석이 쉽다.

4. b

주절과 종속절 동사의 법이 일관성을 가질 때 해석이 쉬운 문장이 된다.

a, c, d : 주절동사가 직설법과거(told)로 종속절동사가 직설법현재(can come, may come)나 직설법미래(will come)가 되면 법이 일관성이 없어 해석이 어려워진다.

b : 주절과 종속절 모두 직설법과거(told, could come)로 통일되어 관점이 일관성을 가져 해석이 쉬운 문장이다.

5. b

주절과 종속절 주어의 수와 인칭이 일관성을 가질 때 해석이 쉬운 문장이 된다.

a, c, d : 종속절 주어가 2인칭(you)이므로 3인칭 단수나 복수(one, it, they)는 인칭이 일관성을 잃어 해석이 어려운 문장이 된다.

b : 주어의 인칭이 주절과 종속절에서 모두 2인칭(you)으로 통일되어 관점이 일관성을 가지게 되어 해석이 용이한 문장이다.

6. c

대명사는 그 선행사와 수와 인칭이 일치해야 한다.

a, b, d : 선행사가 3인칭 복수(the children)이므로 이것을 가리키는 대명사는 3인칭단수(it, she, he)가 될 수 없다.

c : 선행사가 3인칭 복수이고 이것을 가리키는 대명사도 3인칭 복수(they)여서 인칭과 수가 일치하여 해석이 쉬운 좋은 문장이다.

7. d

한 문장의 동사의 시제는 일관성을 가져야 한다.

a, b, c : 등위접속사(and) 앞은 동사가 단순과거시제(put)인데 뒤가 동사원형(begin), 단순현재시제(begins), 현재완료시제(has begun)가 되면 시제가 일관성을 잃어 해석이 어려운 문장이 된다.

d : 등위접속사 앞과 뒤 모두 단순과거시제(put, began)로 통일되어 좋은 문장이다.

8. a

한 문장 내에서 화법이 일관성을 가져야 한다.

a : 직접화법의 문장이므로 따옴표 내의 조건절은 단순현재시제(help)가 되어 화법의 일관성이 유지되고 있다.

b, c, d : 직접화법의 문장이므로 과거시제(could help, might help)는 올 수 없으며 주어가 2인칭이므로 동사(help) 뒤에 -s가 붙지 않는다.

9. a

명령, 요구, 주장, 제안, 소망을 나타내는 동사나 그 동사의 명사형 뒤에 that-절이 올 때 이 절 내의 동사는 가정법으로 온다.

a : 요구를 나타내는 주절동사(required) 뒤의 that-절에 동사가 가정법(동사원형)으로 와서 좋은 문장이다.

b, c, d : 동사의 현재형(does not stay)이나 조동사와 동사원형(do not stay, would not stay)은 올 수 없으며, 조동사가 올 때는 should와 함께 동사원형(should not stay)이 온다.

10. d

한 문장의 동사의 시제는 서로 일관성을 가져야 한다.

a, b, c : 종속절 동사가 단순과거시제(neared)로 과거의 사실을 이야기하는 문장이므로 주절도 과거시제가 되어야 관점이 일관성을 가지게 된다. 따라서 동사원형(find)이나 현재시제(finds, has found)는 관점이 일치하지 않아 해석을 어렵게 한다.

d : 주절동사를 종속절의 동사(neared)와 같은 단순과거시제(found)로 통일하면 시제가 일관성을 가져 해석이 쉬운 좋은 문장이 된다.

IV. 기본영작

1. a. I jogged watching the anglers.
   b. I jogged while I was watching the anglers.

- 한국어 원문의 '낚시꾼들'은 화자가 그의 청자도 알고 있다고 보는 '그 낚시꾼들'을 가리키는 것으로 보아 the anglers로 옮긴다.
- '~을 지켜보면서'는 현재분사 watching~이나 부사절인 while-절(while I was watching~)로 옮긴다.
- '조깅하다'는 jog로 옮긴다.

2. a. I also saw a young angler fishing alone in a place away from other anglers.
   b. A young angler was also seen fishing alone in a place away from other anglers.

- '외롭게'는 다른 낚시꾼들과 멀리 떨어져 있다는 의미로 해석하여 alone in a place away from other anglers로 옮긴다.
- '혼자 낚시하다'는 fish alone으로 옮긴다.
- '~가 눈에 띄다'는 '~가 ~하고 있는 중인 것을 보다'는 의미로 동사 see 뒤에 목적어인 명사구(a young angler)와 보어인 현재분사(fishing)를 두어 옮긴다.

3. a. I saw fish baskets lying beside the anglers.
   b. Fish baskets were seen lying beside the anglers.

- '그 낚시꾼들 옆에'는 전치사구 beside the anglers로 옮긴다.
- '고기 바구니'(fish basket)는 '고기 바구니 하나'는 a fish basket이고 일반적인 의미의 고기바구니는 fish baskets이다. 여기서는 일반적인 의미를 전하는 것으로 보아 한정사를 붙이지 않은 복수형으로 옮긴다.
- '~가 놓여 있는 것을 보다'는 동사 see 뒤에 목적어(fish baskets)와 보어인 현재분사(lying)를 두어 옮긴다.
- 둘째 예문은 동사(saw)의 목적어인 명사구 fish baskets를 주어로 만들면서 동사가 수동태(were seen)가 된 것이다.

4. a. An angler was fishing while drinking a bowl of makkolli.
   b. I saw an angler fishing while drinking a bowl of makkolli.

- 막걸리'(makkolli)는 셀 수 없는 명사로 부정관사(a)를 앞에 붙이거나 뒤에 복수어미(-s)를 붙일 수 없다. '막걸리 한 잔'은 a bowl of makkolli로 옮기고 '막걸리 두 잔'은 two bowls of makkolli로 옮긴다.
- 한국어 원문은 과거의 일시적인 행위를 나타내므로 과거진행시제(was fishing)로 옮기거나 동사(saw) 뒤에 목적어인 명사구(an angler)와 보어인 현재분사(fishing)를 두어 옮긴다.

5. a. An angler came with his wife, and was talking with her.
   b. An angler who came with his wife was talking with her.

- '한 낚시꾼'은 명사구 an angler로 옮긴다.
- '부인과 함께'는 전치사구 with one's wife로 옮긴다.
- '이야기를 하고 있었다'는 과거의 일시적으로 진행 중인 행위를 가리키므로 과거진행시제(was talking)로 옮긴다.

6. a. He said to me, "I haven't caught lots of fish because of the frequent wind."
   b. He told me that he hadn't caught lots of fish because of the frequent wind.

- 바람이 많이 불어'는 because of the frequent wind로 옮긴다.
- 고기를 많이 잡다'는 catch lots of fish로 옮기며 fish의 복수형으로 fish와 fishes 둘 다 쓰인다. 여기서는 복수를 뜻하는 fish이다.
- 첫째 예문은 직접화법으로 둘째 예문은 간접화법으로 옮긴 것이다. 직접화법의 현재완료시제(have caught)는 간접화법에서 주절동사(told)와의 시제의 일치에 의해 과거완료시제(had caught)가 된다.

7. a. Some old people on the benches were watching the anglers fishing.
   b. I saw some old people on the benches watching the anglers fishing.

- 어떤 노인들'은 some old people로 옮긴다.
- 벤치에 앉아'는 전치사구 on the benches로 옮긴다.
- ~가 ~하고 있는 것을 지켜보다'는 동사 watch 뒤에 목적어인 명사구(the anglers)와 보어인 현재분사(fishing)를 두어 옮긴다.
- 둘째 예문의 명사구 some old people은 동사 saw의 목적어이고 현재분사 watching은 목적보어이다. 명사구 the anglers는 현재분사 watching의 목적어이고 현재분사 fishing은 현재분사 watching의 목적보어이다.

8. a. I neared an angler, and asked if he had caught lots of fish.
   b. I walked up to an angler and said, "Have you caught lots of fish?"

- '~에게 다가가다'는 near~, walk up to~로 옮기며 to가 전치사이므로 뒤는 전치사의 목적어인 명사구가 온다.
- 첫째 예문은 간접화법으로 옮긴 것으로 주절동사(asked)가 과거시제이므로 if-절의 동사도 주절동사와의 시제의 일치에 의해 현재완료시제(have caught)가 과거완료시제(had caught)로 된 것이다.
- 둘째 예문은 직접화법으로 옮긴 것이다.

9. a. Some walkers stopped for a while, and watched the anglers fishing.
   b. Some people, who were taking a walk, stopped for a while and watched the anglers fishing.

- '산책하던 사람들'은 양화사와 셀 수 있는 명사의 복수형을 사용한 명사구 some walkers나 some people, who were taking a walk으로 옮긴다.
- '잠시 걸음을 멈추다'는 stop for a while로 옮긴다.
- '낚시하는 모습을 구경하다'는 '그 낚시꾼들이 낚시하는 모습을 지켜보다'는 의미로 watch the anglers fishing으로 옮긴다. 명사구 the anglers는 동사 watch의 목적어이고 fishing은 현재분사로 이 동사의 목적보어이다.

10. a. There were some merchants selling food and drinks near the anglers.
    b. Some merchants were selling food and drinks near the anglers.

- '어떤 상인들'은 명사구 some merchants로 옮긴다.
- '낚시꾼들 가까이서'는 '그 낚시꾼들 가까이서'의 의미이므로 전치사구 near the anglers로 옮긴다.
- '먹을 것과 마실 것'은 food and drinks로 옮긴다.
- '팔고 있었다'는 과거의 일시적인 행위를 나타내므로 과거진행시제(were selling)로 옮기거나 첫째 예문처럼 현재분사 selling을 과거시제(were)와 써서 나타낸다.

V. 심화영작

1. a. English writing practice for Yoon-Ji was regularly done during each break after every meal.

b. Each break after every meal was time during which Yoon-Ji used to practice writing in English.
c. Yoon-Ji used to practice writing in English whenever she had a break after each meal.

- '식후 쉬는 시간마다'는 during each break after each meal, whenever she has a break after each meal로 옮긴다. every나 each 뒤는 셀 수 있는 명사가 단수형으로 온다.
- '영작'은 English composition, English writing, writing in English로 옮긴다.
- '영작연습을 하다'는 practice writing in English, do English writing practice로 옮긴다.
- '~하곤 했다'는 used to do~, was regularly done으로 옮긴다.

2. a. She dreams of writing a good English composition book.
b. Her dream is to be a writer of a good English composition book.
c. A good English composition book is what she dreams of writing.

- '그녀의 꿈은 ~이다'는 she dreams of~, her dream is to do~로 옮긴다.
- '멋진 영어작문 책 한 권'은 a good English composition book으로 옮긴다.
- '그녀'(She) '그녀의 꿈'(Her dream) '멋진 영어작문 책 한 권'(a good English composition book)을 주어로 옮길 수 있다.

3. a. She found it interesting to write in English as a young girl.
b. Writing in English interested her when she was a young girl.
c. When she was a young girl, she found that it was interesting to write in English.

- '어린 소녀였을 때'는 전치사구 as a young girl, 부사절 when she was a young girl로 옮긴다.
- '~가 ~하다는 것을 알다'는 동사 find 뒤에 목적어인 명사구와 보어인 형용사구를 두어 옮긴다. 따라서 '영작이 재미있다는 것을 알다'는 find it interesting to write in English로 옮긴다. it은 find의 가목적어이고 to write가 진목적어이다.

4. a. Her friends envy her her good English composition skill.
b. She is good at writing in English, so her friends envy her.
c. Her ability to write in English makes her friends envious.

- '영작을 잘해'는 명사구 one's good English composition skill 동사구 is good at writing in English 명사구 one's ability to write in English로 옮긴다.
- '그녀는 부러움의 대상이 되다'는 '그녀를 부러워하다'는 의미로 envy her로 옮긴다. 그러나 '그녀가 영작을 잘하는 것을 부러워하다'는 envy her her good English composition skill로 옮긴다. her는 동사 envy의 간접목적어이고 her good English composition skill은 직접목적어이다.
- '친구들의 부러움을 사다'는 make one's friends envious로 옮길 수도 있다.

5. a. She felt like putting some simple Korean sentences into English whenever she happened to find them.
b. Some simple Korean sentences made her feel like translating them into English whenever she saw them.
c. A desire to write in English occurred whenever she saw some Korean simple sentences.

- '간단한 한국어 문장'은 '간단한 몇몇 한국어 문장들'을 의미하는 것으로 보아 명사구 some simple Korean sentences로 옮긴다.
- '~이 하고 싶다'는 feel like -ing나 a desire~occurs로 옮긴다.
- 첫째 예문은 주절과 종속절의 주어가 모두 3인칭 단수인 사람(she)으로 통일되어 해석이 용이한 문장인데 비해 둘째 예문과 셋째 예문에서는 주절주어는 3인칭 복수나 단수인 사물인데 반해 종속절주어는 3인칭 단수인 사람(she)으로 관점의 일관성이 결여되어 해석이 첫째 예문보다 어렵다.

6. a. She said, "You will be good at writing in English sooner if you enjoy it."
b. As a good way to improve our English writing skill more quickly, she suggested that we should enjoy it.
c. Her suggestion was that we should enjoy writing in English to be good at it sooner.

- '영작을 좋아하다'는 enjoy writing in English로 옮긴다.
- 첫째 예문은 직접화법으로 옮긴 것이다.
- 둘째 예문의 제안을 나타내는 동사(suggested) 뒤에 동사가 가정법(enjoy)으로 오며 should enjoy를 대신 써도 좋다.
- 셋째 예문의 제안을 나타내는 명사(suggestion) 뒤의 that-절의 동사는 가정법(enjoy)으로 오며 should enjoy를 쓸 수 있다.

7. a. She wants to be helpful for those who are interested in English composition.
b. Her hope is that she will be helpful for those who are interested in English composition.
c. It is her hope that she will be helpful for those who are interested in English composition.

- '~에 관심이 있다'는 be interested in~으로 옮긴다.
- '~한 사람들'은 those who~로 옮긴다.
- '도움이 되다'는 be helpful로 옮긴다.
- '~이길 바라다'는 want to do~, one's hope is that~, It is one's hope that~으로 옮긴다.
- 셋째 예문의 It은 가주어이고 that-절(that she~compo-

sition)이 진주어이다.

8. a. Exchanging letters with overseas pen pals as a child is said to have been helpful in improving her English writing ability.
   b. Her writing ability is said to have been improved thanks to the letter exchange with overseas pen pals as a child.
   c. It is said that she exchanged letters with overseas pen pals as a child, and that this was helpful in improving her English writing ability.

- '해외펜팔을 하다'는 동사구 exchange letters with overseas pen pals나 명사구 the letter exchange with overseas pen pals로 옮긴다.
- '영작공부에 도움이 되다'는 be helpful in improving one's English writing ability, one's writing ability is improved thanks to~로 옮긴다.
- '도움이 되었다고 한다'는 '도움이 되었다'와 '~라고 이야기되다'는 의미로 전자는 후자보다 먼저 일어난 일이므로 후자는 현재시제(is said)로 옮기고 전자는 완료부정사(to have been~)나 과거시제(exchanged, was)로 옮긴다.

9. a. Writing in English interested her, and she's been observing English sentences more carefully since then.
   b. English sentences have been observed more carefully by her since she took an interest in writing in English.
   c. She has been observing English sentences more carefully since she took an interest in writing in English.

- '~한 후 ~해오고 있다'는 have been -ing since then이나 have been -ing since~로 옮긴다.
- '영어문장을 관찰하다'는 observe English sentences, English sentences are observed로 옮긴다.
- 더욱 유심히'는 '더욱 조심스럽게'의 의미로 more carefully로 옮긴다.
- '~을 관찰해 오고 있다'는 과거부터 현재까지 관찰해 오고 있다는 의미로 현재완료진행시제(have been observing~)로 옮긴다.

10. a. It is suggested by her that above all, a good knowledge of English sentence structures is a prerequisite for a good writing ability.
   b. Her suggestion is that one should have a good knowledge of English sentence structures to be good at writing in English above all.
   c. She suggests that above all, one should have a good knowledge of English sentence structures to be good at writing in English.

- '영작을 잘하려면'은 전치사구 for a good writing ability나 to be good at writing in English로 옮긴다.
- '무엇보다'는 전치사구 above all로 옮긴다.
- '~을 알아야 한다고'는 ~is a prerequisite for~, one should have a good knowledge of~로 옮긴다.
- '~을 귀띔하다'는 it is suggested that~, one's suggestion is that~, ~suggest that~으로 옮긴다.

정용권

이 책을 지은 정용권 선생님은 한국외국어대학교 대학원 영어과에서 문학박사(영어학 전공) 학위를 받고, 현재 한국외국어대학교 영어학부에서 영작문을 가르치고 계십니다.

저서로는, 『날개를 달아주는 영작문』(2003년, 형설출판사), 『기초를 잡아주는 영작문』(2007년, 형설출판사), 『오류로 정복하는 영작문 』(2008년, 홍익미디어플러스) 등이 있고, 주요논문으로는 「영어의 도치구문 이해에 관한 기존 접근방식의 문제점」(2005, 현대영어교육학회), 「"There"문에서 한정사의 용인성 문제」(2005, 영미연구소), 「Negative Degree Inversion and Related Matters」(2008, 영미연구소), 「Indefinite Pronouns with APs」(2008, 영미연구소), 「An Optimal *So*-Inversion Theory」(2009, 영미연구소), 「*Do So* and the Structure of VP」(2009, 영미연구소) 등이 있습니다.

누구나 영작문

1판 1쇄 찍음 • 2010년 2월 28일
1판 3쇄 펴냄 • 2012년 6월 20일

저 자 • 정 용 권
발행인 • 정 현 걸
발 행 • 신 아 사
인 쇄 • 예지인쇄

출판등록 • 1956년 1월 5일 (제9-52호)
서울특별시 은평구 녹번동 28-36
전화 (02)382-6411 • 팩스 (02)382-6401
홈페이지 • www.shinasa.co.kr
E-mail • shinasa@chol.com

ISBN 978-89-8396-688-9 (93740)

정가 *13,000* 원